グローバリゼーションと植民地主義

西川長夫　高橋秀寿●編

人文書院

目次

いまなぜ植民地主義が問われるのか
——植民地主義論を深めるために　西川長夫　7

Ⅰ　〈新〉植民地主義

〈新〉植民地主義とマルチチュードのプロジェクト
——グローバル・コモンの共創に向けて　水嶋一憲　43

フランスの事例にみる「植民地忘却」を考える
——『〈新〉植民地主義論』を手がかりに　平野千果子　63

「緑」のネオリベラリズムとメソアメリカ民衆の抵抗
——グローバルな植民地主義に対する批判への回路と課題　崎山政毅　79

【コラム】ケ・ブランリー美術館
——「平等」か、「過去の忘却」か　中本真生子　97

Ⅱ　国内植民地

国内植民地論に関する覚え書　今西　一　107

千島列島の内国化と国際的環境
——片岡侍従の千島派遣を中心に　麓　慎一　125

市場・群島・国家
——太平洋世界／小笠原諸島／帝国日本　石原　俊　145

国境を越えた人種マイノリティ教育の移転
——アメリカ合衆国史の事例から　宮下敬志　169

【コラム】紀州・白浜温泉という国内植民地の再生産
——私の国内植民地での体験　倉田昌紀　189

III　グローバル・シティ

都市のグローバル性／植民地性　加藤政洋　199

アジア・メガシティとポスト・グローバルシティの位相　吉原直樹　215

【レポート】グローバル化における上海の文化発展　郭　潔敏　235

【レポート】国際大都市をめざす上海の発展と課題　王　貽志（王虎訳）　243

【解題】グローバル・シティと植民地都市
——中国大連市の場合　佐藤　量　253

IV　戦後と植民地以後

「難民入植」と「開発難民」のあいだ
——戦後開拓を考える　道場親信　267

現在に抗する戦後に向けて　花森重行　293
植民地遺制を考える——植民地の記憶をめぐる綱引き　朴　美貞　313
占領・植民地化・セクシャリティ——ドイツと日本　高橋秀寿　333
【コラム】ＫＴＸ女性乗務員たちの闘い　山下英愛　353
あとがき
文献案内

グローバリゼーションと植民地主義

いまなぜ植民地主義が問われるのか
——植民地主義論を深めるために

西川長夫

はじめに

超大国による一方的な空爆や軍事占領が公然と行われている一方で、世界の貧富の格差はますます増大し、国内の格差や貧困層の増大も顕著になってきた。グローバル化と呼ばれる世界の変動は、とりわけ九・一一以後、帝国主義的・植民地主義的な様相を深め、私たちの日常生活を脅かし始めている。グローバル化がもし第二の植民地主義を意味するのであれば、それはどのような形態をとっているのか。かつて地球の八〇パーセント以上が植民地であり、奪い取られた植民地の富は、海路で宗主国に運ばれた。いま植民地は地球全土に偏在し、利潤は一瞬に運ばれる。二極化し、再編されつつある世界の構造とともに、植民地主義の概念自体が問い直されなければならないだろう。

右記の文章は、二〇〇六年の秋に行われた五回にわたる連続講座「グローバリゼーションと植民地主義」（立命館大学国際言語文化研究所主催）の第一回（一一月三日）の主旨説明としてプログラムに記されたものである。いまやや舌足らずではあるが熱気に満ちたこの文面を読みかえして深い感慨にとらわれる。時代の移り変りは早い。二〇〇一年九月一一日の事件とそれに続くアフガン空爆やイラク戦争の衝撃的な記憶はすでに薄れ始めており、事態が泥沼化し、死者の数が積み重ねられてゆくなかで、アメリカのブッシュ政権の現状認識の誤りや石油その他の権益をめぐるむきだしの国益主義が暴かれてきた。原油高や住宅金融問題など経済不況の前兆は、やがてアメリカの代表的な金融機関や自動車産業の破綻に及び、一九二九年の大恐慌の再現を思わせる事態の中で、「変革《チェンジ》」のスローガンをかかげて大統領選挙に勝利した民主党のオバマ新政権が誕生した。

他方日本では、ブッシュ政権の誤認とイラク戦争が正義の戦いなどではないことが広く知れわたった時点でも、アメリカに対する全面協力を唱える一方で、規制緩和、構造改革、民営化などの名の下に新自由主義的な政策を強引に推し進めてきた小泉—安倍政権は、参議院選挙で大敗を喫して崩壊し、自民党の新しい政権は若年労働者の失業問題や貧困層の増大、年金や福祉の問題に改めて取り組むことを余儀なくされている。風向きが変わりはじめたマスコミで、格差、ニート、ワーキングプアなどといった言葉が流行語となり一般に定着したのも最近二、三年のことであるが、最近は大企業の内定取り消しや派遣社員の大量解雇、等々によって新自由主義政策がもたらしたものが何であったかを、私たちは生活に直接かかわる問題として理解しはじめている。

ここで中国や韓国など東アジアの近隣諸国、あるいは世界の他の諸地域について述べることはできないが、グローバル化の急激な進行とそれに対するさまざまな形の政治的文化的な反応が各地で発生していることは否定できない。私たちの連続講座の第四回「反植民地—反グローバル化運動」の主旨説明は次のように書き始められていた。「グローバル化が中核による周辺の支配・抑圧・搾取をともなう以上、グローバル化は必然的に反グローバル化＝反植民地化運動を呼び起こす。」このやや性急な判断と主張は、今日ではいっそう切実な実感をもって読まれるのではないだろうか。

私たちはいま激動の時代のただ中にいる。私たちも不意をうたれ、おそらくその動揺を隠しきれない。私たちが本書にかかわっている間に、世界は次々と危機的な変貌を続けている。だが本書の内容にかんして言えば、私たちの試みはある意味では時代を先取りしていたといえるかもしれない。グローバル化とは何か、植民地主義とは何か、あるいは新自由主義とは何であったのか、私たちが本書によって解明し、主張しようとしていることのいくつかは、私たちが本書を準備している間に、現実の変化によって証明されようとしている、という印象が強いからである。

本書の母胎となっているのは前記の五回にわたる連続講座の記録として編集された「特集　連続講座〈国民国家と多文化社会〉第一七シリーズ〈グローバリゼーションと植民地主義〉」（『立命館言語文化研究』一九巻一号、二〇〇七年九月）であるが、先に述べたように二〇〇六年秋の連続講座以降の時代の変化があり、また私たちは連続講座以後にもさまざまな研究会やシンポジウム、あるいは現地調査などを続けているので、今回執筆された論考は特集の再録ではなく、それぞれにさまざまな修正や展開を含んでいる。また本書は全体として時流に抗したラジカルな主張が集められているが、執筆者間の意見の一致ははじめから求められていない。さまざまなメッセージや個々の論考のあいだの共鳴や呼応と同時に微妙な差異や対立にも注意して読んでいただければ幸いである。

私自身にかんして言えば、『〈新〉植民地主義論』（二〇〇六年）を発表して植民地主義概念の転換を提案してからまだ三年しか経っていないが、その間、授業や研究会やシンポジウムや講演会などさまざまな場所で話し、質問に答え、議論をくりかえすことによって学ぶことが多かった。自分の考え方にもかなり変化があり、少しは視野も開けてきたのではないかと思う。とりわけ上海やソウル、台北や高雄など旧植民地における対話は私には貴重な体験であった。私ははじめ自分の「〈新〉植民地主義」論をいくつかのわかりやすい要約的なキャッチフレーズのような言葉にまとめて表現していた。例えばグローバリズムを「第二の植民地主義」と呼び、グローバル化の新しい段階の特徴を「植民地なき植民地主義」と記し、国民国家と植民地主義の関係をとりわけ教育を念頭に置いて「国民国家は植民地主義の再生産装置である」というような言葉で述べていた。私はまた戦後日本の植民地的状況とそれに対する違和感を記し、植民地主義が「国民」[1]の個人史や内面性にかかわる問題であることを示すために、あえて自分の引き揚げ体験を述べたりもした。[2]

そうしたことをいま否定したり、訂正したりする必要はないと思う。だが個々の問題をいかに深めるかということのほかに、問題の全体像や関心のあり方がいくらか変化しているかもしれない。例えば私はいま自分の思考や感性、あるいは自分の生涯が植民地主義に深くかかわっていることを、以前よりもいっそう強く感じている。一九三四年生まれの私は敗戦までの幼少年期を朝鮮、満州（中国東北部）といった旧植民地で過ごし、戦後はアメリカ占領下の日本で過ごした。そして現在はグローバル化という第二の植民地主義の下で生き、生涯を終えるとすれば、私の生涯を要約する言葉は「植民地」ではなかったか。だがそれは私一人の問題ではないだろう。またもうすこし視野を広くとって歴史的に考えれば、一六世紀の大航海時代、つまり西欧の膨張が始まって以来、世界の四分の一が四分の三を支配し地上の八〇パーセント以上が植民地化された異様な時代から、グローバル化の時代と呼ばれる現在にいたるまでの人類史を特徴づける第一の言葉が「植民地」と「植民地主義」でなくて何だろうか。

だが歴史は一般にそのようには語られていない。なぜだろうか。そこにはおそらく、植民地を隠蔽し私たちに見えなくさせる大きな力が働いている。そしてその力こそがまさに植民地主義ではないだろうか。いま私にようやく見えてきたことは、国家と資本と文明概念に支えられた長期にわたる近代という時代は、グローバリゼーションと一体のものであり、その輝かしい近代の裏面には暗黒の植民地と植民地主義がべったりと張りついているという事実である。近代という時代の真実を見極めるためには、その裏面から剝してゆかねばならない。そしてその作業は近代人である私たち自身の内面の闇を暴く作業をともなうだろう。近代人は近代人である限り多少とも、あるいは本質的に植民地主義者である。そして植民地主義研究者はいつか自分自身も植民地主義に汚染されていることを知り、その自覚と認識が研究の深さと方向を決めることになるだろう。グローバリゼーションという現在進行中の植民地化と新しい植民地主義のなかで行われるこの探索の作業は困難で果てしのない危険な旅になるかもしれない。以下、私たちの旅の手掛かりとなるいくつかの項目について記しておきたい。

1 植民地主義の隠蔽と再発見（1）――文明化の使命、植民地放棄と植民地忘却

植民地あるいは植民地主義は、近代の最も重要なテーマでありながらも、かつてそれ本来の深さと広がりにおいて、まっとうな考察と研究の対象となりえたことがあっただろうか。私の答えは否定的である。植民地主義のまっとうな考察と研究が行われるためには、その明確な対象化が必要であるが、近代の国家と社会には、その対象化を阻むさまざまな要因と力が働いていると考えざるをえないからである。ここではまず近代における植民地主義隠蔽の構造とでも言うべきものを問題にしたい。

隠蔽の構造は複雑である。例えば「文明化の使命」という言葉である。この言葉はほとんどあらゆる植民地主義的言説のなかに現われ、植民地主義の口実あるいはイデオロギーとして多くの研究者や批判的論者がそれを引用している。だがこの言葉に立ち止まり、その深い意味と、それが現在にいたるまでくり返される（例えば九・一一以後のブッシュ）ことの意味を考える論考は少ない。「文明化の使命」という言葉はたしかに植民地支配のための暴力と抑圧と搾取を隠蔽するだけではなく、植民地の住民の抵抗やそこで続けられている生活の実態をも覆い隠すように作用してきた。それはまさしく植民地主義的な言葉である。欧米の列強を追って、日本が植民地支配を始める場合にも（台湾出兵や朝鮮「併合」に際しても）この言葉が用いられた。

だがこの問題はそこで終わらない。植民地と植民地主義は否定されたが、現在、旧宗主国の住民の大半は依然として「文明化の使命」を信じているだろう。その結果、植民地支配のもたらした貢献を

主張する声はいまも絶えない。それればかりか、今では旧植民地の住民も「文明化の使命」を信じているのではないか（例えば中国における「文明」キャンペーンや第三世界の貧しい国々における「開発」や「学校」建設、等々）。もしそうであれば、ここで改めて考える必要があるのは「文明」が何を意味するのかである。

文明（civilization）という語と文明概念の形成についてはかつて詳しく述べたことがあるので[3]、ここでは植民地主義との関連で注目すべき文明概念についてだけ要約的に記しておきたい。文明は西欧近代において追求されるべき最高の価値を示し、人類の進歩と幸福、さらには自由、平等などの概念を含むと同時に、野蛮の対概念として教化、富、支配など帝国への、したがって植民地への欲望を露にした概念であった。文明概念のもつこの両面性、相矛盾した両義性には注意が必要だろう。それはグローバル化のもつ両義性でもあった。

文明はまた近代国家（国民国家）のめざすべき理念でもある。明治維新期の「文明開化」のスローガンはよく知られているが、それは日本に限らず国民国家形成を目指す後発諸国に共通のスローガンであった。国民統合（国民化）の理念は基本的には文明化であり、国民教育もまた文明化であった。地方やあるいは植民地に出かけた教師たちは、文明的な「国語」の普及を図る一方で、方言や土地の言葉の撲滅を使命と心得ていたのである[4]。自国民に向けられた「文明化の使命」、それは自己植民地化にほかならない。そしてそのような教育をうけて形成された「国民」が植民地主義を免れることは難しく、自分が植民地化されていることを認識するのはさらに難しい。

植民地主義研究が行われていないわけではない。むしろ研究は盛んで、植民地主義研究の文献や資料は山ほどあり、数え切れない。だがその研究の大部分は植民者、つまり支配する側の観点から行われており、その文献や資料は、現地ではなく、旧宗主国の大学や文書館に収められている。インドやバングラデシュなどの旧植民地時代の研究をするためには、ロンドンに行かねばならない。状況の異なる日本の場合でも、戦後研究はアメリカに行く必要があるだろう。サイードが『オリエンタリズム』の最後のほうで述べていた、アメリカに出かけて自国の研究を行う中東出身の研究者に対する不信を思い出す。彼らはアメリカで作られた中東のイメージを母国に持ち帰るのだ。

植民地主義の研究は多くの場合、帝国主義研究の一環として行われた。それはそれで理由のあることであるが、しかしその場合、植民地主義は帝国主義の一形態かその付随物のように扱われる。帝国主義研究は多くの場合、批判的な研究であり反体制的な研究である。だがレーニンの『帝国主義』（一九一六年）をもちだすまでもなく、それは資本主義のある一定の（つまり最高の）段階にかんする研究であって、結局は資本主義の中枢部（列強と宗主国）に焦点が当てられ、周辺部（植民地化された地域）にひろがる搾取と抑圧の構造、その地域の社会や生活の変化、住民の精神的物質的な苦難について言及されることは少ない。帝国主義という問題設定から植民地の住民の生活までの距離はあまりに遠く、下手をすれば植民地の現実から目をそらすことになりかねない。植民地の側から植民地の問題を考える視座と方法を打ち立てる必要があるだろう（私にとってその最初の例を示してくれたのはエメ・セゼールの『植民地主義論』［一九五五年］であり、エンクルマの『新植民地主義』［一九六四年］であった）。

列強に遅れて帝国主義的な植民地争奪の戦いに参加した日本の場合、植民地と植民地研究の歴史は浅い。日本の植民地研究は帝国の植民政策として出発した。札幌農学校で最初の植民学が開設されたのが一八八七（明治二〇）年、改組された東北帝国大学農科大学や北海道帝国大学に農政学・殖民学講座が設置されたのは一九〇七（明治四〇）年であった。それは日清・日露戦争が終わり、日本が東アジアの植民地支配へと乗り出す時期と一致している。また植民政策学が日本帝国の北の辺境である北海道で始められたというのは、日本の国民国家建設と植民地・植民地主義の関係を見事に示している。「植（殖）民」、「植民地」、さらに「国内（内国）植民地」という用語が最初に作られたのは北海道においてであった。[5] その後、植民政策学の講座は、東京帝国大学や、全国の主要大学に設置され、植民政策学は日本帝国の社会科学の主要な一つの潮流を形成する。私たちは今日では、その流れの一端を矢内原忠雄の『帝国主義下の台湾』（一九二九年）[6] に読むことができるのであるが、植民政策学の流れは敗戦後、見事に隠蔽された。植民政策学の講座を担当した著名な学者たちは、戦後その責任を問われることもなく、「植民地」という言葉を胸深く飲みこんだまま、国際経済論や低開発経済論、あるいは国際関係学や地域研究などの領域に移動する。戦前の植民政策学は、植民地問題を欠落させたままで、戦後の自由主義的・マルクス主義的な社会科学として再生した、といってよいだろう。[7]

植民地主義隠蔽の歴史は、第二次世界大戦後において新たな展開を示す。植民地主義は、第一次大戦後に「民族自決」の原則がひろく受け入れられるようになって以後、国際社会における正当性を失っていたが、さまざまな大義名分や口実（「委任統治」や「大東亜共栄圏」、等々）の下に、植民地は現実に存続していた。だが第二次世界大戦後、植民地の独立は世界的な潮流となり、六〇年代までにアジア・アフリカ・ラテンアメリカにおける植民地の六〇カ国をこえる国々が次々に独立を果たす。敗戦国日本の植民地放棄と植民地忘却[8]は、そのような世界史的背景のなかで起こる。

敗戦は、日本人にとって何よりも、アメリカ軍を中心にした連合国による国土の占領とあらゆる植民地の放棄を意味したはずである。植民地放棄にかんして言えば、かつて歴史に例を見ないほど、それが徹底して行われたことは記憶してよいことであるかもしれない。それは単に海外領土の支配権の放棄だけではなく、それらの土地に住むあらゆる日本人の帰国を意味した。満州、樺太、千島、南北朝鮮、台湾、仏印、その他東南アジアや太平洋島嶼など広範な地域からの引き揚げ者と復員兵の総数は六五〇万を超え、当時の日本の人口の一割近くに達している。他方、日本の本土から中国や台湾、韓国その他の故国への引き揚げ者も一五〇万を超える。敗戦と植民地放棄は、日本人が植民地問題を改めて反省的に考え直すよい機会になりえたはずである。

だが実際には植民地問題が直視されることなく、この国民的体験は隠蔽され、むしろ植民地忘却という逆の方向に導かれる。そこにはおそらく、戦後の人々の生活の困難さや、「これほど大きな犠牲を払ったのだから、過去を忘却することは許されるであろう」といった心理的な要因も働いていただろう。だが植民地忘却にはより大きな政治的力が働いていた。ここで占領と占領軍の政策とそれに応じた日本政府の政策を改めて問題にしなければならないだろう。日本本土と沖縄とさらには韓国を支配下に置いたマッカーサー指揮下の占領軍は、植民地問題を密封した。そしてこの政策はやがて冷戦構造のなかでいっそう強化される。そしてそれは体制維持を図る日本政府の方針でもあった。もともと占領とは植民地化であり、占領軍が植民地問題を密封するのは当然である。ところが日本の革新政党は占領軍を「解放」者として迎え入れ、国民の多大数もまた同様であった。この錯誤は何に由来するのか、あるいはいかにして作られたのか、戦後論はこの問題を避けて通ることはできない。(9)

2　植民地主義の隠蔽と再発見（2）――「新植民地主義」から「ポスト・コロニアリズム」へ

日本社会の植民地問題に関する無関心の根は深いが、しかし戦後、「植民地」や「植民地主義」が問題にされた時期がまったくなかったわけではない。その第一は一九五一年九月にサンフランシスコ講和会議で対日平和条約・日米安全保障条約が調印される前後である。両条約がアメリカに対する従属と日本の植民地化をめざすものとして、革新陣営の中で、民族独立が叫ばれた。だがこの時期の論議で日本の過去の植民地主義について、あるいは植民地主義そのものについてそれほど深い根底的な議論や反省が行われたとは思えない。

第二は一九六〇年前後に「新植民地主義」が論じられた時期。これは戦後独立を果したアジア・アフリカ諸国、いわゆる第三世界が中心となって、解放以後も旧植民地に根強く残る植民地主義や依然として続く旧宗主国によるさまざまな介入を告発し、真の独立を求めるものであった。インドネシアで開かれた一九五五年のアジア・アフリカ会議（バンドン会議）における開会演説で、スカルノ大統領が「古典的な形態」をとらない新しい植民地主義の存在を指摘したのが契機となり、その後、一九六〇年一月の第二回全アフリカ人民会議（チュニス）の報告のなかで、「新植民地主義（neo-colonialism）」という用語が初めて使われたとされている。わかりやすい「新植民地主義」の定義としては、一九六一年四月に行われた（バンドン）アジア・アフリカ人民連帯機構第四回理事会の決議文から次の文章をあげることができるだろう。「帝国主義、とくにアメリカ帝国主義の新しい形態である新植民地主義は、新興国の政治的独立を形式的に承認しながら、これらの諸国を政治的・経済的・社会的・軍事的・技術的手段によって間接巧妙な支配形態の犠牲に供し、かくして新たに独立を獲得し、あるいは独立を獲得しようとしているアフリカ諸国に対する最大の脅威となっている、と考える」(「植民地主義の廃絶と新植民地主義に対する闘争についての一般宣言」)[10]。

仏領カメルーンの独立に始まって、コンゴ、ガーナ、シェラレオネ、ベルギー領コンゴ(ザイール)、トーゴ、マリ、ソマリランド、マダガスカル、ダホメ(ベニン)、ニジェール、オートヴォルタ(ブルキナファソ)、コートジヴォワール、チャド、中央アフリカ、仏領コンゴ(コンゴ)、ガボン、セネガル、ナイジェリア、モーリタニア、等々の独立や共和国の成立が相次いだ「アフリカの年」と呼ばれる一九六〇年が、おそらくアジア・アフリカの新興諸国による連帯と反植民地主義運動のピークであった。アフリカの新独立国一六カ国が国連に加盟し、この年の一二月一四日には、アジア・アフリカ四三カ国共同提案による「植民地諸国、諸人民に対する独立付与に関する宣言(Declaration on the Granting of Independence to Colonial Countries and Peoples)」が、総会で満場一致で採択されている。

一九六〇年は、日本では、歴史上例をみない全国民的な規模で戦われた新安保反対闘争が、やがて高度成長政策に飲みこまれて失速する転換期であった。五〇年代の後半から六〇年代にかけては、戦後日本においてアジア・アフリカとの連帯が最も叫ばれた時代であり、冷戦の最中に非同盟主義を掲げるインドのネルー、インドネシアのスカルノ、中国の周恩来、エジプトのナーセル、ガーナのエンクルマ、コンゴのルムンバ、セネガルのサンゴール、等々の名前がジャーナリズムを賑わせ、学界においても「新植民地主義」研究が進められている[11]。おそらくそれは植民地問題が戦後はじめて、植民地の側から論じられ深められる好機であった。だが今日では、これら新興諸国の代表的な指導者たちが「新植民地主義」に対する闘争を共通のスローガンとして掲げていたことはほとんど忘れ去られており、「新植民地主義」という用語自体も記憶から遠ざかってしまった。

なぜだろうか。大きく分けて二つの理由が考えられる。第一はA・A諸国間の分裂や対立、さらには諸国の国内における分裂や対立、いわば運動の内部からの崩壊である。中ソ論争が始まるのは一九六〇年であるが、バンドン会議の一〇年後の一九六五年に予定されていた第二回アジア・アフリカ会議は主催地アルジェリアにおけるクーデタによって中止されている。ベトナムの例をみても明らかなように、そこには「新植民地主義」論のいう、アメリカを中心とした帝国主義の介入があったことはいうまでもないが、植民地遺制の問題をも含めて、新興諸国内部におけるさまざまな矛盾や対立も無視できず、それは今日にまで及んでいる。

第二の大きな理由は、「新植民地主義」概念自体から生じている。「新植民地主義」の主張は、当時指導的な立場にあったソ連やドイツなどの社会主義圏からの理論的要請もあって、資本主義体制の崩壊と社会主義体制への移行（第三段階）という歴史的必然を前提としていた。この前提が崩れたとき「新植民地主義」の理論は維持できない。もう一つの主要な前提は「民族解放（独立）」である。だが新興諸国の多くが現実に推し進めたのは「国民国家」の建設であり、そしてその多くは開発独裁の形をとりはじめた。それは、まさしく彼らが批判し否定した世界の「新植民地主義」的体制の中で相互依存的な関係によって生き残りを図ることであった。開発独裁的な形をとった国家権力は、ナショナリズムを煽る一方で植民地主義の隠蔽を図るのが一般的な傾向であった。(12)

こうして「新植民地主義」という用語は私たちの視野から消えてゆく。だがいま「新植民地主義」批判の言説を読みかえすと、そこに貴重な可能性が秘められていたことを改めて考えざるをえない。それは何よりも旧植民地の側からの発言であり、現存する植民地主義への批判であった。その視座は、エメ・セゼールやフランツ・ファノン、アミカル・カブラルといったアフリカやカリブ海の政治的思想的指導者たちの実践や、エドワード・W・サイード以下の「ポストコロニアル研究」、さらにはウォーラーステイン以下の世界システム論につながるラテンアメリカの「従属理論」、あるいはヨハン・ガルトゥングの帝国主義論や平和学、等々に伝えられているからである。また「新植民地主義」論でくり返された、現存する「植民地体制」という用語は、現在のグローバル化の中で改めて考えなおされるべきものであろう。グローバリゼーションという用語は一方で新しい植民地体制の本質を示すとともに、他方で植民地主義の本質を隠蔽しているように私には思えるからである。グローバル化時代の植民地主義を改めて問題にするために私が新植民地主義の新に〈 〉を付し、「〈新〉植民地主義」論としたのは、いわゆる「新植民地主義」論に対する批判と継承の二つの意味をこめてのことであった。

最近の十数年、日本でも植民地主義研究の新しい傾向と問題意識の転換が認められる。主な研究領域も歴史学、地域研究、人類学、文学研究といった領域に移動し、政治・経済的な領域だけではなく、内面化された植民地、植民地的無意識、文化的植民地主義、植民地主義的形象、ジェンダー論、等々の領域に拡大している。そこには実証主義や史学史の形をとった古いアカデミズムの復活や帝国をなつかしむ傾向がなくはないが、しかし主な流れは一九七〇年代の後半から使われるようになったポストコロニアルとみてよいだろう。ではポストコロニアル研究とは何か。その主張の要点は、（1）植民地主義の現存という認識（この点では「新植民地主義」論を受けつぐ）と、（2）宗主国と植民地の相互依存性の強調にあるといってよいだろう。ポストコロニアルについて私はすでに別のところで述べているので、[13]以下その特徴というよりは疑問点を三つだけあげておきたい。

第一は、それが主としてアメリカ経由の言説であること。これまでの植民地主義論は宗主国の植民政策を別とすれば、多くの場合マルクス主義の影響が強く、「新植民地主義」論のように、とりわけレーニンの『帝国主義』や『帝国主義論ノート』を拠り所としている。ポストコロニアルの場合、「新植民地主義」論が第一の敵とみなしていたアメリカ発であることは興味深い。ただし、その中心的な理論家の名前を並べれば、六一年に没したフランツ・ファノンは別としても、主要な人物は、サイード、スピヴァク、ポール・ギルロイ、スチュアート・ホール、ホミ・バーバ、トリン・T・ミンハ、レイ・チョウなどいずれもアメリカかイギリス在住の旧植民地出身者たちで占められている。この事実の意味はまだ十分に考えられていないのではないか。

第二に、ポストコロニアルに関する研究は、たちまちポストコロニアル・スタディーズとしてアカデミズムの中に位置を占め（これはカルチュラル・スタディーズ、フェミニズムやジェンダー論も同様であるが）、学ぶべき知識、研究論文の対象となってしまう。それがアカデミズムの抵抗力、あるいは健全さを示すのか、ポストコロニアル研究の体制化を示すのかは別として、もしそうした状況がそのまま日本に輸入されるとすれば、それは日本の知的植民地状況を示すことになるだろう。

第三に、ポストコロニアルに関する言説のほとんどが、英語圏を中心とする国際的な学会やシンポジウム、あるいはその他の知的、文化的な交流や政治的実践を通して生み出されているとはいえ、グローバル化のなかでその他の情報とともに、ほとんど一方的にアメリカやイギリスから日本に流入している現状をどう考えればよいのであろうか。グローバル化のなかで、論者の意図とは別に、植民地主義批判の形をとった植民地主義、あるいは植民地主義の隠蔽がありうるということを考える必要があると思う(14)。

3　グローバリゼーションと植民地主義――再定義にむけて

植民地主義をその全体の広がりと深さにおいて考察の対象とするためには、西欧の膨張によって始まる一六世紀の大航海時代から今日に至る歴史の全過程と、それを支えた文明概念の全体を問題にする必要がある。だがこの五百年が、西欧の膨張しつづけた一続きの時代であったとしても、いくつかの転換があり、それが植民地と植民地主義の形態と内実に大きな変化を与えてきたことは認めなければならないだろう。私はこれまで重層的な時間の流れに注目してグローバル化を論じてきたが(15)、ここでは時代の転換期に注目してみたい。

植民地主義という観点からみて、大航海時代から始まるグローバリゼーションの第一の重要な転機としてヨーロッパにおける国民国家の成立（フランス革命によって代表されるようなさまざまな市民革命はヨーロッパに限らず大西洋を囲む諸地域に発生し、「大西洋革命」と呼ばれている）をあげることができる。それ以後、植民地主義は国民国家の、あるいは資本と国家と国民（民族）によって推進される（あるいは阻止される）共同事業となった。植民地主義は（あるいは反植民地主義は）国益と愛国心の名において語られ、帝国主義とナショナリズムとのかかわりで論じられることになる。支配地域（領土）の拡大は、世界システムの中で国家を維持するために必要不可欠な手段であった。

第二の注目すべき転機は、第一次世界大戦とロシア革命である。ヨーロッパを主戦場とした第一次世界大戦は世界を巻きこみ、国民国家と帝国主義勢力の再編をもたらす。極東の小国日本にとって、第一次世界大戦への参戦は帝国主義的な拡大をめざす重要な契機であった。他方、合衆国大統領ウイルソンの提唱した「民族自決」の原理は、ウイルソンの意図を超えて広がり、ロシア革命の成功は、植民地主義に反対する社会主義の現実的な拠点となる一方で理論的形成に大きな役割を果たした。これ以後、国際社会で植民地主義を公然と支持することは困難となり、現実に存在する植民地主義はより欺瞞的な形態をとることになるだろう。

第三の重要な転換期となるのは、第二次世界大戦と戦後である。第二次世界大戦は植民地の「解放」と「独立」をもたらした。この解放と独立が括弧つきの解放と独立であったことが、「新植民地主義」とポストコロニアルの問題群を形成する。植民地後に残存する植民地主義は、「新植民地主義」の名称で定式化されたが、しかしこの新しい植民地主義は新興諸国の代表的な論者たちが主張するように、アメリカ帝国主義にのみ由来するものではなく、新興諸国自身の内的な諸矛盾が深くかかわっていた。

第四の転機、すなわち現在のグローバリゼーションという用語で特色づけられている時代の起点についてて。グローバリゼーションという用語が普及するのは一九九〇年代に入ってからであるが、私は六〇年代後半説をとりたいと思う。この時期にグローバル化を可能にした要因としては、IT産業を中心にした科学技術の発達、資本と労働力の流動化、多国籍企業のひろがり、国民国家の変質、等々があげられるが、私たちの記憶に残る歴史的事件としては、(1) 世界的な金融危機、(2) ベトナム戦争と反戦運動、(3) アメリカの公民権運動と世界同時多発的な学生運動(六八年)、等々がある。金融危機は資本主義の変質の前兆であり、ベトナム戦争(ベトナム側からみれば対フランス・アメリカ戦争)は、最後の古典的な反植民地・民族独立運動であるが、今では反グローバル化運動の始まりを示すものであったと考えられる。

こうして歴史的にみていくと、第四のグローバル化が顕在化する一九九〇年代の初めに行われた湾岸戦争は、これもまたアメリカの長期的な世界政策の一環で、九・一一以後のアフガン侵攻やイラク戦争を予告するものであったことがみえてくるだろう。では九・一一以後に何が変わったのか。私は本質的に何が変わったというよりは、グローバル化の流れの中に潜在していたいくつかの傾向や可能性、あるいは特定の方向性の強化が実現しつつあるとみたほうがよいのではないかと思う。そしてその変化のなかで最も際立ったものを一つだけあげれば、それは「二極化」と呼ばれているものではないだろうか。

アメリカのブッシュ政権主導の下に世界は「テロ」と「反テロ」(あるいは「正義の戦争」)に分断された。ブッシュ語録によれば、この対立は「文明と野蛮」「邪悪と正義」「異教徒と十字軍」、等々である。大航海時代以後の西欧の膨張と植民地主義の歴史を知る者にとっては、何とも恥知らずでおそまつな二分法であるが、それだけに超大国の変わることのない欲望と本音が表れている。だがこうしたブッシュ政権の論理と政策以上に私たちを驚かせたのは、世界の主要国のほとんどすべてが、日本や韓国はいうまでもなく、ヨーロッパ諸国やロシア、さらには中国やインド、パキスタン、インドネシア、等々、かつて第三世界と呼ばれ、「新植民地主義」反対闘争に立ち上がった国々がいっせいに、このブッシュ政権の二分法的論理を受け入れたことである。こうして世界の各地で頻発した「民族紛争」や「民族問題」は消失し、すべてが「テロ」に書き換えられる。ジャーナリズムがこの書き換えにいっせいに協力したこと、これは第二次大戦下の転向（体制［戦争］協力）に匹敵するだろう。宗主国と植民地、北と南、先進国と後発国、あるいは社会主義と資本主義などに代わる、新しい二分法の誕生に私たちは立ち会っているのである。

「二極化」のもう一つの重要な側面は、最近「格差」という言葉でしきりに言われはじめた経済的側面である。政治的な二極化にともなって、地球上の経済（所得）格差、富める者と貧しい者との格差は拡大の一途をたどっている。格差は先進国と後発国との格差に限らず、同じ国内における地域格差、階層間の格差、年齢による格差（若年労働者問題、フリーターやニート、高齢者問題）、男女間の格差、等々、生活の隅々にまで浸透し、普遍的な二極化現象が現れている。しかも、この格差は旧植民地（後発諸国）においていっそう際立った形をとり、都市における富裕層の出現と極度の貧困、農村の疲弊、環境破壊、過酷な労働、子供の売春や臓器売買、薬害、伝染病、暴力、犯罪、等々、時には植民地時代以上の悲惨な状況が広がっている。

こうした政治的・経済的二極化は一体のものとして進行している。それはグローバルな（地方を含む、あるいは地方を巻きこむ）現象であって、国家の役割は依然として重要であるが、市場価値が優先し国家主権や公共福祉的な価値が後退していることは認めなければならないだろう。私がここでヨハン・ガルトゥングやイマニュエル・ウォーラーステインの名前をあげるのは、彼らの中核‐周辺の理論は、彼らがそれを考え主張しはじめた三〇年前よりも、グローバル化が進行し二極化が露呈した現在のほうがより説得的で、より有効性をもっているように思われるからである（ガルトゥングの「帝国主義の構造理論」とウォーラーステインの世界システム＝世界資本主義論を見よ）[16]。現在私たちが直面しているのは三〇年前にガルトゥングが未来のこととして想定していた「新々植民地主義」であり、ウォーラーステインがかつて想定した世界資本主義は、現在その究極の姿を現しているのではないだろうか。

ここで改めて植民地主義の再定義の問題に入りたいと思う。植民地主義（colonialism）は二〇世紀の初頭に生まれ普及した二〇世紀の新語であった。それは初め、帝国主義的な宗主国の住民の植民地への移住にかかわる概念であった。例えばホブスンの『帝国主義論』（一九〇二年）にみられるように「植民主義」と訳されるべきものであった[17]。植民地拡大のシステムあるいは欲望を表すcolonialismは、「文明化の使命」を信じる者たちにとっては「帝国主義」同様、正当化されうる行為であり、イデオロギーであったはずである。だがこの語はたちまちにして植民地の側からの、帝国主義的な支配と収奪を行う列強（宗主国）に対する批判の言葉として意味が逆転する。いずれも帝国主義批判でありながら、おそらくこの植民主義と植民地主義の違いがホブスンの『帝国主義論』とレーニンの『帝国主義』の距離を構成すると考えてよいだろう。

帝国主義の定義は山ほどあるが、植民地主義の立ち入った的確な定義はきわめて少ない。それは植民地主義研究が帝国主義研究の付随物（帝国主義実現の一形態）のようにみなされてきたことにもよるが、他に植民地主義という用語のもつ反植民地主義的な性格やイデオロギー性が作用してきたと考えられる。植民地主義という用語は陣営を二分する。

国家対国家、あるいは国家対非国家（無主の地）の支配‐被支配関係を基本にする古典的な植民地主義の、宗主国側から見たキーワードは、領土、支配、国益、人種、文明化、等々であるが、それに対抗する植民地の側では、民族、独立（自決）、主権、領土保全、収奪（搾取）、暴力、差別、貧困、人権、文化や伝統、等々が問題になる（先に述べた一九六〇年における「植民地諸国、諸人民に対する独立付与に関する宣言」や「新植民地主義」をめぐる言説を見よ）。

しかしながら、このような植民地主義の概念では、グローバル化の第四期、とりわけ九・一一以後に顕著になった問題を十分に考えることができない。新しい植民地主義にとって国家主体によって規定される領土は必ずしも必要ではない。資本は瞬時に世界を移動し、労働力もまた国境を超えて移動する。また、一国内、あるいは一民族内で起きている抑圧的な支配や差別、収奪や搾取の関係を見落とし、場合によってはそれを隠蔽してしまいかねない。

植民地主義に関する議論を、資本と国家あるいは階級と民族をめぐって複雑多様な理論が錯綜する迷路から救出するために、私は新しい植民地主義の暫定的な定義として、ここでとりあえず「中核による周辺の支配と収奪の一形態」というきわめて単純で抽象的な定義を提出し、そこから再出発を試みたいと思う。この定義は現在進行中のグローバルな二極化に焦点を当てるためのものであるが、同時に大航海時代以降、現在にいたるまでのグローバル化の全過程と国民国家や文明概念や教育、文化、等々、つまりその中で生きてきた人々の内面をも含めた、全体を見通す視座として、あるいは今後の作業の出発点として設定されている。ここで重要なのは定義の精密さであるよりは、そこからより本質的な何が見えてくるかである。圧倒的な経済力と軍事力を背景に覇権国の単独主義と市場万能主義に行きついたアメリカの新自由主義の崩壊を目前にして、ようやく裸形の世界が見えはじめたと感じているのは私だけではないと思う。新自由主義とは結局は〈新〉植民地主義ではなかったか。

4 グローバル・シティと国内植民地主義

最後に、私たちが現在直面しているグローバル化とそれにともなう新しい植民地主義の考察を深めるために、グローバル・シティと国内植民地の問題についてふれておきたい。この二つの概念はいまだ形成途上であって、それに関して私たちが決定的なことを言える段階ではなく、今後の私たちの検討に委ねられた、いわば開かれた概念である。本書では国内植民地主義とグローバル・シティの問題を重視してそれぞれに一章が与えられており、そのことは本書の特色の一つとなっているが、もう一つ私たちにとって重要に思われたのは、この一見相反する両者を一組の相関連するものとして考察することであった。両者はグローバル化を分析するための一対の枠組であるが、そのような試みを可能にしているのは「中核による周辺の支配と収奪」という先に述べた植民地主義の暫定的な定義だと思う。この問題についての詳細は各章の専門家による論考に譲るとして、ここではこの問題をとりあげる私たちの意図を簡単に記しておきたい。

私たちがグローバル・シティに注目するのは、それがグローバル化時代の資本主義の変質と「植民地なき植民地主義」の特色を最も顕著に表している空間であるように思われるからである。グローバル・シティの研究は一九八〇年代から盛んに行われているが、グローバル・シティについて議論を始めると多くの場合、混乱が生じて迷路に入りこんでしまう。議論が混乱する理由の一つは、理論的なモデルと現実の都市との混同にあるだろう。異なる歴史的地理的条件の下に形成された都市は、それぞれに多面的で多様な機能を構えており、ニューヨークやロンドン、東京やソウルといった実際の大都市が、グローバル・シティのモデルに完全に一致することはありえない(18)。混乱のもう一つの理由は、グローバル化の流れの中で現実の都市が急速に大きく変容しつつあることだろう。したがって私はグローバル・シティとはグローバル化の中で変化し、グローバル化の機能と役割を果たす中枢的な都市、あるいは一連の都市群といった単純な定義から出発したいと思う。

グローバル化が都市に新しい機能と新たな景観を与えていることは否定できない。私たちは変容しつつある現実の都市の観察から始めたいと思う。以下、一つのグローバル・シティ像を示すものとして既発表の文章を一部訂正して引用させていただきたい。これは二〇〇五年一一月に上海社会科学院で行った講演の一節である。上海は典型的なグローバル・シティとはいえないかもしれないが、グローバル・シティあるいはグローバル化と新しい植民地主義の問題を考えるうえで、きわめて興味深い都市である。本書には上海社会科学院からお招きした王貽志教授と郭潔敏教授の論考が掲載されているが、上海の研究者の多くがこの問題に強い関心をもってくれたのは私にとって大きな喜びであった。なお私たちが訪問した直前に、サスキア・サッセンの『グローバル・シティ』が上海社会科学院から「全球城市」のタイトルで翻訳出版されていた。

グローバル・シティには多数の多国籍企業が集まり、世界の資本と企業のネットワークが結ばれる結節点であり、そこには資本や権力が集中しています。グローバル・シティは世界の資本に開かれた都市ですが、それは同時に世界の移民労働者に開かれた都市でもあります。ニューヨークの崩壊した世界貿易センターに七十四ヶ国の国籍をもった人々が働いていたのはたいそう象徴的です。世界資本主義はもはや植民地という辺境の地に赴く必要はなく、辺境の地から労働者を宗主国の中心部に迎え入れるのです。こうしてグローバル・シティには黒人街、アラブ人街、中国人街、日本人街、コリアン街、イタリア人街、ギリシャ人街、ポーランド人街、スペイン人街、メキシコ人街、等々、さまざまなエスニック集団が存在し、ときには治外法権的な外観を呈することがあります。私はそれを「逆租界」現象と呼んだことがありますが、グローバル・シティは一種の植民地である、と言うことができるかもしれません(19)。

一種の収奪装置であるグローバル・シティには富が集中し、流行とモードと美食の中心、最大の快楽と欲望が充足される場所であると同時に、内部に極度の貧困をかかえており、最大の格差が存在する場所でもあります。イギリス地理学者デヴィット・ハーヴェイは『都市の資本論』において、都市を資本蓄積と階級闘争の行なわれる空間として描きだしました（David Harvey, *The Urbanization of Capital*, 1985)。グローバル・シティはグローバル化のあらゆる矛盾が、その暗部と可能性が、集中的に表現される場所です。グローバル・シティは、グローバル化から排除されたさまざまな要素を中心部に隔離してゲットー化すると同時に、より大きな部分をその周辺に押し出し、敵対的な周辺部と郊外都市が形成される。最近パリ郊外から始まってたちまちフランスの各地にひろがった、移民二世を中心とする若者たちの「暴動」は、反グローバル化運動の側面をもっています。世界のさまざまなグローバル・シティは、グローバル化された世界の中核として相互に利益調和的な関係を結ぶが、しかしそのことはグローバル・シティ間の強烈な競争を否定しない。例えば「世界都市」を自認する東京都がしばしば表明している危機感はそのことを示しています（『危機突破・戦略プラン――21世紀への第一ステップ』一九九七年十一月）。〔……〕ウォーラーステインが世界システム＝国家間システムで説明した諸国家間の協力―敵対関係に類似した関係がグローバル・シティの間に形成されつつあるのではないでしょうか[20]。

次に国内植民地主義の問題であるが、初めに用語の説明をしておきたい。すでに述べたように日本では明治以来、北海道（蝦夷地）の入植（殖）と経営に関して「内国殖民（地）」という言葉が使われ、この問題に対する歴史学や植民政策学の観点からの言及も多い。しかし「内国殖民地」の概念について立ち入った理論的な研究がなされたとは思えない。私がここで「内国植民地」に代えて「国内植民地」という用語を採るのは、「内国」という言い方が今では一般的でないことと、さらにはグローバル化との関連で、両者の違いを示してこの用語に新たな意味内容を与えるためである。「国内植民地」という用語は「植民地主義」という用語の影に隠れて死角になっていた部分、とりわけ周辺部（北海道、樺太［サハリン］、沖縄、小笠原諸島、等々）の植民地的状況に新たな照明を当てる。「国内植民地」という概念はさらに、世界の各地で展開された国民国家建設と植民地主義の関係に新たな照明を当てるだろう。そしてそのことは植民地主義概念の再検討をうながすはずである。国民国家建設（nation-building）は、その初めから植民地主義的欲望と周辺部の植民地化の動きを内包していた。日本に限らず、イギリス、フランス、アメリカ、あるいはロシア、中国、等々の近代国家建設の過程を周辺地域に視点を置いて考察すればそのことはおのずと明らかになるだろう。

グローバル・シティは世界に開かれており、越境的なネットワークの一環として位置づけられる。これに対して国内植民地主義は一国内における文化的民族的特異性をもつ周辺地域（あるいはマイノリティ）が中央（あるいはマジョリティ）に対して植民地的状況に置かれていることに注目する。したがってグローバル・シティと国内植民地の関係という問題は、近代における都市と農村の関係（分業と格差）という問題のグローバル化時代における再現といった側面を備えている。だが同じ差別と搾取の関係は、中央の都市の内部においても観察されるし、また同じ関心のあり方は、国内植民地状況に置かれた一国内の周辺部と海外の植民地との関係にも向けられるだろう。現在用いられている国内植民地主義（Internal Colonialism）という用語の原点の一つは、一九六〇年代の後半から七〇年代にかけて「従属論」をめぐって活発な論争が展開された中南米やアフリカであり[21]、もう一つの中心は同じ時代の公民権運動やベトナム反戦運動、あるいは学生の反体制運動が渦巻いていたアメリカ合衆国ではないかと思う。『国内植民地主義（*Internal Colonialism*）』（一九七五年）の著者、マイケル・ヘクターは、「国内植民地」という言葉が当時の運動のなかでマイノリティ（黒人、イスパニック、先住民など）の自己認識の言葉として発せられたことを伝えている[22]。

「国内植民地」論は、第三世界全体を背景にした「新植民地主義」論を、グローバル化が予告された時代のなかで受け継ぐ動きであったということができるかもしれない。いまここでその動きの全体について述べることはできないので、比較的よく知られているヘクターの『国内植民地主義』についてのみ、触れておきたい。ヘクターの「国内植民地主義」論は、日本でも一時期、社会学者や人類学者によって熱心に紹介されたが、その多くはエスニシティ論の枠組みのなかで、文化的分業論の側面が強調されていた[23]。私はそのような理解の仕方が不毛であるとは思わない。現にグローバル化が急速に進むなかで、人種差別やエスニック・コンフリクトはますます重要で深刻な問題となっているのだから。国内植民地主義論の文化的分業論的側面は、グローバル・シティ研究により精密な観点を提供することができるだろう。だが私がここで三〇年前に出版されたヘクターの書物を改めてとりあげる第一の理由は、その書物がもっていた植民地主義論という本来の意図と価値において再評価すべきであると考えているからである（歴史学における国内植民地論争については、本書の今西一氏の論考を参照されたい。私はここでは文化分業論的観点とは異なる私のヘクター評価の要点をごく簡単に述べることに止めておきたい）。ヘクターは私たちが国内植民地主義の、したがって新しい植民地主義の理論的考察を深めるための優れた参照系を提供してくれていると思う。

（1）ヘクターのこの研究は、ウォーラーステインの世界システム論の強い影響下にあり（それは中核と周辺という用語の使い方にも現れている）、まさにその背後にはレーニンやグラムシ、ラテンアメリカの従属理論などがある。ヘクターはレーニンの「ロシアにおける資本主義の発展」（一九五六年）を挙げてレーニンが国内植民地主義の最初の論者であることを指摘しているが、国内植民地主義論をレーニンの不均衡発展論の七五年後における継承といった見方も成り立つだろう。

（2）ヘクターはアメリカ国内におけるマイノリティ問題を、時代と場所を置きかえてイギリスの近代に適用することによって、国内植民地主義の普遍性を明らかにした。だが国内植民地主義の普遍性とは何か。それは、国民国家は国内植民地を必要としており、国民統合は植民地主義的原理によって行われたということである。この指摘の衝撃的な重さが十分に受けとめられているとは思えない。（3）国内植民地主義論は、植民地主義を対外的な関係に限定する古典的な植民地概念の欺瞞を暴く。なぜなら古典的な植民地概念は、国益や独立、あるいは民族自決の原則の下で行われていた内部の植民地主義的関係を隠蔽することがありえたからである（先に引用したサイードのナショナリズム批判を思い出していただきたい）[24]。

国民国家時代の問題として提起された国内植民地主義論をグローバル化時代の問題として組みかえたとき、どのような展望が開けるだろうか。九・一一以後の事態が、グローバル化時代にあっては戦争はもはや国家間の争いではなく、「内戦」（あるいは中核と周辺の二極間の争い）の様相を呈せざるをえないことを示しているように、国家という枠組みをはずしたところで展開するグローバル化時代の植民地主義は、私たちが国内植民地という概念で考えていたものときわめて類似した形をとるかもしれない。そのとき Internal Colonialism の Internal はもはや「国内」ではなく、「地球内」と訳さなければならないだろう。そしてそのとき、あらゆる「国家のイデオロギー」を拭い落とされた、植民地主義と呼ばれるものの正体が姿を現すにちがいない。

注

（1）植民地主義は国民国家のシステムとイデオロギー（ナショナリズム）の必然的な帰結であるというのは私の国民国家論の一つの結論であるが、インドの詩人タゴールはすでに一九一六年のナショナリズム論（*Nationalism*）でそのことを述べ、日本のナショナリズムに警告を発していた。

（2）この問題については拙著『〈新〉植民地主義論――グローバル化時代の植民地主義を問う』（平凡社、二〇〇六年）のほかに拙稿「植民地主義と引き揚げ者の問題」（『長周新聞』二〇〇八年一月九日、一一日、一四日、一六日）を参照されたい。

（3）拙著『増補 国境の越え方――国民国家論序説』平凡社ライブラリー、二〇〇一年。

（4）拙稿「帝国の形成と国民化」（西川長夫、渡辺公三編『世紀転換期の国際秩序と国民文化の形成』柏書房、一九九九年）を参照されたい。

（5）岩波講座「「帝国」日本の学知」第1巻『「帝国」編成の系譜』（岩波書店、二〇〇六年）を参照。国民国家建設（nation-building）は、当初から周辺部の植民地化という植民地主義的欲望を内包している。本書の国内植民地主義にかんする諸論考を参照されたい。

（6）若林正丈編『矢内原忠雄「帝国主義下の台湾」精読』岩波現代文庫、二〇〇一年参照。

（7）姜尚中『オリエンタリズムの彼方へ』（岩波書店、一九九六年）の第三章「日本の植民政策学とオリエンタリズム」を参照されたい。

（8）拙稿「植民地放棄と植民地忘却――日本の戦後社会と植民地主義の行方」（『長周新聞』二〇〇五年一月一一日）を参照されたい。

（9）酒井直樹『希望と憲法』（以文社、二〇〇八年）はこの問題に対する刺激的な一つの回答を与えてくれる。日本の戦後社会の植民地問題に対する関心の欠如は、国外から見るといっそう際立った印象を与えるだろう。一例としてアメリカの日本近代史学者マーク・ピーティーの文章を以下に引用する。ピーティーは、日本人が日本の旧植民地の住民たち、とりわけ韓国・朝鮮の人々によって世界最悪の植民地支配者とみなされていることを指摘した後に次のように記している。

「しかし、つい最近まで、日本国内では植民地にかかわる過去をテーマにする十分な反省は、ほとんど行われてこなかったと言っていい。国民教育システムの中で積極的に取り込まれることもなく、学界も最近までこの問題に関して当惑に満ちた沈黙を守ってきた。このことは、日本の植民地時代に対する最も極端に誇張された批判さえ何の問題も付されずに今まで来てしまったことを意味する。他方で日本政府も、過去と真剣に向き合うことを避け続け、旧植民地統治によって生じたどんな有害な結果に対しても責任をもつまいとする、官僚のかたくな否認のせいで、際限なく信用を失い続けてきた。」(『植民地――帝国50年の興亡』読売新聞社、一九九六年、三頁)

(10) 岡倉古志朗、蠟山芳郎編『新植民地主義』岩波書店、一九六四年、資料B、二五一頁。

「新植民地主義」論の中で、私の知る限り最も明快で理論的水準の高いのはエンクルマの『新植民地主義』(Kwame Nkrumah, *Neo-Colonialism : The Last Stage of Imperialism*, London : Thomas Nelson and Sons Ltd., 1965) だと思う。以下その「序論」の冒頭の部分を引用する。この書物の出版は一九六五年であるが、私たちは二〇〇一年九月一一日以後の現代の物語として読むことができるだろう。

「今日の植民地主義は、帝国主義の最終段階、たぶんそのもっとも危険な段階を意味するものである。過去においては、新植民地主義体制下の国を植民地に変えることは可能であった。一九世紀のエジプトはその一例である。今日では、この過程はもはや不可能である。古い型の植民地主義はまったくなくなったのではない。それは現在なおアフリカにおける一つの問題であるが、いたるところで後退しつつある。いったんある領域が、名目上独立すれば、前世紀に見られたような逆の過程はもはや不可能である。現在存在する植民地は存続するにしても、新しい植民地は生み出されないであろう。帝国主義の主要な手段としての植民地主義にかわり、今日では新植民地主義が登場しているのである。

新植民地主義の本質は、その下にある国家は、理論的には独立しており、国際法上の主権のあらゆる外面上の装飾を有しているということである。現実には、その経済体制、政治政策は外部から指揮されている。この指揮の方法と形態は、種々の形をとりうる。たとえば極端な場合には、帝国主義国の軍隊が新植民地主義の国家領域に駐屯し、その政府を支配する。しかし多くの場合、新植民地主義的支配は、経済的もしくは金融的手段を通じて行われる。新植民地主義下の国家は他の国家からの競争的生産物を排除して、帝国主義国の工業製品を受け入れざるをえない。新植民地主義下の国家の統治政策に対する支配は、その国家をまかなう費用を支払うことによって、政策を左右できる地位に文官を置くことによって、また帝国主義国が支配している銀行制度の設置を通じて外国為替に対する金融的支配によって、確保される。」（K・エンクルマ『新植民地主義』家正治・松井芳郎訳、理論社、一九七一年）

(11) 上記の『新植民地主義』のほかに、岡倉古志郎、佐野明『新植民地主義入門』（平和新書、一九六七年）、寺本光朗『新植民地主義と南北問題』（大月書店、一九七八年）、川端正久『政治学と民族・植民地問題』（法律文化社、一九八〇年）など参照。

(12) これに対するサイードの、とりわけ『文化と帝国主義』（大橋洋一訳、みすず書房、一九九八年）の第一巻第三章五「協力、独立、解放」における厳しい批判を見よ。

(13) 西川長夫、大空博、姫岡とし子、夏剛編『グローバル化を読み解く88のキーワード』（平凡社、二〇〇三年）における「ポストコロニアリズム」の項、および拙著『〈新〉植民地主義論』の第三章二節「戦後 post-war と植民地後 post-colonial」。

(14) ポストコロニアリズムについては、最近発表された戸邉秀明氏の力作「ポストコロニアリズムと帝国史研究」（日本植民地研究会編『日本植民地研究の現状と課題』アテネ社、二〇〇八年、第三章）を参照されたい。私の疑問の大半は答えられていると思う。

(15) 拙著『〈新〉植民地主義論』の第八章「未来の地平への歩み――グローバル化のなかで考える」を参照さ

れたい。植民地主義の変容とともにつねに古い形態の植民地主義の重層的な残存を考える必要があると思う。

(16) 「帝国主義の構造理論」は、ヨハン・ガルトゥング『構造的暴力と平和』高柳先男ほか訳、中央大学出版部、一九九一年所収。

(17) ホブスン『帝国主義論』上・下、矢内原忠雄訳、岩波文庫、一九五一—五二年。

(18) こうした問題については、サスキア・サッセンが自著『グローバル・シティ』に対する批判に答えた文章「グローバル・シティ反論に答えて」ほか、『現代思想』二〇〇三年五月号(「特集サスキア・サッセン——グローバリゼーションの最新局面」)に掲載されたサッセンの文章が参考になる。なおグローバル・シティについては上記の特集のほか、『現代思想』二〇〇〇年一〇月号「特集グローバル・シティ東京」を参照されたい。(本書の校正中にサッセンの『グローバル・シティ』の邦訳が出た。訳出された「第二版への序文」にはグローバル・シティ・モデルについて重要な言及がなされている。)

(19) 例えばマルセイユ市の第一区。拙著『フランスの解体?』人文書院、一九九九年、二〇八—二〇九頁。

(20) 拙著『〈新〉植民地主義論』五四—五五頁。

(21) 山崎カオル「国内植民地概念について」(『インパクション』一七号、一九八二年「特集・独立にむかう国内植民地・沖縄」)を参照されたい。国内植民地に関するこの先駆的な論考は一九七〇年代の中南米と南アフリカにおける国内植民地論の全体的な動向を教えてくれる。以下、私たちの「国内植民地」概念の理解にとって基本的できわめて重要な、ロドルフォ・スタベンハーゲンとデール・ジョンソンの文章をそのまま引用させていただきたい。

「一九世紀後半の資本主義経済の拡張は、経済的自由主義というイデオロギーとともに、原住民とラディーノとのエスニックな関係の質を、再度変換する。この段階は植民地主義の第二段階であって、それを国内植民地主義と呼ぼう。伝統的共同体に住む原住民たちは、自分たちがまたしても被植民者という役割を担っていることに気づいた。彼らは土地を失い、「異国人」のための労働を強制され、自分たちの意志に反して新しい貨幣経済に統合され、新しい形態での政治的支配に屈したのである。この場合、植民者の社会はメヒコの国民社会そのものであって、後者は自らの国内諸地域にしだいに支配を広げつつあった。今や、共同体を離れた個々の原住民だけが国民社会に統合されるのではなく、原住民共同体そのものが集団として、拡張しつづける地域経済システムにしだいに統合される。国民社会がその支配を拡張するに応じて、また資本主義経済が地域を支配するに応じて、植民者と被植民者、ラディーノと原住民との関係は、階級関係へと変換されてゆく。」(R. Stavenhagen, *Social Classes in Adrarian Societies*, New York : Anchor Books, 1975, p. 204)

「国内植民地という概念は何人かのラテンアメリカ知識人の著作と、米国での黒人解放運動という、二つの独立した源泉に、その主たる起源を持っている。経済的に言うなら、国内植民地は、メトロポリス的中枢部が支配する企業向けの安価な労動力源をなし、および(あるいは)中枢部の製品・サーヴィスの市場となるような住民として概念化しえよう。被植民者は、支配的社会の政治的・文化的等の諸制度への参加から排除されているが、差別的参加を耐えさせられる。国内植民地とは、人種的、言語的および(あるいは)顕著な文化的差異に基礎を置き、また同様に社会階級上の差異にも基礎を置いた、社会内部での社会を構成している。それは、メトロポリスの支配階級や支配的諸制度による、政治的・行政的コントロールに下属している。このように規定される国内植民地は、エスニックな面ないし文化的な面で二重ないし多重な諸社会において、地域を基盤にしたり、人種ないし文化を基盤にしたりして存在する。」(James Cockerroft et al., *Development and Underdevelopment*, New York : Anchor Books, 1972, ch. 10)

ただしこの山崎氏の論考の後半は、南アフリカの現状をめぐるハロルド・ウォルプの論文「国内植民地主義の理論——南アフリカのケース」(Harold Wolpe, "The Theory of Internal Colonialism : The South African Case," in I. Oxaal, *et al.* ed, *Beyond the Sociology of Development*, London : R. & K. Paul, 1976) の紹介を中心に、国内植民地の概念自体の批判とその不可能性の論証に転じており、最後にはマルクスの「民族は実在しない。あるいは、資本家階級としてのみ実在する」(『剰余価値学説史』) をもちだして、一国内部における階級的支配（搾取）と民族的支配の合致を前提とした国内植民地概念の破綻を結論としている。この議論は私にはきわめて興味深い。ここで展開されている論理をつきつめてゆけば、おそらく、国内植民地主義にとどまらず植民地主義概念の不可能性にまでいたるであろう。私は第三世界主義に内在する民族イデオロギーを批判する山崎論文に共感しつつも、国内植民地概念を支持し救出する立場をとりたいと思う。それはおそらく、私が求めているのは概念の整合性ではなく、その概念を通して現実の矛盾がいかによく見えるかということだからではないかと思う。

(22) Michael Hechter, *Internal Colonialism: The Celtic Fringe in British National Development, 1536-1966*, Berkeley: University of California Press, 1975. ヘクターはこの書物の新版（一九九九年）に寄せた序文を、「この書物の研究は一九六八年に始まった……」という言葉で書きはじめている。

(23) 例えば関根正美『エスニシティの政治社会学』名古屋大学出版会、一九九四年、一二八頁を見よ。

(24) 注(12)を見よ。

I

〈新〉植民地主義

〈新〉植民地主義とマルチチュードのプロジェクト
――グローバル・コモンの共創に向けて

水嶋一憲

1 〈新〉植民地主義の問いの共有／グローバルな現在へ

〈グローバル化時代の植民地主義を問う〉という、大胆かつ重要な問いかけを副題に掲げた、西川長夫『〈新〉植民地主義論』(二〇〇六年)は、数世紀以上に及ぶ植民地主義の歴史を根底的に問いただすとともに、グローバルな現在における植民地主義の変質や変容を斬新な視角から浮き彫りにしようとする、革新的な書物である。

かつて六〇年代に唱えられた「新植民地主義(ネオ・コロニアリズム)」や「低開発」の理論は、いまや皮肉にも(ポストアパルトヘイトの南アフリカに見られるように)、新自由主義政策がもたらした破壊的な社会的効果を「発展」の望ましさや不可避性の名の下に覆い隠そうとする政治的レトリックとして役立ってもいる、という一面を否認することはできないだろう。あるいはまた冷戦崩壊後、グローバル化の加速度的な進行のなかで、かつての植民地主義的二分法に代わるものとして称揚されたクレオール化やハイブリディティ（異種混淆性）の概念が、後期資本主義の論理としていち早く建築やファッション、レストランのメニューなどに取りこまれ、瞬く間に消費されてしまったことは記憶に新しいところだ。むろん、これらは植民地主義の終焉を例示するものではない。むしろその逆に、グローバルな現在における植民地主義の再編と深化に密接に関連した事態として捉え直されるべきものであろう。

西川氏が呈示する〈新〉植民地主義の概念は、こうしたグローバルな現在における権力の新たな組み合わせ《アセンブリッジ》への理論的かつ実践的な介入をめざす試みと、密接に関連している。[1] 端的にいって〈新〉植民地主義の概念は、旧来の植民地主義の「継続」を告発する立場や、かつての新植民地主義の立論とは一線を画しながら、植民地主義概念そのものの転換を図ろうとするものなのである。西川氏は、「グローバリゼーションと呼ばれ、とりわけ九・一一以降により露骨なかたちをとりはじめた、世界的変動の現実」を見据えながら、以下のように問いかけている。

世界的な貧富の格差と同時に、一国内における、あるいは一都市における格差の急激な拡大、貧しい階層の急増、移民や出稼ぎ労働者の増大、社会主義国や第三世界における市場経済の席捲、テロ抑止に名を借りた少数民族や周辺部への武力介入と抑圧、世界の軍事基地化、世界的分業、世界の再編と中核―周辺という二極化の進行、等々……。こうした現実は、かつて一九六〇年代に「新植民地主義」として告発されていたものが、形を変え（植民地なき植民地主義）、より広範にそしてより深刻に機能し私たちの身に迫っていることを教えている。いまでは植民地主義が「継続」していることを指摘するだけでは足りないだろう。それは形を変え、より強力に、したがっていっそう危機的な形で世界を支配しているのだから。〔……〕私たちはここまで来て、植民地領有は植民地主義の特定の段階を示すものであって、植民地主義は必ずしも領土としての植民地を必要としないのではないか、という一見不条理な、だがおそらくはきわめて本質的な問いに直面せざるをえない。古典的な植民地概念は、形を変えて遍在する植民地と植民地主義を覆い隠す役割を果たしていなかっただろうか。(2)

ここにさりげなく記されている「植民地なき植民地主義」という言葉は、グローバルな現在における資本主義の変容と連動した植民地主義の再編を考えるうえで、きわめて重要な示唆をもたらすものである。またあわせて確認しておきたいのは、西川氏のこうした洞察が、近年、ラテンアメリカの社会科学者や哲学者たちによって提唱されている「権力の植民地性」の概念と響き合うものであり、文明概念の根本や近代／ポスト近代の総体に向けた根底的な問いかけを呼び起こすものでもあるという点だ。

「権力の植民地性（la colonialidad del poder）」とは、現在の世界内部に異なった知的システム間の堅固なヒエラルキーがなおも存続しているという現実を明示しながら、権力がつねにすでに植民地的性格を帯びていることを指摘するために用いられる概念枠組みである。(3) ゆえにまたそれは、「正統」と称される知識の生産形態を支えている支配構造を明るみに出そうとする試みに通じており、ヨーロッパによる植民地主義の経験や、植民者が被植民者に対して誇示し、押しつけてきた民族的・知的優位性に深く根ざした、知のヒエラルキーを問いただす作業とも連なっている。この意味で権力の植民地性に対する批判は、「たくさんの世界から成る世界を求めて」闘われてきたサパティスタの実践などとも結び合いながら、〈その内部でいくつもの世界が存在することのできるような唯一の世界を分有することは可能だろうか〉という問いを招き寄せずにはおかないのである。(4)

とはいえ、この問いを肯定的なものとして受けとめるためには、現在の世界においても植民地主義によって打ち立てられてきた知のヒエラルキーは消え去っていない、いやそれどころか、植民地性のポストモダン的再編、いいかえれば、知識のポスト植民地的再編が強力に押し進められているという事実と正面から向き合うことから始めなければならないだろう。またそのような取り組みをとおして「植民地なき植民地主義」の問いは、「権力の植民地性」とその再編への問いと縒り合わさり、ポスト領土的植民地主義の動態の批判的分析へと送り届けられることになるだろう。次節ではこれらの問いをふまえ、またアントニオ・ネグリとマイケル・ハートの共著『〈帝国〉』(二〇〇〇年)の植民地主義分析に寄せられた批判に応答しながら、グローバルな現在における植民地主義のポストモダン的再編(西川氏の的確な表現をいま一度引くならば、「形を変え、より強力に、したがっていっそう危機的な形で世界を支配している」植民地主義)の解明を試みることにしたい。

2 〈帝国〉と植民地主義のポストモダン的再編

ネグリ&ハートは『〈帝国〉』で、現在形成されつつあるグローバル秩序を諸種の領域を横断しつつくっきりと浮かび上がらせ、それを〈帝国〉と名づけた。かつての帝国主義が、ある中心的な国民国家の主権とその拡張の論理に基本的にもとづくものであるとするならば、いま姿を現しつつあるのは、IMF（国際通貨基金）や世界銀行といった超国家的制度や資本主義大企業などとともに、支配的な国民国家すらをもその節点《ノード》として組みこんでしまうようなネットワーク状の権力であるということ――そうした視点にたってネグリ＆ハートは、この新たな主権形態を「帝国主義的」ではなく、「〈帝国〉的」と呼び直してみせたのである。(5)

では、〈帝国〉への移行において、植民地主義はいかなる変貌を遂げているのだろうか。ネグリ＆ハートはまず一方で、近代植民地主義への対抗戦略としての民族解放／民族自決の理念が陥った罠を明快に剔出してみせる。民族解放や解放的な国民主権という理念を掲げた闘争は、結局のところ新しい支配階級への闘争委任に転じてしまい、グローバル資本主義の組織化に貢献してしまった、というのが彼らの基本的判断である（「民族解放という毒入りのプレゼント」）。またもう一方で彼らは、ポストコロニアル理論の価値を評価しつつも、その一部の論者が礼賛する「差異の政治、流動性の政治、異種混交性の政治」がグローバル資本の戦略論理そのものと合致してしまうという逆説を鋭敏に察知している。そして、これらの陥穽や逆説をふまえたうえで、現在形成されつつあるグローバルな権力構造や政治秩序の傾向を明確に浮き彫りにしたいという意図をこめて、ネグリ＆ハートは以下のように述べるのである。

ポスト植民地的な国民国家は資本主義市場のグローバルな機構のなかで、本質的かつ従属的な要素として機能しているのだ。〔……〕ポスト植民地的な国民国家の必然的な従属を説明する最後の環は、グローバルな資本の秩序である。正式な主権的国民国家を自らの秩序のなかに従属させるグローバルな資本主義の階層構造は、植民地主義的・帝国主義的な国際的支配の回路とは根本的に異なっている。植民地主義の終焉はまた、近代世界と近代的支配体制の終焉でもあった。近代植民地主義の終焉は、もちろん無条件の自由の時代を開くものではなく、グローバルな規模で機能する新しい支配の形態に道を譲ってしまったのである。(6)

この一節に含まれている「植民地主義の終焉」というフレーズは、あまりに性急かつリニアーな移行のイメージを読者に与えかねないものであり、いささか正確さを欠いた表現であると言わざるをえない。ネグリ&ハートの強調する「グローバルな規模で機能する新しい支配の形態」、すなわち〈帝国〉において出来するのは、近代植民地主義の終焉であるというよりは、むしろそのポスト近代的再編であると言い直したほうが適切であろう。ポストモダン的なグローバル資本主義の到来と入れ替わりに植民地主義が消え去ったわけではなく、「権力の植民地性」はポスト植民地的な形態のもとで再編されている、とみなすべきなのだ。(7) したがって、ネグリ&ハートが誤解を招きかねないかたちで性急に書きつけた「近代植民地主義の終焉」というフレーズは、植民地主義の〈帝国〉的再編と読み替えられる必要がある、と指摘しておきたい。じっさい、後にみるように、『〈帝国〉』の続刊『マルチチュード』(二〇〇四年)においてネグリ&ハートは、グローバルな南の共有財がグローバルな北の多国籍企業などによって私有化されてゆくプロセスを解明しながら、植民地主義のポストモダン的再編／知識のポストコロニアルな再編の批判的分析へと向かうことになるだろう。〈帝国〉のポストモダンな側面をそのポストコロニアルな側面から切り離して理解することはできない。〈帝国〉がポストモダン的なものであるのは、近代性の変容が植民地性の変容をともなうという意味においてなのである。(8)

ここで再び西川長夫が導入した「植民地なき植民地主義」の概念を参照しつつ、ネグリ&ハートの指し示した〈帝国〉への移行が、新植民地主義から〈新〉植民地主義への移行と重なり合うものであるという点を明らかにしておきたい。資本主義の変容という観点からすると、新植民地主義から〈新〉植民地主義への移行は、産業資本主義からポスト産業資本主義（後述するように、これは認知資本主義とも呼ばれる）への移行に照応したものとして捉えられる。また同じくこれを「開発と発展」をめぐる主流的言説の変遷に照らしてパラフレーズするなら、「工業開発／発展と新植民地主義」の対から「持続可能な開発／発展と〈新〉植民地主義」の対への移行という図式が得られるだろう。

周知のように、一九六〇〜七〇年代にかけて第三世界諸国は、国家主導のもとで工業化を推進することにより、低開発からの離脱と経済的発展をめざした。生産の側面からこれをふり返るなら、そこでは、「物理的資本」（工業生産物）の増産と「自然的資本」（原材料）の開発・利用に照準が合わされていたといえるだろう。だが、八〇年代以降、工業部門が牽引する「発展」の理念は弱まり、「持続可能な発展」の理念がそれに代わって強調されるようになる。またそのような動きと並行して、情報や知識そのものを生産力に転化するかたちで、知的資源を領有・活用することのできる「人的資本」の育成なしには、貧困からの脱却は不可能であるという考えが強まるようになった。たとえば、一九九二年にリオデジャネイロで開かれた国連環境開発会議で採択された「アジェンダ21」の第四〇章では、「持続可能な発展において各人は、広い意味で考えられる情報のユーザーであると同時にプロヴァイダーである」と明記されている[9]。このような認識は基本的に、主に工業製品を生産する労働が価値の源泉とみなされる産業資本主義から、情報や知識やコミュニケーションといった非物質的な生産物を創りだす労働が価値の源泉として重視される認知資本主義への移行に対応したものである、と考えられる[10]。

またこれとあわせて注目しておきたいのは、産業資本主義から認知資本主義へのヘゲモニーの移行にともない、知識や情報がより重要な役割を演じるようになるのと軌を一にして、環境や生物多様性や伝統的知識といった「人類の共通遺産」の保全が「国際社会」で要求されるようになった、という点である。生物多様性や伝統的知識の保全や保護という問題は、植物の遺伝情報の所有権（非物質的な私的所有権）をめぐる近年の係争に顕著なように、グローバルな南の豊富な生物資源をグローバルな北の一握りの多国籍企業が――最先端のバイオテクノロジーや遺伝子工学を駆使してその情報を解読・改変しつつ――特許権の取得を通じて独占的な私有財産にしてしまうという事態と密接に連関している。ネグリ&ハートは『マルチチュード』でバイオ所有権の合法化と独占をめぐるこのような「種子戦争」に言及しつつ、その〈新〉植民地主義的な搾取と支配の構造について、端的にこう述べている。

植物品種の数に関していえばグローバルな北は貧しいが、品種の特許の大部分は北が所有している。これに対してグローバルな南は品種の数こそ豊かだが、特許の点ではきわめて貧しい。そればかりか、北が所有する特許の多くは、南に生息する植物の遺伝物質から引き出された情報にもとづいている。北の富は私有財産として利益を生むのに対し、南の富は人類共通の遺産とみなされているため、何の利益も生まない。[11]

ここで明示されているように、北の多国籍企業は、生物多様性や遺伝資源と結びついた南の伝統的知識の「保護」を通じて莫大な利益を取得しているわけである。そして、そのような収奪の構造をとおして明らかになるのは、持続的発展がその実、新植民地主義のポスト産業資本主義的再編を含意するものであり、〈新〉植民地主義の別称でもあるという点であろう。これに関して最近の具体的な事例をあげておけば、二〇〇一年に世界知的所有権機関(WIPO)が、「知的所有権と遺伝資源・伝統的知識・フォークロアに関する政府間委員会」を発足させている。また二〇〇三年にユネスコは「無形文化遺産の保護に関する条約」を採択し、そのなかで、「諸々の共同体、とくに原住民の共同体、また集団や場合によっては個人が、無形文化遺産の生産・保護・維持・再現において重要な役割を果たすことを通じて、文化の多様性と人類の創造性を豊かなものにすることに役立っている」と宣言した。[12] このような仕組みをとおして、原住民や先住民が「伝統的知識と生物多様性の保護者」として「尊重」される一方で、彼/彼女らが何世代にもわたって用いてきた薬品や遺伝資源は、〈伝統的知識〉と〈科学的知識〉の二分法にもとづき、「国際社会」が認可する特許権をもつ多国籍企業によって専有されることになる。ローカルな共同体や原住民の活動に付与される価値は、かつての植民地主義のように物質的尺度に照らして計られるというよりは、遺伝情報や伝統的知識に含まれた富という非物質的尺度に照らして計られるわけである。そうしたローカルな文化や知識が価値を有するのは、つまるところ、それらがグローバル資本にとって有用な「持続可能な知識」である限りにおいてなのだ。私たちはここで、多文化主義の論理がもっとも苛烈な搾取の口実として機能してしまう場面に立ち会っているといえるだろう。

このように知識の生産に基礎を置くポストモダン資本主義（認知資本主義）は、生物多様性や遺伝情報を新たな植民地として開発・搾取し（「植民地なき植民地主義」）、司法システムによって認可された特許権をとおしてそれらを専有しているわけである（〈帝国〉のポストモダンな側面とポストコロニアルな側面の混成）。私たちはこれを「ポスト領土的植民地」の発見とその開発・搾取のプロセスとして把握することができるだろう[13]。ポスト領土的植民地は、たとえそれがかつて近代植民地主義によって支配されていた領土内でいまも見出され開発・搾取されつづけているとしても、それを管理運営する論理は、フォーディズム（工業製品等の物質的な財の生産に主軸を置く調整様式）ではなく、ポストフォーディズム（知識・情報・サーヴィス・コミュニケーション等の非物質的な財の生産に主軸を置く調整様式）にもとづくものとなっている。というのも、領土や物質的富というよりは、遺伝情報や非西欧的な知のシステムに含まれている非物質的な富こそがそこでの領有対象であり、資本へと転化されるべき財であるからだ。逆にいえば、経済的に貧しい南の豊かな遺伝資源の略奪と、非西欧的な知のシステムの横領なしに、〈帝国〉のポストフォーディズム経済を再生産しつづけることは困難なわけである。ここでは、権力の植民地性が非物質的生産の命法に固有の新たな形態のもとで再編されているという点に留意しておきたい。その意味で〈新〉植民地主義は、かつての新植民地主義のポストフォーディズム的再編としても捉えうるのである。同じく「植民地なき植民地主義」は、ポスト領土的植民地の開発・搾取、いいかえれば、ポスト領土的共有地《コモンズ》のインテンシヴな囲い込みを含意するものとしても理解できるだろう。

現在その強度をますます増しつつ進行している新自由主義的グローバリゼーションは、〈新〉植民地主義と連動しながら人びとの共有財を私的に領有し、その生を不安定化することを通じて、無惨なまでの二極化や格差拡大をグローバルな規模でもたらしている。こうした「略奪による蓄積」(14)によって駆動するグローバル資本主義の内部にありながら、それに抗する政治的主体性とその運動の新たな組織形態をどのようにして構想することができるだろうか。次節では、ネグリ&ハートが差しだすマルチチュードのプロジェクトを手がかりに、その可能性の一端を素描してみたい。

3 マルチチュードと〈共〉の構成プロジェクト

ネグリ&ハートは『〈帝国〉』で、いまや地球全体を覆い尽くしつつあるばかりか、人びとの生の奥深くにまで浸透しつつある〈帝国〉的権力(その意味でこれはグローバルな「生権力」とも呼ばれる)に抗する特異的かつ集団的な主体を「マルチチュード」と名指し、その多種多様な力と欲望にもとづくグローバル民主主義の可能性を探ろうと試みた。

『〈帝国〉』はその刊行以来、アカデミズムの枠を超えた強烈なインパクトを多方面に与えているが、その一方で、数多くの批判も浴びせられている。それらのうち代表的なものの一つは、九・一一の攻撃とそれにつづく対テロ戦争をふまえた批判、すなわち、ブッシュ政権による単独行動主義な企てを通じて明らかになったのがアメリカ帝国主義への回帰にほかならない以上、『〈帝国〉』の予言は外れてしまったではないか、というものである。これに対してネグリ&ハートはこう応じる――ブッシュ政権による単独行動主義な企てはまさにそれが帝国主義的なものであるがゆえに不可避的な失敗に行き着くことになるだろうし、現にそれは瀕死の状態にある。なぜなら、中心をもたない分散的なネットワーク権力によって構成された混合政体としての〈帝国〉こそが、現在のグローバル秩序を永きにわたって維持できる唯一の主権形態にほかならないからだ、と。逆にいえば、〈帝国〉のただ中にあって、かつまた〈帝国〉に抗して理論化を行い、行動するためには――サパティスタがNAFTA（北米自由貿易協定）に対して、アルゼンチンのピケテロス運動がIMFに対して、そしてインドのナルマダ川ダム建設反対運動が世界銀行に対してそれぞれの仕方で抵抗を挑んだように――、〈帝国〉を構成する諸権力のネットワークと向き合うほかないのである。

同じく『〈帝国〉』のマルチチュード概念に対しても、それが「あまりに不確定で、あまりに詩的な」レヴェルにとどまっている、といった批判が寄せられてきた。これはネグリ&ハート自身の自己批判でもあり、彼らが続編を書く大きな動機となったものである。ただそうした批判に絡めて指摘しておきたいのは、彼らの基本的なスタンスが、「マルチチュードを形成せよ！」というスローガンを上から発することでもなければ、共有財産の略奪に抗する世界各地の闘争を「地球を引き受けるために奇跡的に立ち上がる「マルチチュード」といった単一の名称のもとに置いてしまうこと」[15]でもない、という点だ。そうではなくて彼らは『〈帝国〉』から『マルチチュード』にかけて、数多くのローカルな場所で現行のグローバル秩序に対して異議を申し立てている、地球を横断するさまざまの運動や空間——一九九九年のシアトルへの結集以降のオルター・グローバリゼーション運動、アルゼンチンにおける民衆蜂起と新しい〈水平的な〉運動の組織化や関係性の創出、ブラジルの土地なき農民の運動やボリビアのバリオでの自律性の諸実験などのラテンアメリカ社会運動(16)、政治的コミュニケーション空間としての世界社会フォーラムの開設、等々——の内部で進行中の実践や理論化の作業と並走し、それら特異な闘争間のコミュニケーションや凝集点を求めながら、マルチチュードのプロジェクト構築に取り組んできたのである。

　このようにマルチチュードの概念は、現行の武装した新自由主義的グローバリゼーションが力ずくで押し通そうとする、「いまある世界こそが唯一可能な世界である」という〈指令語〉による封鎖《ロック》を、「もう一つの世界は可能だ」というコール&レスポンスのうねりによって解除しつつ、多種多様な逃走線を引き、さまざまの実験的な可能性へと開かれたネットワークを織りあげるための〈合言葉《パスワード》〉として捕捉することができるだろう。あるいはまた、現在のグローバル秩序のあり方に異議を申し立て、数多くのローカルな場所でグローバル・システムの民主化のための改革提言を行っている、地球を横断するさまざまの運動ネットワークを想起しつつパラフレーズするなら、マルチチュードとは、多数多様性と共通性の間の連続性にもとづくもの、つねに多数多様でありながらも共同で活動することのできるもの、つまりは、自律性と協働性の連結、内的な諸差異による〈共〉の創出を名指すものだといえるだろう。

〈共〉とは「ザ・コモン」の訳語である。これは「共同のもの」「共通のもの」「共有のもの」等を意味する言葉であるが、『マルチチュード』日本語版ではそれらすべての意味を込めて〈共〉という訳語があてられている。〈共〉はマルチチュードや民主主義と並ぶ、『マルチチュード』のキーワードのひとつである。より正確には、〈共〉はマルチチュードが分かち合い、渡し合うパスワードであると言い直すべきかもしれない。その意味でマルチチュードは、〈共〉を阻害・解体したり、それを私的に領有したりする諸力に抵抗する存在であり、さまざまの差異からなる〈共〉をその多様性のままに肯定する存在なのである。

なおそのさい強調しておかなければならないのは、〈共〉が〈公〉と区別される概念であるという点である。ネグリ&ハートは『マルチチュード』で、〈共〉の収奪（そしてそれと連動した無惨なまでの格差拡大や、生の不安定化）こそが世界中の人びとの共通条件であるかのような新自由主義的グローバリゼーション下の過酷な現状を見据えながら、こう問いかけている――「公共の財やサービスの民営化＝私有化に、これまで前提とされてきた〈公〉対〈私〉の対立構図に陥らずに抵抗するにはどうすればよいのだろうか」と。(17) このように従来の問題設定の枠組みそのものを根底的に突き崩すような問いを提起しつつ彼らは、国家主権と結びついた〈公〉と私的所有権と結びついた〈私〉という、旧来の〈公〉対〈私〉の対立を超えた〈共〉の理論と実践を通じて、民営化＝私有化の強力な動きに抵抗するためのプロジェクト構築に挑んでいるのである。別の言い方をすれば、ネグリ&ハートはポスト自由主義的・ポスト社会主義的な視点に立ちながら、私的利益／公的利益の対立を乗り越えて、諸々の特異性が生産する〈共〉の利益のほうへ向かおうとしているのである。〈共〉の利益とは、「国家の管理のもとで抽象化されることなく、社会的・生政治的生産の場で協働する諸々の特異性によって再領有される一般の利益のことであり、官僚の支配によってではなくマルチチュードによって民主的に管理運営される公共の利益[18]」のことにほかならない。それゆえまた、特許権や知的所有権の強化といった〈新〉植民地主義の領有戦略にもとづく、グローバルな南の共有財産や「共にある生《ライフ・イン・コモン》」の私有財産化、別の言葉でいえば、ポスト領土的植民地の開発・搾取に抗するためには、それらに対する自律的抵抗運動と〈共〉の再領有の企てが不可欠なのである。

　このように〈共〉の再領有を要求する立場にたちながら、ネグリ&ハートはマルチチュード概念を、「マルチチュードは何になることができるのか」という呼びかけのかたちで、すなわち、絶えざる生成変化のプロセスや、自律的かつ協働的な潜勢力との交渉というかたちで練りあげようとしてきたのだった。いかにして互いに異なる闘争や主体性が、各々の特異性を損なうことなく、新しい社会的関係の形成——いいかえれば、特異性と自律性、抵抗と構成的権力が織りなす民主的プロセスの構築——をめざす共同プロジェクトのために協働することができるのか。マルチチュードの概念は、こうした民主主義に対するラディカルで差し迫った問いと分ちがたく結びついているのである。

　マルチチュードと〈共〉を互いに結びつけるネグリ&ハートの試みは、ユートピア的なファンタジーにすぎないという批判を招くかもしれない。だがいうまでもなく彼らは、マルチチュードが〈共〉の平面上にあるのみならず、国境線の上下を走る線によって織り上げられた、新たな搾取と経済的ヒエラルキーの地勢図の上に置かれていることをはっきりと認識している。

私たちはいわば、グローバルなアパルトヘイト体制のなかで生きているのだ。だがここで明確にすべきなのは、アパルトヘイトとは従属化された人びとが価値のない使い捨て可能なものとして切り捨てられる、単なる排除のシステムではないということである。今日のグローバルな〈帝国〉におけるアパルトヘイトは、かつての南アフリカと同様、ひと握りの人びとの富を大多数の人びとの労働と貧困を通じて恒久化する、階層的包含からなる生産システムにほかならない[19]。

けれども先にそのいくつかの例にふれておいたように、そのような階層的ないしは選別的な包含の動きと並行して、今日、〈帝国〉のただ中にあって、〈帝国〉に抗する多種多様な異議申立てと、それに対するオルタナティヴを提示する改革提言の運動が進行しているのも、また確かなのである[20]。私たちは、反植民地運動と反グローバル化運動を結ぶ回路、それら二つの運動の内的な連結を注視し、そこに孕まれている潜勢力をよりいっそう強力かつアクチュアルなものにしていかなければならないだろう。つまり、新自由主義的グローバル秩序に抗する、反グローバル化運動（より正確には、いまとは別のグローバル化を求めるオルター・グローバリゼーション運動）は、「形を変え、より強力に、したがっていっそう危機的なかたちで世界を支配している」〈新〉植民地主義に抗する、反植民地運動と内的に結びついているのであり、またもう一方で「略奪による蓄積」に抗する反植民地運動は、民族自決／国家主権の閉域を突き破りながら、〈共〉の再領有を求めるオルター・グローバル化運動と内的に結びついているのである。このように反植民地運動と反グローバル化運動を結ぶ連結符《ハイフン》は、グローバル・コモンの共創に向けて開かれた土台であり、共にある生《ライフ・イン・コモン》に向けて私たちを運ぶプラットフォームでもあると指摘できるだろう。

私たちはこれまで、西川氏が差しだした〈新〉植民地主義の概念を、ネグリ&ハートの〈帝国〉やマルチチュードの概念と繋ぎ合わせながら、〈帝国〉における植民地主義のポストモダン的再編や、反植民地運動と反グローバル化運動の内的な結合に連なるマルチチュードのプロジェクトについて考察してきた。このオープンプランの集団的プロジェクトは、〈帝国〉の混合政体の諸層に亀裂を走らせながら、グローバル・コモンや共にある生の創出に向けて、さまざまの問いを開くものであろう。〈新〉植民地主義と連動した新自由主義的グローバリゼーションによって〈共〉の私有化が強烈に押し進められるとともに、〈帝国〉的生権力によって人びとの生が剝き出しにされ、生きることじたいが不安定な労働になっているのだとすれば、そのような現実を別の生のための基盤に変えるような、共同的な想像力と創造性がいまこそ強く求められているのではないだろうか。(21)

注

(1) グローバル化の進展にともなう「時空間の圧縮」(デヴィッド・ハーヴェイ)という、今日、広く受け入れられているレトリックはしかし、時間と空間の統一性をなおも自明の前提としている。だが、いま求められている課題は、そのような統一性を超えて、時間と空間の接合様式における大きな変容を「グローバルな現在」のただ中で探究することだろう。Sandro Mezzadra, *La Condizione Postcoloniale : storia e politica nel presente globale*, Verona, ombre corte, 2008 は、こうした課題に関する刺激的な分析を呈示している。また同じく、新しいグローバルな権力の「組み合わせ《アセンブリッジ》」の出現過程に関しては、Saskia Sassen, *Territory*,

Authority, Rights : From Medieval to Global Assemblages, New Jersey : Princeton University Press, 2006 が行き届いた分析を展開している。

(2) 西川長夫『〈新〉植民地主義論――グローバル化時代の植民地主義を問う』平凡社、二〇〇六年、二六七頁。

(3)「権力の植民地性」の概念やカテゴリーについては、Anibal Quijano, “Coloniality of Power, Eurocentrism, and Latin America”, *Nepantla: Views from South* 1(3), Durham : Duke University Press, 2000, pp. 533-580 を参照。またあわせて、〈グローバリゼーションと脱植民地の選択〉を中心テーマとする『カルチュラル・スタディーズ』誌の特別号（*Cultural Studies* 21 (2 & 3), London : Routledge, 2007）を参照。

(4) Santiago Castro-Gómez, “Le Chapitre manquant d' *Empire*”, *Multitudes* no. 26, Paris : Éditions Amsterdam, 2006, pp. 27-49 を参照。

(5)〈帝国〉への移行に孕まれた理論的・実践的諸問題をめぐるより詳細な分析については、拙稿「帝国論の新展開――マルチチュードの共闘の場を求めて」『史資料ハブ地域文化研究』二〇〇四年、二三一―二三三頁を参照。

(6) Michael Hardt and Antonio Negri, *Empire*, Cambridge : Harvard University Press, 2000 pp. 133-134（アントニオ・ネグリ＆マイケル・ハート『〈帝国〉――グローバル化の世界秩序とマルチチュードの可能性』水嶋一憲・酒井隆史・浜邦彦・吉田俊実訳、以文社、二〇〇三年、一七九―一八〇頁）.

(7) Castro-Gómez, “Le Chapitre manquant d' *Empire*”, *op. cit.* による的確な批判を参照。

(8) Castro-Gómez, *op. cit.*, p. 34. またそのさい正確を期すために確認しておきたいのは、植民地性が近代性を構成する現象であり、その派生物ではなかったのと同じく、ポスト植民地性はポスト近代性を構成する現象として把握されなければならないという点である。

(9) United Nations Division for Sustainable Development, “Agenda 21 : Chapter 40”, 〈http://www.un.org/

esa/sustdev/documents/agenda21/english/agenda21chapter40.htm〉

（10） 認知資本主義については、さしあたり、Yann Moulier Boutang, *Le Capitalisme cognitif*, Paris : Éditions Amsterdam, 2007 を参照。

（11） Michael Hardt and Antonio Negri, *Multitude : War and Democracy in the Age of Empire*, New York : Penguin Press, 2004, p. 183.（アントニオ・ネグリ＆マイケル・ハート『マルチチュード――〈帝国〉時代の戦争と民主主義』上、幾島幸子訳、水嶋一憲・市田良彦監修、NHK出版、二〇〇五年、二九六頁）

（12） ユネスコ「無形文化遺産の保護に関する条約」、〈http://www.unesco.jp/contents/isan/intangible.html〉。

（13） Castro-Gómez, *op. cit.*, p. 45. また Vandana Shiva, *Biopiracy : The Plunder of Nature and Knowledge*, Between the Lines, Cambrigde : South End Press, 1997（バンダナ・シバ『バイオパイラシー――グローバル化による生命と文化の略奪』松本丈二訳、緑風出版、二〇〇二年）や、Eugene Thacker, *The Global Genome : Biotechnology, Politics and Culture*, Cambridge : MIT Press, 2005 などを参照。

（14） David Harvey, *New Imperialism*, Oxford, Oxford University Press 2003（デヴィッド・ハーヴェイ『ニュー・インペリアリズム』本橋哲也訳、青木書店、二〇〇五年）および、D. Harvey, *A Brief History of Neoliberalism*, Oxford University Press 2005（『新自由主義』渡辺治監訳、作品社、二〇〇七年）を参照。

（15） D. Harvey, *New Imperialism, op. cit.*, p. 169（『ニュー・インペリアリズム』一七〇頁）.

（16） Marina Sitrin ed., *Horizontalism : Voices of Popular Power in Argentina*, Oakland : AK Press, 2006 や、廣瀬純『闘争の最小回路』人文書院、二〇〇六年などを参照。

（17） この問いをめぐるより詳細な分析に関しては、拙稿「愛が〈共〉であらんことを――マルチチュードのプロジェクトのために」『現代思想』三三巻一二号、青土社、二〇〇五年、九二―一〇一頁を参照。

（18） *Multitude, op. cit.*, p. 206（『マルチチュード』下、四〇頁）.

（19） *Ibid.*, pp. 166-167（同書上、二七二頁）. またあわせて、「新自由主義的な世界秩序のなかのアフリカ」に斬新な視角からアプローチした、James Ferguson, *Global Shadows: Africa in the Neoliberal World Order*, Durham: Duke University Press, 2006 を参照。Aihwa Ong, *Neoliberalism as Exception: Mutations in Citizenship and Sovereignty*, Durham: Duke University Press, 2006 も、現在のトランスナショナルな生産ネットワークをめぐる、示唆的な分析を呈示している。

(20) これらの運動については、さしあたり、『マルチチュード』3―2「グローバル・システムの改革提言」のパートを参照。

(21) そのさい、「ベーシック・インカム」や、「無条件かつ普遍的な保証所得」の構想と実践は、マルチチュードによる〈共〉の構成プロジェクトを推進する、一つの大きな力として捉えられるだろう。この点に関するより詳細な分析は、拙稿「〈共〉の未来――「ミラノの奇蹟」とレントの技法への抵抗」『現代思想』第三六巻第五号、青土社、二〇〇八年、一〇二―一一一頁を参照。

フランスの事例にみる「植民地忘却」を考える

――『〈新〉植民地主義論』を手がかりに

平野千果子

1 「植民地忘却」をどう問うのか

植民地支配の歴史を正面から捉える作業は、いずれの国においてもたやすく行われてきたことではない。植民地化は武力に勝る国が、したがって技術力に勝る国が主体となったものであり、「文明化」であったとの主張がなされやすい状況が基本にあるのは、植民地支配を実行した国々に共通することだろう。(1) これは「植民地忘却」につながる大きな一因である。日本の場合は第二次大戦に敗れたことが、少なくとも歴史認識を問う「外圧」を受ける結果を引き起こしているが、この戦争に勝利したヨーロッパ諸国の場合、植民地支配の歴史を問い直す契機はそもそも小さいといわなければならない。

それでもフランスでは、第二次大戦中のナチ占領下で実行されたユダヤ人迫害が裁かれる過程で、植民地支配の過去にも目を向けざるをえない状況が生じてきた。(2) それはその後にアルジェリア独立戦争や、奴隷制・奴隷貿易をめぐる記憶などをどう歴史に位置づけていくか、という議論にも発展していったのだが、他方で歴史や現状に批判的な姿勢に対しては、強烈な反動も生まれている[3]。しかしそうした議論においては、植民地主義が形を変えて今日の世界にも継続しているという考えは、さほど受け入れられているようには思われない。まして「反動的な」陣営の議論を見る限り、そのような視点は皆無である。それはポストコロニアルの問題であり、西川長夫が最新の著作『〈新〉植民地主義論』(平凡社、二〇〇六年)で提起する問題でもある[4]。

本稿は、この『〈新〉植民地主義論』の問題提起に直接応えるものではないが、フランス帝国史を研究する立場から、フランスの場合にみられる「植民地忘却」の背景について、本書を参照しながら考察を進めたい(本書からの引用は( )内に頁数を記す)。それにあたってまず言葉の問題から留意すべき点、次いでヨーロッパ統合史にみえる植民地主義的側面に言及したい。そして最後に日本からの視点について考えるという手順で、まとめようと思う。それらを通して最終的には国民国家の問題にたどり着くだろう。

2 「植民地主義」と「植民地化」

「帝国主義が批判的な対象となって以来、帝国主義とともに植民地主義はつねに言及されてきた。だが、エメ・セゼールの『植民地主義論』(一九五〇年)を別とすれば、植民地あるいは植民地主義は、かつて正面からまっとうに論じられたことがあったのだろうか」(一二頁)。これは西川の新しい「植民地主義論」が冒頭で投げかける疑問である。

フランスの場合、言葉の問題から見ても、この指摘は当を得たものである。フランス語辞典『プチ・ロベール』には、フランス語におけるこの語の初出は一九〇二年と記載されているが、もう少し早い使用例を記す文献もある。それらによれば植民地主義という言葉が最初に使われたのは一八九五年、経済学者のギュスターヴ・ド＝モリナリ（Gustave de Molinari）によるという。モリナリは当時の「悪」として、「保護主義、国家主義、社会主義、軍国主義、そして植民地主義」の五つをあげている[5]のだが、自由主義経済を支持する立場からモリナリは、植民地の領有は経済的利益につながらないという認識をもっていた。つまりモリナリは植民地支配そのものに反対する立場から、批判する対象を名指すために、植民地主義という言葉を使い始めたことになる。

世紀が改まった一九〇五年には、ポール・ルイの『植民地主義』という小さな書物が出版された。一般的にはこれを契機に、植民地主義という言葉が流布されるようになったとされる[6]。ルイはマルクス主義者であり、この書物は厳しい植民地主義批判に貫かれている。ルイのこの書を植民地主義という言葉の初出とする見解は根強い[7]が、モリナリもルイも、出発点とする思想は一八〇度異なるとはいえ、植民地主義を「批判」する点では共通する。やはりこの言葉は、「批判のために」生み出されたといってよいだろう。

そうであるならば、植民地支配を肯定する立場からこの言葉を使うことは、考えにくい。事実フランスでは、自らの植民地拡張や支配の歴史については「植民地化（colonisation）」が一般には使われており、歴史書でも「植民地化の歴史」という題名が普通である。冒頭に記したように、「植民地化」は「文明化」と同義のものとして捉えられてきた言葉である。それに対して、フランス語で「植民地主義（colonialisme）」がタイトルに入っている書物があれば、それだけで著者のスタンスが示される結果ともなっている[8]。二〇〇三年に『植民地主義黒書』を編んだマルク・フェロは、その序文で、被植民者の側は「植民地化」よりは「植民地主義」という言葉を用いる場合が多いと指摘し、次のように両者の相違を記している。「植民地化が全面的に「植民地主義」と同一のものでないのは明らかである。なぜなら少なくとも植民地化は、反植民地主義的な言説も発信していたからである。」他方でフェロは、「この半世紀来、植民地化やその行き過ぎ、あるいはその正当化をも含めて、総体としての現象を示すのには「植民地主義」という言葉が使われている」と総括している[9]。しかし出版される書籍の題名などから考えても、「植民地化」と「植民地主義」の使い分けは、今日でもフランスには根強く残っていると見るほうが、現実に近い。

ちなみに二〇〇六年五月二二日付の『朝日新聞』は、『プチ・ロベール』の「植民地化」の項目にある、「植民地にして開発すること（mise en valeur）」という記述が、植民地政策の正当化だと黒人団体から批判されたことを報じている。ロベール社は「植民地主義」の項目には批判的な記載があり（「入植者の利益のために占領・開発する政策」）、植民地政策を肯定するものではないと反論しているという。辞書の記述をめぐる今日の論争も、本稿の解釈を補完してくれるであろう。

無意識に、あるいは暗黙裡に行われるこうした言葉の使い分けは、フランスの歴史は「善」としての植民地化に関係するのであって、マイナスのものとして理解される植民地主義には関係しない、というある種の錯覚を起こさせ、「植民地忘却」に導く要因になっていると言える。フランスの場合は、「植民地化」と表現される現象も含めて、過去の問い直しを考える必要があることは、改めて確認をしておきたい。

以上のように、言葉の問題を通してみても、フランスなどヨーロッパ諸国の植民地支配の歴史を問うことは、なかなか厄介である。さらにヨーロッパの統合が深化することは、そうした過去がいっそう見えにくくなる一因を提供している。次にヨーロッパ統合の歴史を振り返りながら、この問題を考えていこう。

3　ヨーロッパ統合の問題

再び『〈新〉植民地主義論』から引用しておきたい。本書で西川長夫は、「最近のヨーロッパ各国における移民政策の推移をたどってみれば、EU（ヨーロッパ連合）の形成が、旧植民地との断絶を強め、植民地忘却の傾向が際立っていることが指摘できる。それはあたかもEUに統合された（主権の一部を移譲した）ヨーロッパの列強は、もはや旧宗主国ではなく旧植民地の遺制にかかわる必要はないのだと言わんばかりである」（一〇頁）と述べ、ヨーロッパのレベルにおける「植民地忘却」の状況を批判している。

本稿はこの問題意識を共有するものだが、それに加えて、統合の第一歩を印した一九五七年のローマ条約には当初、「新植民地主義（neocolonialism）」という批判もあったのであり、改めてこの歴史を振り返る必要があると考えている[10]。こうした批判を受ける状況を作ったのはフランスでもあるので、まずその背景を概観しておくことにしよう。

周知のようにローマ条約の主要な目的の一つは、ヨーロッパ共同市場を創設することであった。ところがフランスは、ブラック・アフリカ植民地を中心に、フラン通貨圏を形成していた。これはフランを基軸とする一種の「共同市場」である。つまり、ヨーロッパ共同市場が創設されれば、フランスは二つの「共同市場」に同時に加盟することになる。これが困難であるのは言うまでもあるまい。他方でフランスは、フラン通貨圏において一定の資源の買い取りを保障することなどを通して、経済支援の役割も果たしていたのだが、そうした支援を他のヨーロッパ諸国にも協力して担ってほしいと考えていた。以上のことからフランスは、創設すべきヨーロッパ共同市場には植民地も含む、という条件を提示し、それが認められなければヨーロッパ統合には参加しないという強硬な姿勢を打ち出した[11]。フラン通貨圏をヨーロッパに抱えこむことで二つの共同市場への加盟という事態を避け、また経済面でも有利な展開を図ったのである。

経済支援が重荷であるならば、植民地はもはやフランスの経済的繁栄を約束するものではない。実際、経済界を中心に植民地の放棄を主張する声は聞かれていた。ただし、世界において大国としての地位を失ったフランスが、統合ヨーロッパ内で指導的発言権を獲得していくには、それなりの基盤が必要であろう。詳述する余裕はないが、戦間期からの状況からしても、その基盤こそが海外領土であったと考えられる。ヨーロッパ統合への交渉過程で、フランスが植民地の放棄を考えていたと結論づけるのは、やや性急であろう[12]。

結果としては、他のヨーロッパ諸国、とりわけドイツの譲歩により、フランスはこの目標を達成することができた。すなわちローマ条約の第四部「海外の国と領土の連合」において、加盟国の海外領土（＝植民地）との特権的な貿易のあり方などが規定されたのである。[13] 当時のフランス海外領土の中心だったサハラ以南アフリカは、一九六〇年に相次いで独立することから、ヨーロッパと海外領土を一つに束ねた貿易圏が機能するまでには、いたらなかった。それでも一九五〇年代のフランスが模索していたのは、明らかに旧植民地帝国との関係を基礎とした構想であり、確かに「新植民地主義」と言える側面も否定できない。このことが後の統合ヨーロッパの性格を全面的に規定するわけではもちろんないが、少なくとも当初、海外領土問題は、ヨーロッパ統合の成り行きに大きな重要性をもっていたことは、記憶されてよい。[14]

注意すべきは、植民地自身がこの共同市場への参加を希望していたことである。とくに親フランス的傾向が濃厚なサハラ以南アフリカがそうであった。後にセネガルの初代大統領となるレオポール・セダール・サンゴールは、「アフリカ抜きでヨーロッパを作るな」と述べてすらいる。[15] それには経済的な背景もあろうが、理由のいかんを問わず、植民地の側から本国との結合関係（従属関係）に期待する意思表示があるならば、植民地支配の過去を問う契機は限りなく小さくなる。こうした歴史もまた「植民地忘却」をもたらす一つの要因であることは、指摘されるべきであろう。さらに言うなら、今日の問題の一つは、先進地域ヨーロッパと「後進」地域の間で格差が構造化されている点にある。それら現代の差し迫った諸問題を考える上でも、歴史的経緯を把握しておくことは重要に思われる。とくに民族自決の原則が世界で受容されてきたなかで、植民地が本国との連携を希望した事実は、支配の構造化という側面からも、改めて考えるべきテーマとなろう。

これには日本も無縁ではない。近年では、統合ヨーロッパを参照しながら、アジアでの「共同体」

形成を模索する動きもみられるが、ヨーロッパ統合が求めた平和や経済の進展などといった側面のほかに、旧支配地域とどのような関係を構築しようとしたのかについて、認識を深める必要はあるだろう。そうした点も考えれば、歴史の問い直しは、一国単位で行われることでないのは明らかである。植民地支配の過去については、それぞれの旧宗主国の共通する要素や相違する要素を見出し、個々の経験をどのように評価するのかを考えることも、重要な課題となるはずである。そのような意味からも、最後に日本の問題について考えていきたい。

4　日本の支配をめぐって

本節では、日本の支配をめぐる新聞紙上での発言を引用することから始めよう。二〇〇六年四月からほぼ一年にわたって、『朝日新聞』に「歴史と向き合う」というシリーズが掲載された。一〇月には「『大東亜共栄圏』とは何か」をテーマにした対談があったが、そのなかで日本の支配の特徴を問われた論者が以下のように答えていたのである。「本国に近いところからだんだんと外側に同心円状に広がっていったことです。英仏などの欧州諸国が遠方に資源を求めて植民地を作っていったのとは違う。(16)」奴隷貿易の過去を見れば、そうした側面もあるかとは思われる。しかしこれは、いつの時代のことを語っているのだろうか。

こうした発言からは、そもそも「植民地」とは何かについて考えさせられもする。「英仏などの欧州諸国」の例でいえば、古くはイギリスのアイルランド支配、近代ではフランスのアルジェリア支配は、どう説明されるだろうか。あるいはコルシカのようなフランス「周縁」の地域は、どう位置づけられるだろうか。[17] また、たとえば徐々に周囲に支配を拡張していったロシア帝国の例は、どう理解されるだろうか。近いところから支配を広げていったのが日本の特徴だとするのは、きわめて一面的な見方であることに気づかざるをえないだろう。

『〈新〉植民地主義論』序文の「内面化された植民地主義」という節のなかに、次のような指摘がある。「地方が一種の植民地であったことは、「文明化」と「同化」を口実とする沖縄や北海道の「経営」(「北海道旧土人保護法」は一八九九年〔明治三二年〕)を見れば明らかであるが、あらゆる地方は同じ意味で多少とも植民地であった」(二五―二六頁)。西川は、文明化された中央と文明化されるべき地方という関係から、国民国家が本来的にもつ植民地性を問うわけだが、その点については最後に立ちもどりたい。ただ、かりに日本が本国に近いところから外側へと同心円状に拡大していったとして、そのさい本国と植民地、あるいは日本の「地方」と植民地との線引きは、どこになされると考えるべきなのか。それも、どの時代かを特定していかなければならないのではないか。

やや唐突に思われるかもしれないが、ここで日本において、植民地支配の過去が問い直されるときの「特徴」について考えておきたい。というのはヨーロッパの帝国史を研究する立場からすると、日本の支配の歴史を問おうとする人びとのなかに、ある奇妙な傾向が看取されるからである。それは研究者に限ったことではないが、旧宗主国のなかで日本の支配が最も過酷であった、という前提に立つ場合が散見されるのである。こうした人びとが良心的であることに疑問の余地はないし、むしろ良心的であるからこそ真摯に、そして厳しく日本の過去の過ちを問い質そうとするのであろう。しかしその一方で、自分たちの作業の妨げと考えるのであろうか、あたかも日本以外の国々による支配の歴史を明らかにすることは、いわゆる「自虐史観」を批判する潮流に資すると捉える傾向には、筆者自身かなり頻繁に遭遇してきた。

二一世紀に入った今日では、比較の重要性も認識され、ヨーロッパ諸国による支配の歴史についての研究も進んでいるし、関心も広がっている。それでもなお「日本の支配の残虐さ」、それも含めた「日本の特殊性」は、相変わらず語られていると思われる。場合によっては、そうした「特殊性」を強調するために、他国の例（すなわちヨーロッパ諸国の例）については、十分吟味することなく、思い込みで歴史を描いているように見受けられることもないではない。

こうしたことを記すのは、前述の対談には、発言者の意図とは別にややそれに近いものを感じるからである。引用したような表現は、遠方の「異民族」支配よりも、「隣人」であるアジアの人びとを植民地化したことを、より問題視する立場につながらないだろうか。同じ論者はさらに、英仏は植民地省があったので文民統制ができていたが、日本の場合は軍部が独走したという趣旨の発言もしている。細部には立ち入らないが、フランスの植民地省は一八九四年に設置されたもので、それまで植民地は海軍省付属の一部局の担当であった。近代フランス最大の植民地アルジェリアについて言うなら、一八七〇年に「内務省」の管轄下に入れられて「内地」扱いになるまで、一八三〇年から続いた征服戦争やその後の「平定」の期間を通して、陸軍省の担当であった。あるいはヨーロッパ諸国のアフリカ支配に関しては、本国の許可を得た特権会社が現地で自由にふるまい、現地住民を奴隷労働に狩り出す場合も多かった(18)。

そうした点も考えるなら、「日本と比較」するにしては、対談での語りはやや認識が大雑把にすぎないだろうか。研究者は、自分の手がけていない領域にこそ慎重になるべきとも思われるが、こと植民地問題となると、取るべき手続きを経ないまま、最も過酷な支配をした日本、という前提ですべてが語られる観がある。(19)

つけ加えるならば今日のフランスでは、奴隷の子孫を自認するアフリカ系フランス人が、ユダヤ人に比べてアフリカ系の人びとには十分な補償も、また社会的認知もないとして物議を醸している。彼らはユダヤ人が歴史における犠牲者の立場を独占していると告発するのだが、それは「苦しみの序列化」と揶揄される状況を生み出してもいる。苦しみの比較は歴史研究の目的では決してない。残虐さの比較も同様である。それらは不毛な議論にしか結びつかないだろう。支配や抑圧に苦しんだ人びとへの共感や想像力が重要であるのは言うまでもないが、日本の支配が最も過酷だった、という前提に立つかぎり、フランスに植民地化された人たちは日本の支配を受けるよりましだった、という別の無意味な前提にもつながっていく。それはフランスの支配を受けた人びとの苦しみを軽んじることでもある。(20)

西川は「自己植民地化」の問題を論じるなかで、「文明化された欧米」と「文明化されるべき日本」という対比を示し、日本が「自己植民地化」に向かう姿勢を指摘している(二七頁)。本節の関心に引きつけて言うなら、こうした対比が日本のなかで内面化されていることが、ヨーロッパより「野蛮な」日本による、より残虐な支配の歴史、という無意識の認識の基にもなっているのではないか。ヨーロッパ、少なくともフランスにおいても、日本の支配が抜きん出て残虐で過酷だったというのは、ほぼ共有された認識である。[21] こうした前提から出発するかぎり、あるべき比較は成り立たないどころか、フランスなど他の地域による植民地支配の歴史を研究する妨げにすらなる。[22] それではヨーロッパ諸国それぞれの特殊性について明らかにすることは、到底できないであろう。まして日本の特殊性が語られようはずは、ないと思われる。

以上、フランスを事例に「植民地忘却」を促すもの三つの視角から考えてきたが、本稿の最後にもう一つの論点として、西川の次の一節を引いておこう。「植民地主義という言葉のもつ強いイデオロギー性が反植民地闘争のなかで現実の一面を覆い隠し、別種の植民地主義（まさしく国内植民地主義である）を生み出してきたことを認めなければならない」（二二頁）。

支配と抵抗という二分法に立つ研究は十分に批判され、今日では支配者と被支配者の相互的な関係にも視野が広げられてきている。しかし被支配者が支配者になる側面、すなわち被支配の側が別の方向に向けていく植民地主義というのは、一つの盲点であろう。そうした抑圧を旧支配地域である欧米（場合によっては日本）が批判しているのが現状であり、そのことがまた、旧支配者の「植民地忘却」を招くという事態にもなっていよう。

これに続けて西川は、「サイードが『文化と帝国主義』のなかで開発独裁型の独立を厳しく戒め、フランツ・ファノンを援用しながらナショナリズムではない解放理論を目指すのはこのような文脈においてであろう」（同）と指摘している。これを達成することの難しさの一端は、「国内植民地主義」の問題が、問題として名指されてこなかったことにもみられるのではないか。かつての被支配者による新たな植民地主義が、内部ではなく外部に向かっていく事態についても考える必要があろうが、これについては別の機会に譲りたい。いずれにせよ国内植民地主義は、被支配の側による新たな国民国家形成という側面に注目してこそ、浮かび上がってくる論点である。先にフランス領ブラック・アフリカが親フランス的であったことに言及したが、それについてもこのような観点を含めて再考されてしかるべきであろう。

『〈新〉植民地主義論』の末尾では、「国民国家は植民地主義の再生産装置である」(二六八頁)と指摘されている。これは著者による国民国家論の一つの到達点だと思われるが、「文明化」され「国民化」されていく国内の周縁部のことを含めて植民地問題を考えていくと、確かに最後はこの言葉に行き着かざるをえない。この指摘は「植民地忘却」の問題を考える上でも重要である。「残虐さの度合いへの認識」によって歴史研究の方向性が決定されるのではなく、国民国家の形成や国民意識の醸成という、近代国家に共通する要素から植民地問題を考えていくことができるからである。各支配国の特殊性、植民地化された地域の独立(あるいは従属)に向けた歩みといった点も含め、この視角は今後植民地問題を考える際の、有益な比較の枠組みを提供している。

注

(1) フランス帝国史の場合については、拙著『フランス植民地主義の歴史』人文書院、二〇〇二年を参照されたい。

(2) 拙稿「第二次世界大戦とフランス植民地——克服すべき過去とは何か」『思想』第八九五号、一九九九年一月を参照。

(3) 松沼美穂「植民地支配の過去と歴史・記憶・法——近年のフランスでの論争から」『ヨーロッパ研究』六号、二〇〇七年三月。拙稿「歴史を書くのはだれか——二〇〇五年フランスにおける植民地支配の過去をめぐる論争」『歴史評論』（特集：植民地主義再考）第六七七号、二〇〇六年九月。フランスの歴史や現状をめぐっての過剰な「悔悛」を非難する論調としては、たとえば以下。Max Gallo, *Fier d'être français*, Paris : Fayard, 2006 ; Général Bigeard, *Adieu ma France*, Paris : Rocher, 2006. とくにガロはイタリア系移民二世であることに注意したい。ガロのこの著作は書店で平積みになっている。

(4) フランスではポストコロニアル思想が浸透していないが、旧植民地系のフランス人の増加ともあいまって、近年関心を呼ぶようなった。この点については改めて論じたい。

(5) Charles-Robert Ageron, *Histoire de l'anticolonialisme*, Paris : PUF, 1972, p. 5 ; Jean-Pierre Biondi, *Les anticolonialistes : 1881-1962*, Paris : Robert Laffont, 1992, p. 75.

(6) Cf. Paul Louis, *Le colonialisme*, Paris : Librairie Georges Bellais, 1905. 本書については、拙稿「ポール・ルイ著『植民地主義』（一九〇五年）——言葉から植民地問題を考える」『現代史研究』（現代史研究会）第四一号、一九九五年一二月を参照。

(7) 広く流布されている用語集でも、ポール・ルイを初出と記している。Cf. Jean Martin, *Lexique de la colonisation française*, Paris : Dalloz, 1988, p. 75. なおビオンディは、辞書に「植民地主義」が掲載されるようになるのは一九一四年以降だと指摘している。Biondi, *op. cit.*, p. 75. ちなみに anticolonialisme の初出は、『プチ・ロベール』では一九〇三年と記載されている。

(8) 西川も引用するセゼールの『植民地主義論』に加え、以下の文献をあげておく。Jacques Arnault, *Procès du colonialisme*, Paris, Editions Sociales, 1958 ; Daniel Guérin, *Ci-gît le colonialisme*, Paris : Mouton, 1973.

（9）Marc Ferro (ed.), *Le livre noir du colonialisme : 16-21e siècles*, Paris : Robert Laffont, 2003, p. 10. つけ加えるならば「フランス帝国主義（impérialisme français）」をタイトルに掲げる史書もまれである。

（10）たとえば最初期における日本発の批判としては、具島兼三郎『現代の植民地主義』岩波新書、一九五八年、同「ユーラフリカ計画と集団的植民地主義」『法政研究』（九州大学）二八巻二号、一九六二年がある。また拙稿「ヨーロッパ統合とフランス植民地主義――ユーラフリカ概念を中心に」（『思想』二〇〇九年五月号掲載予定）も参照されたい。

（11）高島忠義『ロメ協定と開発の国際法』成文堂、一九九一年、一六―二五ページ。Rik Schreurs, "L'Eurafrique dans les négociations du Traité de Rome : 1956-1957", *Politique africaine*, no. 49, mars 1993.

（12）具体的背景を整理しただけでも、ローマ条約の締結時点（一九五七年三月）において、フランスは独立を求めるアルジェリアとの戦争を継続していたし、また翌五八年に体制の転換にともなって成立した第五共和政憲法でも、植民地の維持は前提であった。なおヨーロッパ統合と植民地帝国については、藤田憲「フランス海外領土政策と欧州経済共同体設立交渉」（『アジア・アフリカ研究』一四巻四号、二〇〇一年）も参照。

（13）対象となったのは、全フランス領（サハラ以南アフリカ、太平洋地域など）に加え、ベルギー領（コンゴ、ルワンダ、ブルンジ）、イタリア領（ソマリランド）、オランダ領（ニューギニア。スリナムとカリブ海地域は後に参加することとなった）である。

（14）ちなみにカリブ海やインド洋に位置するフランス海外県と、当時内地扱いだった北アフリカのアルジェリアは、ローマ条約第六部二二七条で本国の県に準ずると定められた。アルジェリアは一九六二年に独立するが、海外県には、二〇〇二年一月一日から共通通貨ユーロも流通している。非ヨーロッパ圏がヨーロッパ統合の歴史に深く巻きこまれている一例を、ここに見ることができるだろう。

（15）Cf. «L'Eurafrique en marche», *L'Eurafrique*, No. 9, Avril 1953, pp 42-45.

（16）「『大東亜共栄圏』とは何だったか」における山室信一の発言。『朝日新聞』二〇〇六年一〇月二七日朝刊。

朝日新聞取材班編『「過去の克服」と愛国心』（歴史と向き合う二）朝日新聞社、二〇〇七年に再録。

（17）　コルシカを植民地と位置づけるか否かについては議論があろうが、たとえば次のような文献を参照。Francis Affergan, et al., *Corse-Colonies* (Colloque 19-20 septembre 2002), Ajaccio : Editions Alain Piazzola, 2004.

（18）　アフリカについてはたとえば藤永茂『『闇の奥』の闇』（三交社、二〇〇六年）が有益である。またアンドレ・ジッドの『コンゴ紀行』（一九二七年）は、フランスの支配を正当としたうえで、特権会社による残酷な搾取のあり方を批判したものである。現地の官僚などが本国の政策を無視する形で支配を進めた一側面については、拙稿「戦間期フランスと植民地――帝国を移動する人びと」（『帝国への新たな視座』青木書店、二〇〇五年）などを参照。

（19）　同日の『朝日新聞』の対談では、インドネシア専門家である倉澤愛子が、日本は「徹底した同化政策を実行」したと述べているが、「徹底した同化政策」とは何か。同化の問題を扱う際に注意すべき点については、前掲拙著、一、三章を参照されたい。

（20）　こうした点については、前掲拙稿「歴史を書くのはだれか」第三章を参照。

（21）　ジャン＝ルイ・マルゴランは第二次大戦期の日本軍の残虐さを論じるにあたり、日本の戦いの歴史を振り返って、その起源を一一世紀ごろに見出している。Cf. Jean-Louis Margolin, *L'armee de l'Empereur : violences et crimes du Japon en guerre 1937-1945*, Paris : Armand Colin, 2007, ch. 1. ちなみに金富子・中野敏男編『歴史と責任――慰安婦問題と一九九〇年代』（青弓社、二〇〇八年）では、日本の問題を扱った論者のほぼすべてが、論拠を示さないままにフランスを植民地支配の過去に向き合ってきた国という前提で論を進めている。こうした論集が再生産されている日本の現状も、ここで指摘しておきたい。

（22）　Cf. Chikako Hirano, «Une histoire de France vue du Japon : autour de l'esclavage et de la colonisation», *Le Banquet*, n° 25, août-septembre 2008.

「緑」のネオリベラリズムとメソアメリカ民衆の抵抗
――グローバルな植民地主義に対する批判への回路と課題

崎山政毅

ネオリベラリズムは、これまで存在してきた政治経済体制のなかでもっともグローバル資本主義に適合的なものである。というよりもむしろ、グローバル資本主義が自己形成をするにあたっての政治経済アジェンダの中軸がネオリベラリズムであった、という方が正確だろう。

米国の社会学者マイケル・ゴールドマンは、世界銀行の新たな開発体制を分析した『緑の帝国』の冒頭部で、次のようにネオリベラリズムを描いている。

〔……〕元来は、問題を抱える第三世界の国家と経済を巨大な多国籍企業のような世界経済のアクターによってより御しやすくするためのマクロ経済政策として構想され描かれていたネオリベラリズムは、社会的、文化的そしてエコロジカルなプロジェクトとして大いに意義のあるものとなった。〔……〕

ネオリベラリズムは、「過小評価」されており「価格設定が低すぎる」、人的資源や自然資源が存在するとともに「後進的な」社会制度が支配しているといわれている、いわゆる後れをとった「南」の資本主義化へ向けて、「北」の先進資本主義国家の枠を越えて攻撃的な介入をおこなった。〔……〕ネオリベラリズムを踏襲した政治・経済アジェンダは〔レーガン＝サッチャー時代の――崎山〕西側諸国で始まって「それ以外の諸国」へと広まっていったわけではなく、始めからポストコロニアリズムという南北関係を基盤として構成されたのである。つまりネオリベラル・アジェンダは、それまでのコロニアルな資本主義的諸関係のなかに埋め込まれ組み入れられた権力関係の上に築かれたのである。(1)

ゴールドマンによれば、この世界大のポストコロニアル・アジェンダは、「環境に配慮した持続可能な開発」という世界銀行的な体制に編みこまれ、今やグローバルな資本蓄積へと道を押し広げている。彼の指摘は正鵠を射ているだろう。いわばグローバルな（ポスト）植民地状況を足がかりとした資本主義が前景化してきているのである。(2)

だがゴールドマンの議論において気にかかることがある。それはゴールドマンにかぎらず、ネオリベラリズムを批判的にとらえる論者たちのなかでも一定の影響力をもっている、ネオリベラリズムをレッセ・フェール的な市場への直通路として規制緩和の側面をもってとらえるという観点である。つまり、ネオリベラリズムは市場調整の束縛を解くことにほかならないとする視座である。

たしかにこの視座は、保護者としての国家の役目に市場の力を引き入れることで引導を渡そうとしたことを捉えるさいには有効である。だが、ネオリベラリズムのもたらしつつある市場にかかわる制度的変質を捉えるには十分ではない。ネオリベラリズムは、これまでにないほど広く世界の諸領域を覆う市場を統治するための、新しい機構を形成する引き金となっている。その点を見逃してはならない(3)。つまり、ネオリベラリズムが規制緩和（Deregulation）から再規制（再調整 Reregulation）へと転じてきており、そのさいに市場の再規制にかかわるさまざまな社会的機構が新たに形成されていることを重視すべきであると言いたいのだ。

なぜならば、①ネオリベラリズムのもとでの新たな諸機構には、ネオリベラリズムに対抗して登場してきた民衆運動組織が含まれており、②民衆運動をも含む諸機構の配置による市場の再規制は、市場統治（Market Governance）という単一目的に最終的に巻きこまれてしまう危険があるからである。

もちろん「よりよい市場統治」は、さしあたっての戦術的な獲得目標としては否定できないものではある。だが、そのさいの「市場」が問題だ。人間のさまざまな実践も自然の諸物も、すべてが資本主義的な「労働」やその対象へと転化されて、「市場」に適合的であるという唯一の基準から位置づけられ意味を与えられる。そのような事態があたりまえのように生起する、これまでにないほど広義で広範なところまで、「市場」のありようが拡大されてきているからである。「市場」の自己形成をつうじた自己増殖に注意を払いながら、批判的実践をすすめていかなければならない、そうした段階にすでにいたっている。

さて、そのような「市場」形成の政治経済的な基盤たるネオリベラリズムの現在的特質を以下に挙げておこう。

現下のネオリベラリズムにあっては、

①金融デリヴァティヴ商品に端的に表現される、グローバルな架空資本の運動が基盤となっている。

②そのためグローバルな資本の動きに適したかたちへと物事を変形させる、知識化・情報化への一貫した強圧がのしかかっている。

③知識化・情報化の円滑な進行のために、歴史性を欠落させた多文化主義的アジェンダが主要な位置をしめてきている。

④従来の破壊的で露骨な収奪をもたらすタイプの介入のプロジェクトを解体＝温存しながら、そのプロジェクトの影響をこうむる人びとが（意図しないままに）すすんで自らを搾取の対象に変えていくような「主体化」を必要とする介入が台頭してきている。

⑤生物の存在にかかわる諸条件に巨大な資本のフローが集中し、新たな「開発」が焦点となりつつある。

資本主義の現在的展開にほかならないネオリベラリズムが対象とするのは、かつてわれわれにとっての「外部」として措かれた諸事物や諸関係ではすでにない。「外部」にまで資本主義の指令言語が届き、それらを「内部」へと繰りこんでいっている。そうしたいわば「内包的外延」の登場の下に、われわれが生きる世界の諸条件が形成されなおしてきている。

このことは「周辺」と「中心」との相互依存関係（相互従属）の再編成・再配置をつうじた決定的

な質の転換として世界をとらえなおす作業を求めている。付け加えれば、この新たな局面における資本蓄積は、資本にとってのかつての「外部」を反復的により複雑さを増した自己組織化運動の中で「内部」へと向かわせるものであろう。

さて、先に述べた再規制・再配置の鍵となっているのは、言説である。

すでに一九八九年にデヴィッド・ハーヴェイは、指令――管理にかかわるテクノロジーの「ことば」がきわめて「ポストモダン」的であり、ネオリベラル体制と不和を起こすものでは決してないことを強調している。ハーヴェイはまた「フレキシブルな労働」の文化的秩序を新たな体制にともなうものとしている。(4) この指摘は、知識化・情報化の圧力にもとでの人間労働をはじめとしたさまざまな諸力を徹底的に「資源」化しようとしているネオリベラリズムの要点のひとつをみごとに示している。言い換えれば、ハーヴェイの指摘は、人間個体の内外にかかわる諸属性、さらに個々の具体的な人間および人間集団が自らをとりまく環境と結びあう諸実践の関係までもが資本の運動に内包されてきているという事態に相応している。

言説をつうじての意味転換を軸とした支配様式にかかわる諸力の再編成・再配置について、主に環境と開発とをめぐる資本主義の動態にかかわって、アルトゥーロ・エスコバルは次のように述べた。

現在までのところで明らかにされなければならないのは、持続可能な開発および生物多様性をめぐる種々の戦略が、生産諸条件にかかわる言説の生産において決定的な役割を演じているということである。生産諸条件は「資本」によってのみ変形させられるわけではない。それらは言説においい

て／言説をつうじて変形されなければならなくなっているのである。(5)

ここでの「資本」とは、産業資本主義――フォーディズム体制のもとでの現実資本、つまり明らかに破壊的な政治経済的効果のゆえにすぐさま対象化しうるような、われわれに可視的で「身近な」資本のことであろう。

しかし現在のグローバル資本主義は、われわれとは「無縁」に見える、「完成した資本」たる利子生み資本をもとにした運動に拠っている。さらにそこではさまざまな自然的属性は物に転化され、価値とは「無縁」な「自立した使用価値」という仮象のもとで、支配が貫徹されるようになっている。エスコバルが指摘しようとしているのも、こうした新たな局面にかかわるものなのである。

エスコバルは資本主義の現段階について以下のように述べる。

〔……〕政治経済学におけるこの間の主張を議論の出発点におこう。その主張とは、資本が、形態における重要な変化を被りながら、「生態学的」局面に歩を踏み入れているというものである。自然は、外的で搾取可能な領域として規定され取り扱われるものではもはやない。主に表象におけるシフトによって影響を受けた資本化の新たな過程をつうじて、以前は「資本化されないもの」とされていた自然と社会の諸相が資本に内属するものとされてきている。(6)

そしてこの新たな局面においては、「外部の現実」に（一定静的に）相応した表象ではなく、現下の資本主義の価値増殖をめぐる特定の意味を安定させるような種々のプロジェクト、とりわけ言説に基礎をおくそれを考える必要がある。その事態に応じて、民衆の抵抗運動もまたとらえられなければならない。

これらの論点をふまえつつ、以下では、メキシコからパナマにいたる巨大開発プロジェクトとして提案された「プエブラ――パナマ計画 Plan Puebla-Panamá」(以下、PPP)を事例として、ネオリベラリズムがもたらした変質とそれへの民衆的抵抗の現在を提示してみたい。

さて、PPPは二〇〇〇年にはじめてその構想が発表されたさい、通信網・輸送網・電気エネルギー網の近代化を強力に推し進めることを基盤として、メキシコ南部の低開発状況にあえぐ九つの州と中米七ヵ国との地域統合を完遂するものとして登場した。この巨大計画の目的は、地域統合を介して自由貿易をスムーズなものとすることで、グローバル市場への地域の完全な包摂を果たすことであった。

しかし、ネオリベラリズム路線にしたがおうとする各国家の取り組みは次々と綻びをみせ、二〇〇三年春には一時停止状態に陥ることを余儀なくさせられた。そしてPPPを一時停止状態に追いこむさいに、先住諸民族組織・農民運動・労働運動そして市民運動組織からなるメソアメリカの運動ネットワークの存在が、抵抗運動の主体として重要な役割を果たした。

二〇〇三年六月にホンジュラスの首都テグシガルパ市で開催され、メソアメリカ各地から一六〇〇名もの社会運動組織の代表者が集った「諸民族の自己決定と抵抗のための第四回メソアメリカ・フォーラム」では、次のような声明が決議された。

〔われわれが支持するのは――崎山〕共同体の組織と住民のエンパワーメントにのっとった、共同体の生産物およびサービスのネットワークに基礎をおく、人間的な必要性をみたす連帯経済システムである。われわれが擁護するのは、住民すべてに機会をつくりだし、国内的・国際的な人口流出をさしとめることに貢献するような、開発の国民的プロジェクトである。(7)

ネオリベラリズムに痛めつけられたこの地域では、各地のコミュニティが疲弊し、国内では大都市に向かい、国際的には〈北〉へと向かう人口流出によってコミュニティそのものの崩壊の危機が十分に予見されていたのである。

この宣言について、フィールドの現実から政治体制を論じてきた米国の政治学者ニール・ハーヴェイは次のような分析を行った。

この宣言での政治的言説は、ローカルなレヴェルと同時にメソアメリカ・レヴェルにおいて、共同体の新たな意義の創出に向けられている。経済的・生態学的・政治的危機がもたらす諸効果に抗して、共同体は連帯のきずなの再構築と自然資源防衛のための一戦略的資源へと自らを転換してきているのだ。こうした基礎の上には、生産的開発をめざす種々の大計画によって勝手に取捨選択されることに抵抗する、さまざまな固有の価値をそなえたオルタナティヴな近代のありようが投影されている。ふたたび自然環境・民主主義・先住諸民族の権利が論点となっているのだが、今回はメソアメリカ地域の諸プロジェクトとそれらが結びあわされているのである。ＰＰＰに反対する諸集団は、特殊な利害をかかえた地方主義的な防衛の名においてではなく、ローカルなアイデンティティとメソアメリカ全域にわたる交流とを同時に強化しつつ、一個のオルタナティヴな統合を見出そうとしているという意味において、反対運動を行っているのである(8)。

抵抗運動が危機のただなかに見出したのは、「共同体」そのものにかかわる新たな意義と意味をつくりだす必要性であった。現実の社会組織としての共同体におけるたたかいと同様に、言説上でのたたかいもまたそこに表現されているのである。

こうした抵抗を各国政府は無効化しえなかった、それでもPPPは一時停止状態を余儀なくされたのだが、そこに介入してきたのが米州開発銀行であった。米州開発銀行は破綻をきたしそうな状況を総括して、次のような声明を発した。

社会的・持続的開発のための道具としての公共空間をともなう民主主義のシナリオにおいては、確固たる基盤の上に成り立つ高度なレヴェルでの正統性を有する統合的開発のための行動をつくりあげるために、市民社会の参加を考慮に入れることが必要である(9)。

このさいの「参加」とは具体的には「計画の影響を被る存在である当事者たちのプロジェクト策定への積極的参加(10)」を意味している。文言上はきわめて民主的な内容というほかはないが、計画策定への当事者たちの積極的参加がなぜこの時点にいたってわざわざ唱えられなければならないのだろうか。

もちろん、それまで当事者たちが置き去りにされてきたからである。そしてその歴史は、現地ではきわめて暴力的に構造化された集団的な経験として刻みこまれている。しかし、「参加」を謳う米州開発銀行の声明には、わずかばかりもそうした歴史的な反省や総括はみられない。このことは先に述べたネオリベラリズムの歴史性なき多文化主義にかんする端的な事例といえるだろう。

さらに、先に引用した宣言が出されたちょうど同じ時期に、米州開発銀行はＰＰＰの全プログラムを横断的につらぬく「持続可能な開発のためのメソアメリカ構想（ＩＭＤＳ）」なるものを各国に提示し、無条件での調印を引き出すことに成功をおさめた。

このＩＭＤＳの目的として挙げられているのは、第一に「自然資源の経済的価値を高める狙いをともなった資源利用」であり、第二に「生物多様性・文化的多様性の豊かさ」の保護であり、第三に「とりわけても地域共同体および先住民族共同体による参加手続のためのさまざまなメカニズム」の推進である。[11]

そしてさらに、計画を進展させるための構想として言及されているのが、「持続可能な開発のための中米同盟」、「メソアメリカ生物回廊地帯における商業計画」、「地域環境管理システム・プログラム」である。これらの目的は、メソアメリカの生物多様性に関する現地住民とりわけ先住諸民族の知識・保全実践・利用活動に基礎をおいた新たなタイプの生産過程の促進にほかならない。

これは新しい開発モデルともいえるものだが、米州開発銀行はそれを「エコロジー資本主義」と呼んでいる。このモデルが追求するのはニール・ハーヴェイによれば以下のようなものである。

〔旧来の開発モデルと異なり――崎山〕この新しいモデルが追求しているのが、グローバルなバイオテクノロジー産業の要請に対して世界の他の地域と比較して有利な諸点を活用するために、能力育成プログラムと組織化プログラムをつうじて、自然資源の管理・利用に地域共同体および先住民族共同体が積極的に参加することだという点である。これらの構想は、今やIMDSの地域的レヴェルにおいて有機的に連結され、PPPに対して、それまでとは異なるイメージのみならずバイオテクノロジーと結びついた自然資源と地域共同体とを再創造するための別の機会を与えようとしている。それは経済成長の名目で森林を犠牲にするといった問題ではもはやなく、財とサーヴィスの恒久的な担保として森林を保全するようにいたっているのである。IMDSの横断性という提案によって、計画策定者たちはPPPをエコロジー資本主義のこのモデルに向かわせようと模索している。これは、PPPにおける「持続可能な開発」という概念を包含するイメージを向上させるための単純な戦略として切って捨てられるべきものではない、一個の計画なのだ。それが包含するものは、たんなる外見の装いを超え出て、社会的・生態学的現実を再構築しようという意図を表現している。

「自然資源」「地域共同体」「先住諸民族」は、言説においてのみならず、それら自身の物理的・政治的・文化的な組織のありようにおいてもまた再定式化されてきているのである。このモデルにあっては、先住民たちは大プランテーションでたまたま生じる労働を求めて出稼ぎにいくことはなく、自分たちの共同体にとどまったままでグローバル市場が求める財やサーヴィスに彼らの土地から貢献するための契約の下におかれることになる。かくして、保護されたありのままの地域全体にわたって、環境がもたらすサーヴィス、地域の知、そして遺伝子資源の多様性に価値を与える契約

が展開されていくこととなる。(12)

この分析にあるように、これは言説をつうじた現実の再編成・再配置の端的な事例なのだが、そうした点にとどまらない問題が存在している。それはここに現地の人びとの「労働」の問題が登場してきているという事実にほかならない。

もう少し詳しく述べると、ここに表現されているのは次のようなことである。まず「自然資源」に対して現地で歴史的・社会的・文化的に紡ぎあげられ保たれてきた意義が、言説として「分節化」され「承認」される。つづいて、そのようにして「分節化され」「承認された」意義が情報というかたちをとった「知識」へと転換され、資本主義の内部へと組み込まれていく。こうした意図のもと、環境＝自然資源にかかわる「保全」「利用」を含む「知識」の内容が権力編成においてまったく異なるものへと転じられようとしているのである。そのさい、誰が一個の物として資本化された「知識」の所有者であるのかという分断と画定、「保全」の生活における意義から外挿されてくる潜在的な経済的価値への転換、さらに「利用」にかかわる範囲の限定とその規則の確立を目的とする同じく潜在的な経済的価値への意味の転換とそれをもとにした規定が実行に移されることになるだろう。

これは従来の「先住民族共同体」「地域共同体（これは locality としてとらえるべき概念である）」を根底から変換させていくことになる。

これには少々説明が必要だろう。科学史研究者のコリン・ハイデンは、アメリカ合衆国において組織された「国際生物多様性協力事業団 International Cooperative Biodiversity Group；ＩＣＢＧ」のラテンアメリカ部局が一九九三年から二〇〇三年にかけて行った生物探査（bioprospection）の事例を分析して、こう結論づけている。

すなわち、特定の共同体に知識や植物が局地化・同定されるという考え方、つまり明確に同定された知識と実践にかかわる「権利保有者」がいるという考えを排して、植物は散逸して繁殖するという観点を導入することで、ＩＣＢＧの生物探査は大いに進展をみせた。だがその結果、「権利保有者」が「いない」ことからくる生物資源の強奪行為（バイオパイラシー）の誹《そし》りや、標本採取の偶発性がもたらす不安定さを避ける必要が生まれることとなった。そのためＩＣＢＧは、「持続可能」な探査のために、生物資源の特定・利用・保全・育成といった「分節化可能な知識」を有する共同体の同定が必要だという対極的結論に達したのであった。[13]

ではいかにして、資源をとりまく諸条件の局地化と同定を、現地からの同意を形成しながら行なうのか。誰が「権利保有者」なのか。これには「どこからどこまでがその〝現地〟なのか」というより深刻な問いがともなっている。それゆえ、「知識」や植物生態の局地的同定はそのまま地域間・共同体間だけでなく、共同体内部にも亀裂を生み出す重大な契機たりうる。こうした危険性を十分に承知の上で米州開発銀行の構想が提案されているのである。それゆえ、どのようなあり方が「先住民族共同体」「地域共同体」なのか、その意味をめぐる言説は一個のヘゲモニー闘争の場とならざるをえない。これが言説をつうじた問題にほかならない。

資本と化された「地域の知」においては、本来の知の保持・拡充・伝達にかかわっていた諸実践が、現地の人びとのありのままの活動として「労働」に転化される。そのとき「保全」も「利用」も資本にかかわる価値を生み出しうる「労働」となる。すなわち、それらの実践は資本主義の遠隔指令のもとでの「労働」に転化されるのである。だがこの「労働」は見た目には、資本主義的な価値そのものと「無関係」な「自発的な使用価値」としてとどめおかれる。

自然資源とそれにかかわる現地の実践が現地の具体的歴史性から脱文脈化されて「知識」に化されても、そのままでは容易に現実の商品となることはほとんどない。だが、その「知識」が潜在的に商品化可能な物として保持・刷新・伝達されるかぎり、それはそのままにして利潤を生みだす信用商品にいかなる時点でも転化しうる「知識資本」となりうる。

さらに見落としてはならないのは、メソアメリカに生きる先住諸民族の「自然資源」にかかわる実践は、主要に女性によって果たされる、「伝統的な地域の知」とそれを生みだす根源である環境の保持・利用・伝達において文化的・社会的な意義を与えられたものである。[14]

そうした実践は、人間と切り離されて認識される「自然」ではなく、女性たちをはじめ共同体あるいは地域で生きる人びとを含みこんだ環境（人間的自然、あるいは社会的自然）のなかでの関係形成や日々の暮らしの中での情動を不可欠なファクターとしている。しかしもしこれらの実践が「自発的」な「労働」とされるならば、そこには強制の感覚の有無があるにせよ、新たな形態での資本主義への包摂と搾取が生じる現実的な危険がある。

先住民族共同体においてもこれまで十分に考慮されてこなかった女性の実践の意義が、その自然的属性にかかわる資本主義的商品の社会的価値とは「無関係」な使用価値のままに、「エコロジー資本主義」をかかげる「緑」のネオリベラリズムのプロジェクトに組みこまれようとしている。

つまり、「周辺」がかつてのヒエラルヒーによる最下層から変質してきているのだ。これまで「周辺」地域はほとんど「手付かず」の状態におかれてきた。その状態が翻った力と化して、「中心」との新たな直接的関係が形成されようとしているのである。

そのさい、旧来の様態と異なる点は、ここで生じている変質が現実の物にかかわるだけでなく、資本の自己価値増殖とは一見したところ無縁なレヴェルでの「知識」の生産と再生産、その保全や活用といった拡張された様態を示していることである。この新たな様態は、いうまでもなく「緑」のネオリベラリズムに適合的なものとして形成されつつあり、旧来の様態にとってかわって効力を発揮しはじめている。

メソアメリカにおいては、今のところ社会運動のネットワークがそれに対する抵抗を粘り強く持続しているが、楽観はできない。なぜならば、現地の人びとが自明で自然のものとしてきた歴史的・社会的・文化的な諸関係、その組織性、その存在そのものが根幹から大きく揺るがされているからである。「かつてのまま」では生き延びることができない状態が、「緑」のネオリベラリズムによる圧迫の下で深刻さを増してきている。

それゆえ、新たな、そして言葉どおりに「持続可能」なたたかいが、言説と現実との癒着のなかで遂行されなければならないのである。そしてそれは現に生きている人間世界における実践の継続ばかりでなく、不可視の権力たるグローバル資本主義への対抗の力をもつこともまた要請されている。

この要請はもちろん現地に固有の条件のもとで追求されなければならない課題だが、それは日本とも無縁ではない。むしろ、無縁であるかのように分断されてしまった「息苦しい日本の現在」を対象化すること、さらにどのように「別に起って共に撃つ」つながりを構築できるのかを模索することを必要とするものだろう。

注

（1）マイケル・ゴールドマン、山口富子監訳『緑の帝国——世界銀行とグリーン・ネオリベラリズム』京都大学学術出版会、二〇〇八年、九—一〇頁（Michael Goldman, *Imperial Nature: The World Bank and Struggles of Social Justice in the Age of Globalization*, New Haven: Yale University Press, 2005, p. 7）ただし適宜改訳してある。

（2）この論点について詳しくは、拙稿「植民地主義批判としての資本制批判」（『立命館言語文化研究』一九巻一号、二〇〇八年九月、一四九—一五九頁）を参照されたい。なおこの論文は二〇〇七年一〇月のパリ第一〇大学での「第五回国際マルクス研究会議」における私の報告のショート・ヴァージョンとなっている。

（3）このような観点でのネオリベラリズム分析については、リチャード・シュナイダーの論がもっとも説得的であるという意味で代表的なものといえるだろう。Richard Snyder, *Politics after Neoliberalism: Reregulation in Mexico*, Cambridge and New York: Cambridge University Press, 2001.

（4）David Harvey, *The Condition of Postmodernity*, Oxford: Basil Blackwell, 1989（『ポストモダニティの条件』吉原直樹監訳・解説、青木書店、一九九九年）参照。

（5）Arturo Escobar, "Constructing Nature: Elements for a post-structural political ecology", in Richard Peet & Michael Watts, eds., *Liberation Ecologies: Environment, Development, Social Movements*, 1st edition, London and New York: Routledge, 1996, p. 59.

(6) *Ibid.*, p. 47. エスコバルが言うこのような展開について、エコロジー社会主義の立場をとる経済学者マーティン・オコナーが論じるところは以下のとおりである。「〔……〕資本制の主要なダイナミズムは、外部領域に供給源をもつ蓄積および成長から、それ自身に閉鎖的に還流する資本化された自然システムの表面的な自己管理と自己保全へと、形態を変化させるのである。」(Martin O'connor, "On the misadventures of capitalist nature", *Capitalism, Nature, Socialism*, no. 4, vol. 3, 1993, p. 8)

(7) CIEPAC, "Jornada de Resistencia en Honduras", Chiapas al Día, núm. 364, 12 de agosto de 2003, tomado de 〈http://www.ciepac.org/bulletins/301-%20500/bolec362.htm〉

(8) Neil Harvey, "La disputa sobre los recursos naturales en el área del Plan Puebla-Panamá", en Daniel Villafuerte Solis y Xochitl Leyve Solano, coords., *Geoeconomía y geopolítica en el área del Plan Puebla-Panamá*, México D. F.: CIESAS, Miguel Ángel Porrúa y La LIX Legislatura de la H. Cámara de Diputados, 2006, p. 215.

(9) InterAmerican Development Bank (IADB), "Programa de Información, Consulta y Participación", 9 de septiembre de 2003, tomado de 〈http://www.iadb.org/ppp/project/projectDetails.asp?_id=113.〉

(10) *ibid.*

(11) IADB, "Memorándum de entendimiento para la coordinación de la Iniciativa Mesoamericana de Desarrollo Sostenible (IMDS) del Plan Puebla-Panamá", Washington D. C., 2 de junio de 2003. 〈http://www.iadb.org/ppp/project/development.asp.〉

(12) Neil Harvey, *op. cit.*, p. 219.

(13) Corinne Hayden, *When Nature Goes Public: The Making and Unmaking of Bioprospecting in Mexico*, Berkeley, CA: University of California Press, 2003.

(14) Neil Harvey, *op. cit.*, pp. 227ff. さらに次を参照のこと。Laura Elena Ruiz Meza, "Equidad de género en el

desarrollo sustenible : el caso del ejido Tziscao en la frontera sur de Chiapas", en María Eugenia Reyes Ramos, Reyna Moguel y Gemma van der Haar (coords.), *Espacios disputados : transformaciones rurales en Chiapas*, México : UAM-Xochimilco y Ecosur, 1998, pp. 159-186.

追記：本稿はピープルズ・プラン研究所機関誌『季刊ピープルズ・プラン』四三号（二〇〇八年夏）に掲載された同題の論文を下敷きに、二〇〇八年一〇月四―七日にパリ第一〇大学（ナンテール校）で開催された「第五回国際マルクス研究会議」での私の報告 "Critique of Capitalism as Critique of Colonialism" をめぐる議論から得られた論点を合わせて加筆・修正を行ったものである。本論集への拙論の掲載を快諾してくださった『ピープルズ・プラン』編集委員会の皆さん、ナンテールでの議論に参加してくれた友人たちに感謝する。

【コラム】

ケ・ブランリー美術館

――「平等」か、「過去の忘却」か

中本真生子

「植民地主義」は旧宗主国の日常のなかに様々な形で、しかも一見「(現在の)平等」を体現しているような顔をして現れる。それは、その国の内部に存在し、国と自身とを同一化できる者にとっては特に問題と感じられることなく、しかしその国の外部に位置する者、あるいはその内部にありながら「他者」として生きる者には、大きな違和感を与えるものとして立ち現れてくる。その一例をパリの新たな観光名所、ケ・ブランリー美術館から感じた違和感(ないし不快感)という極めて「個人的な体験」から考えてみたい。これもまた、「個々の内部、体験にかかわる問題、通じる問題としての植民地」のひとつの例として捉えていただければ幸いである。

二〇〇六年九月初頭、パリの九月とは思えぬほどの陽射しが照りつけるなか、エッフェル塔の足元に建てられた赤い巨大な建物(高名な建築家ジャン・ヌーヴェルの設計)の入口には、入場券を求める人びとが長蛇の列を作っていた(それを見て一瞬踵を返しかけたのだが、「他者と向き合う美術館」とぜひ向き合っておかねば、と思い直して並ぶことにした)。列に並ぶ人びとの大半はヨーロッパ系、しかも家族連れが多かったと記憶している。開館当初は三時間待ちにもなったというが、その日は四〇分ほど並んでチケットを購入し、ようやく会場へと入った。ゆるやかなスロープを登っていくと、足元には文化の多様性や尊重を示唆する様々なメッセージが映しだされ、頬にはゆるい風が吹きつけてくる。通路の右手、ガラスケースにぎっしりと並んだ民族楽器が目に入った瞬間、私は既視感に襲われた。それはスロープの先、常設展の入り口に立つ巨大な木彫の両性具有像（サハラ以南、現マリ共和国、一〇～一一世紀ごろのもので、高さは二メートル近く！）に出迎えられた瞬間、そしてその像の向こうにモアイ像がどっしりと据えつけられているのが見えた瞬間に確信に変わった。それは四半世紀前、子供だった私を魅了してやまなかった大阪万博跡地に建つ国立民族学博物館に酷似していた（展示されているモアイ像がレプリカではなく本物であるという所が大きな違いであるとはいえるだろうが）。

このケ・ブランリー美術館、「他者に視線を向ける美術館」は、ジャック・シラク前大統領の強い熱意のもとに建設された、いわゆる「原始美術（プリミティブ・アート）」を集めたヨーロッパ初（シラク談）の美術館である。開館セレモニーでの彼の力強い演説によると、「この事業の中心にあるのは、西洋だけが人類の運命を担うという馬鹿げた主張の拒否である」。このコンセプトに則り、美術館はこれまで（不当にも）「美術」として扱われてこなかったオセアニア、アジア、アフリカ、アメリカの「原始美術」（この言葉についても、原始［primitifs］を原初［premiers］と言い換えようとしているらしい）を一同に集め、「美術作品」として展示している。逆にいうと、古代エジプトやメソポタミア、インドや中国といった、既存の美術館（ルーブル美術館やギメ美術館）に居場所をもつ「文明」については扱わない、ということである。それではこの新しい美術館にはどのような「作品」がどのような形で展示されているのだろうか。

美術館の常設展は、六五〇〇平方メートルというひと続きの広大なスペースに、オセアニア、アジア、アフリカ、アメリカという順序でそれぞれの地域の「作品」が、大物を除いてすべてガラスケースのなかに展示されている。ゆるやかにカーブした通路（川をイメージしているという）は、土手を模した低い壁で仕切られていて、所々には休憩のためのベンチが設けられ、そこで映像作品を見ることができるようになっている。そして常設展（約三五〇〇点）の内容はというと、食器にはじまる生活用品から衣類、装身具、また家の柱や小船といった建造物、仮面、守護像等の儀式に用いる品々、さらには埋葬にまつわる品々など、人びとの生、死、そして信仰に関わるありとあらゆるものが所狭しと陳列されている。順路はオセアニア～アジア～アフリカ～アメリカと続いており、それぞれ内部の地域や時代、また用途にはあまりこだわらず、むしろ視覚的効果を考慮した展示の仕方がなされているという印象を受けた。遺骨容器の守護像、ウサギをかたどった仮面、羽毛製の羽飾り、色鮮やかな腰巻、男性像、女性像、両性具有像、鳥をかたどったネックレス、人型の楽器、シャーマンの衣装、アザラシの皮で作った寝袋、そしてトーテムポールや巨大な彫像の数々……ひとつひとつの作品を追いながら、私は最初に感じた既視感と、それを上回る違和感が募ってくるのを押さえられなかった。それはアフリカのコーナーの秘密めいた小部屋に展示されていたエロティックな置物（道具？）を目にした時、ひときわ強まった。

このような品々を「美術品」としてパリの真中に展示することは、どんな意味をもつのだろうか。コフィ・アナン国連事務総長、人類学者レヴィ＝ストロース、またアメリカの先住民活動家でノーベル平和賞受賞者であるリゴベルタ・メンチュら錚々たるメンバーを招いて行った開館の記念式典において、シラク前大統領は次のように宣言したという。

「西洋以外の遠い文化、真の価値を認められてこなかったばかりか、珍品扱いされ、蔑視されてきた、それらがこの広大な空間を得てその深遠さ、感性の全体像が明らかになるのです。」

しかしこれらの品々を「珍品扱い」し「蔑視」してきたのは、いったい誰だったのだろうか？また「他者に視線を向ける」というコンセプトや、これらの品々を博物館に収蔵し研究対象とするのではなく「美術品」として美術館に展示することが、「それらを珍品として扱っていた」過去を乗り越えるという目的をもっているとしても、そもそもそれらの「作品」のほぼすべてがフランス国内にすでに存在していたという事実については、どう考えるのだろうか。ケ・ブランリー美術館のなかに展示されている作品、所蔵されている品々の約九割はパリの人類学博物館が、残りはアジア・オセアニア博物館が所蔵していたものであり、新たに購入されたものはわずかであるという。さらに元をたどると、展示品、収蔵品の大半は、一九三一年のパリ植民地博覧会の開催に際して当時の植民地からフランスへと運びこまれたものである。ケ・ブランリー美術館を「異文化との接触の場」というなら、フランスはすでに、はるか以前からこれらの品々と「出会って」いたのである。しかしそれがどのような形の「出会い」であったか、その経緯――当然のことながらそれは、過去四〇〇年以上にわたるフランスの「植民地主義」の歴史である――については、この新しい美術館は何ひとつ語ろうとはしていない。展示品についての（わずかな）説明においても、美術館の計画、建設過程を描いたドキュメンタリーにおいても、フランスの植民地主義の歴史とそれに対する考察はほとんどと言っていいほど存在しない。それが私の「違和感」の最も大きな原因であった。

これまでパリのどの美術館にも展示されてこなかった品々を一カ所に集めて「美術品」という「価値」を与えること、そしてシラク前大統領による「今後はそれらを「美術品」と見なすのだ」という力強いマニフェスト、そして「ヨーロッパ内でこれほどヨーロッパ外のものを集めた場は他にはない」と豪語する自信。たしかにケ・ブランリー美術館は、これまで（彼らが）「美術」と認めてこなかった品々を「鑑賞に値する美術品」として承認し、それを展示する場を設立することによって異文化への理解を深め、そして「美術館が文化と人の平等と尊厳を体現する場」となり、「平和実現の道具」となることを示そうとする方向性（あるいは野望）をもっているのだろう。しかしそのような場を形成することによって逆にフランスの過去の植民地政策が、言い換えればこれらの作品が生みだされた場とフランスとの関係が相殺され忘却されてしまうということはないだろうか？　少なくともこの美術館において展示されている作品群は、過去のフランスとの関係と切り離されて存在しているという印象を受ける。さらにいうなら展示されている作品と、その作品が作られたのと同じ場所から来た人びと（＝移民）との間もまた分断されているといえるのではないだろうか。折しもフランスではサルコジ大統領が不法滞在移民の強制送還政策を打ち出している。二〇〇五年秋に起きた、移民系二、三世の若者たちを中心とした「暴動」も記憶に新しい。その人びとがどこから、なぜフランスにやって来たのか、なぜ今現在フランスで生きているのか、そのことを問わず（その場しのぎ的に）行われる移民対策と、展示されている「美術品」の出自について、「合法的に入手したものである」という主張以外は黙して語らないケ・ブランリー美術館の在り方は、現在のフランスの「過去」との向き合い方という点で一致しているように感じられる。パリという「グローバル・シティ」の中心に存在するヨーロッパ外、「文明」外の作品を集めた美術館は、平等に扱うがゆえに過去の不平等／現在の不平等を忘却させるという機能を果たすことになりはしないだろうか？

私の隣でドゴン族の仮面を眺めていたフランス人女性がこぼした「全然わからないわ」というつぶやきが、この私の不安に拍車をかけた。「わかる」とは一体どういうことなのだろうか。ケ・ブランリー美術館から人は何を「わかる」のだろうか。

その後、いくつかこの美術館について書かれた文章を目にする機会があった。そのなかで繰り広げられている美術館評、特に批判に焦点を当てて、さらに論じてみたい。

日本の雑誌で紹介されているケ・ブランリー美術館は、例えばエコロジーやスローライフを提唱する雑誌のなかで「パリに登場したロハスな美術館」として賞賛されていたり、女性誌ではパリ在住の女性によって「パリで最先端の美術館」として、洒落たスポットとして紹介されていたりと、多くは好意的に、新たな観光の場としてこの美術館を捉えている。しかし『芸術新潮』（二〇〇七年三月号）の特集「パリのびっくり箱／ケ・ブランリー美術館へ行こう！」に寄せられた人類学者川田順造の特別寄稿「失望と期待と――新博物館が提起するもの」はかなり厳しい批判を展開している（雑誌の特集自体はこの新しい美術館に対して丁寧に説明をしている、好意的なものであるのだが）。川田はまずケ・ブランリーを「美術館」ではなく「博物館」と記述する（フランス語ではどちらも musée である）。そのうえで彼は、ケ・ブランリーを「異文化の尊重を標榜しながらも、西洋の美意識に基づく「美術品」の寄せ集めでしかない」と強く批判している。またその収集品は「植民地支配の収奪品として、あるいは民族学標本や「原始美術」の作品として学術探検者や宣教師や商人によって蒐集されフランスに運ばれた」ものであると指摘し、ケ・ブランリーがシラク前大統領の政治的野心と、彼と懇意であった「原始美術」商（故）ジャック・ケルシャシュの商魂が結託して誕生した、とまで言いきっている。川田の批判の中心部分は、ケ・ブランリーの展示品が「人類学博物館」の収蔵品を「根こそぎ」にしたうえで、しかもそれらを「文化の背景についての説明抜きに『美術品』として展示している」という点にあり、同様の批判はフランスの人類学者からも多く寄せられているという。また同じく人類学者で国立民族学博物館教授の吉田憲二も、展示品を意図的にその「文化的背景」から切り離していること、また「西洋」と「非西洋」（＝「文明」と「未開」）の区別を前提とし、それを無自覚のまま対比していることへの懸念を示している。

しかし人類学者たちが主張するように、ケ・ブランリーに展示されている品々を「美術品」として鑑賞するのではなく「展示品」とすること、また「標本」として研究対象にすることがこの美術館がかかえる問題の解決法である、という主張については疑問も残る。それらの「標本」を研究対象とする「人類学」という学問そのものの「過去」、彼らと「作品」との「出会い」自体は問われるのか、という問題には答えていないと思われるからである。

ケ・ブランリーについてさらに興味深い議論を展開しているのが、『アフリカ・アジア *Afrique,*

Asie』誌の二〇〇六年一一月号に載せられたB・ラマニの文章である。この論考では美術館設立の経緯や展示物についての説明の後、ケ・ブランリー美術館に対して出されている批判がとりあげられている。例えば人類学博物館のサハラ以南コレクションの前責任者の言葉、「何という対置であろうか。ガラスケースのなかの美しいアフリカ人の立像と、その一方で空港で軍人によって家族から、学校から引き離される子供たちと！」。またマリ共和国の前文化観光大臣はフランスの記者団に対して次のように述べたという。「ケ・ブランリー美術館は深い、痛みに満ちた矛盾の上に建てられています。〔……〕われわれの作品は、われわれが滞在を許可されていない場所で市民権を得ているのです。」この言葉を目にして、私は徐京植の「白い道」という表現を思い出した。西洋諸国は世界のあらゆる場所からあらゆる産物を、そして美術品を運びこんできた。その道が「人」に対してだけは閉ざされているのだ、と。

しかしこの論考はケ・ブランリー美術館に対して決して批判、ないし悲観しているだけではなく、美術館の開館により倫理の尊重や「原始美術」作品の出所の調査、またある民族のシンボルたる作品が「国家から国家へ」と返還される可能性なども指摘されている。さらに、ケ・ブランリー美術館はすでにかつての人類学博物館やアジア・オセアニア博物館時代と比べて、開館後半年で三倍もの来館者を集めており、ここを訪れた人びとがそれらの作品の「来歴」について考えるきっかけになる可能性も、もちろん考えられる。私もまた、この美術館が「異なる文化」との出会いだけでなく、「フランスの過去（の植民地主義）」との出会いの場となることを切に期待する。

II　国内植民地

国内植民地論に関する覚え書

今西　一

一九七三年九月一一日、選挙を通じて議会による社会主義を実現したチリのアジェンデ政権が、アメリカＣＩＡの援助を受けたピノチェト将軍らの軍事クーデターによって崩壊した。この事件は、当時の日本の革新政党などが掲げていた、議会主義による「民主連合政府」などという幻想を、一瞬にして吹き飛ばすほどの大きな破壊力があった。当時から、巣山靖司らのように、クーデターの原因をチリの議会制民主主義の弱さや、農地改革など国内改革の弱さに求める議論もあったが[1]、アメリカ帝国主義への「従属」への厳しさを説く、サミール・アミンやアンドレ・グンター・フランクらの「従属理論」(「新従属理論」ともいう)が大きくもてはやされるようになった。

日本では、後述する沖縄研究のなかで、アミンやフランクの従属理論、「国内植民地」論が適用され、ひとつの理論的な潮流となっていった。しかし、アミンが期待していた、毛沢東の文化大革命や第三世界の「民族解放」闘争などは、現実の展開のなかで裏切られていった。その後、文化大革命は、中国共産党内部の権力闘争であり、餓死を含め膨大な犠牲者を生んでいたことが、次第に明らかになってくる。一九七九年の中国・ベトナム戦争の勃発もあるが、今日では中国の北ベトナム政府支援は、国際共産主義運動のなかでのソ連とのヘゲモニー争いためのものであり、米中戦争を回避するための重要な手段であったことが明らかになってきている。[2]

そして一九八〇年代のNIEs（新興工業経済地域）の発展や、二〇〇三年頃からのBRICs（ブラジル、ロシア、インド、中国）の台頭論などの登場は、「従属理論」やその後継者であるイマニュエル・ウォーラーステインらの世界システム論の影響力を、大きく低下させた。その代わりに台頭したのが、中進国論やアジア間交易論、「植民地近代化」論などである。これらの議論が、アジア社会の「後進性」や「停滞性」を一方的に強調してきた「講座派」マルクス主義以来の日本の社会科学の方法を批判してきた意味は重要であるが、そこには「近代主義」の罠もあった。アジア間交易論や「植民地近代化」論では、「近代化」というものが、民衆に何をもたらしたのかということを、まともに議論されていなかった。そこで若い研究者らがミシェル・フーコーらの影響を受けた、「植民地近代性」の議論が出てくるようになったが、まだ試論の域をでていない。[3]

一九九七年のアジア通貨危機は、タイ、インドネシア、韓国などに大打撃を与え、日本の「平成大不況」の引き金となった。そして二〇〇八年からのアメリカ発の金融危機は、とりわけアジア諸国の経済破綻を招くだけではなく、今後はアメリカの「ドル支配」体制までも崩壊していくだろうこと予想させている。ここ一〇年間ほどの世界の経済成長といわれるものが、「バブル」以外の何ものでもなかったことを白日のもとに曝してきている。なによりも新自由主義の名の下に、非正規雇用労働者を三分の一（韓国では二分の一）にまで増してきた日本では、すさまじい大量解雇が起きている。

西川長夫の現在のグローバル化を、〈新〉植民地主義として捉えようという「警鐘」の正しさが、[4]皮肉にも昨年の経済危機から一層のリアリティをもって迫ってきている。沖縄でも、近年、沖縄の軍事的・経済的従属の問題を、再び「国内植民地」論で捉えようという議論も現れている。日本の近代史では、むしろ「国内植民地」論は忘れられた理論になっているが、私は再考する必要があると考えている。本稿は、そのための準備ノートである。

1　国内植民地をめぐる議論

山崎カヲルによると、[5]「国内植民地」という概念を、ラテンアメリカで提唱した一人は、メキシコの農村社会学者ロドルフォ・スタベンハーゲンである。彼は、「一九世紀後半の資本主義経済の拡張は、経済的自由主義というイデオロギーとともに、原住民とラディーノとのエスニックな関係の質を、再度変換する。この段階は植民地主義の第二段階であって、それを国内植民地主義と呼ぼう」と定義している。そして、「今や、共同体を離れた個々の原住民だけが国民社会に統合されるのではなく、原住民共同体そのものが集団として、拡張しつづける地域経済システムにしだいに統合される。〔……〕ラディーノと原住民との関係は、階級関係へと変質されていく」とする。[6]

スタベンハーゲンのいうように、チアパス州における経済自由主義の発展が、「国内植民地」をつくりだし、共同体から脱落した原住民だけではなく、原住民の共同体そのものを地域経済システムのなかに統合して、「階級関係」へと変質していったというのは、興味深い指摘である。

スタベンハーゲンやA・G・フランク、ブラジルのルイ・マウロ・マリーニやドス・サントスらの従属理論は、日本の沖縄研究などにも大きな影響を与え、その「国内植民地」論は日本にも持ちこまれた。ただし、従属理論は、アーサー・ルイスらの後発諸国の「二重構造」という近代化論と、マルクス主義者の民族民主革命から社会主義革命という二段階革命論を、ともに批判するものであった。その背後には、七三年のチリ革命の失敗という歴史的教訓があったことはいうまでもない。

「国内植民地」概念を、より精緻化しようとしたのは、デール・ジョンスンである。ジョンスンは、まず「国内植民地という概念は、何人かのラテンアメリカ知識人の著作と、アメリカでの黒人解放運動という、二つの独立した源泉に、その主な起源をもっている」と説明する。そして、米国南部、イタリア南部のような、メトロポリタンとの関係における「地域的国内植民地」と、米国の黒人、フランス系カナダ人のような「人種および文化を基盤にした国内植民地」とを区別する。

このようにジョンスンは、「地域性」を超えた「エスニック」概念にもとづく国内植民地論をも問題にしたが、これは本質主義的な「民族」概念にとらわれたマルクス主義者からは、「民族」性や植民地主義を曖昧にしたという批判を受けることになる。しかし彼は、「国内植民地とは、まずもって経済的現象である。経済システムの進行は植民地を生み出し」て、「一国のメトロポリス（後発国のケースでは、さらに国際的メトロポリス）に対して衛星部として機能する」。「階級構造は、寡頭支配階級と大衆という二分法を骨化させる。フランクが「低発展の発展」と呼んだ過程が生じる」とする。(7)

彼の議論は、経済システムの進行が植民地を生みだし、階級構造を固定化させたように、国際的な中枢‐周縁だけではなく、「一国のメトロポリス」もまた、中枢‐周縁をつくりだし、周縁を国内植民地化させていくとする。つまりフランクのいう「低発展の発展」が、一国内においても起こっているというものである。これらの議論を受けて、マイケル・ヘクターは、その『国内植民地主義』（一九七五年）のなかで、国内植民地主義を「文化的にことなる諸集団の中枢部による政治的統合」と規定して、一六世紀から現代までのアイルランドやスコットランド、ウェールズなどを、「国内植民地」とする。ヘクターは、ジョンスンとは違って、国内植民地主義を、「文化的にことなる諸集団の中枢部による政治的統合」として捉えて、「政治的・文化的」統合の役割を強調する。(8)

しかし、「国内植民地」概念については、南アフリカ研究者のハロルド・ウォルプらは批判的である。ウォルプの国内植民地論批判は、山崎カヲルによると、次のように整理される。第一に、階級的な支配・搾取システムと国内植民地での人種的・民族的・文化的支配・搾取システムとの関連が明らかでないこと、第二に、国内植民地での搾取と階級的搾取との差異が奈辺にあるのかが明らかでないこと、の二点を指摘する。彼〔ウォルプ―引用者〕が強調するのは、国内植民地論が、「搾取」や「支配」の一般的存在を述べながらも、それが記述的なレヴェルにとどまっており、「民族」間の支配・搾取と階級間のそれとの差異を明確にしていないということである。

山崎もまた、ウォルプの議論を受けて、「国内植民地として地域的ないし集団的に搾取されると考えるのは、生産関係を曖昧にし、それを支配・被支配のメカニズムと同一化することになりかねないのである。民族は、マルクスの言葉をパラフレーズして言うなら、支配階級としてのみ実在する。支配階級はそのことによって、一方では国内被支配階級を同一の「民族」に統一して階級対立を歪めさせ、また他方で植民地支配においてこの「民族」による統治という外見を押しつけることで、前者の歪みを拡大させ、さらに「民族」解放闘争を惹起させる」という。(9)階級間の支配を「民族」間のそれとを区別しない「国内植民地」論は、被支配階級をも包摂してしまう「民族」のイデオロギー性を、見すごすことになるというのである。

ウォルプや山崎の批判は、古典的なマルクス主義者に近いものであり、国内植民地論が、当初から「民族解放」理論などへの批判を含んでいたという意味が無視されている。また、議論は、時代の制約もあるのだろうが、経済主義的な批判に終始し、ヘクターなどが提起した、「政治的・文化的」統合の意味などはほとんど顧みられなかった。この時期には、国家間システムの問題として、国内植民地の問題を考えるという視点は弱かったようである。

他方、もうひとつだけ代表的な国内植民地の議論を紹介しておきたい。イスラエル建国後に、この地に残ってイスラエル国籍を得たアラブ系の住民をめぐる議論である。彼らは、強制移住させられたりしたが、イスラエル建国当時のアラブ人のおよそ六分の一、二万五〇〇〇人が、今日でも「国内難民」としてイスラエルに残って、厳しい差別を受けながら生活している。一九六五年にヘブライ語で書かれたサブリ・ジェリスの先駆的な研究(10)やエリア・ズレイクの研究(11)は、イスラエル国内でのアラブ人抑圧を、「国内植民地主義」として取り扱っている。

最近では、国連における先住民の権利規定などに刺激されて、パレスチナ人の「先住民マイノリティ（マカッリーヤ・アスリーヤ）」を強調する議論も増えてきているが、バールフ・キマーリングが、ユダヤ系イスラエル人として初めて、イスラエル建国以前のパレスチナ人の経験とアメリカ合衆国の先住民への植民地支配を比較する研究[12]を行っており、彼の研究が最近再評価されている[13]。ただし、「こうした議論が、彼らイスラエルのパレスチナ人を占領地のパレスチナ人とは違う存在にしてしまっているという批判も根強」く存在しているとの評価もある[14]。

2 中国とチベット

「民族自決」を掲げた社会主義国が、民族問題を解決できなかったことは、二〇〇八年の三月一四日にチベット自治区のラサ市で起こった抗議行動を見ても明らかである。また北京オリンピック聖火リレーにおいて世界各地でみられた、中国人留学生や華人と「フリー・チベット」を叫ぶ人びととの対立は、チベット問題の深刻さを世界中に知らせた。そして、七月二一日に発生した雲南省昆明市のバス連続爆破事件では、新疆ウイグル自治区の独立を求める「トルキスタン・イスラム党（TIP）」を名のる組織が、犯行声明を出し、五輪テロを予告した。

中国近現代史を研究する平野聡によれば、「チベットを含めて、元の勢力圏で発生した王朝はすべて中国の一部、というのは一九世紀から二〇世紀になって始まった考え方」である[15]。以下では、平野の著書『大清帝国と中華の混迷』に沿って、中国・チベット問題を概観する[16]。一八五六年のアロー号戦争以降、「近代東アジア国際関係なるものが実質的に始まる」なかで、清朝が「乾隆帝の遺産たる版図を明確に意識して守るべきものとしたのは、まぎれもなく近代主権国家・中国のあの領域のかたちにつながっていく重要な要素」であった。

一八七五年、英国探検隊の通訳マーガリーが、ビルマから雲南に向かう途中、地元民に殺害されるという事件（マーガリー事件）を契機に、翌七六年チベットのダライ・ラマ政権との間に芝罘（煙台）協定が締結された。この条約を結んだ洋務派の李鴻章が、「チベットを通商と近代技術の恩恵に引き入れようとする「親切心」からダライ・ラマ政権への要求を繰り返し、それに対してチベット人が抵抗を繰り返すという悪循環が止まらなくなった」のである。これが「近現代のチベット問題の根源」である。

一八八四年、左宗棠によってムスリムの反乱が鎮圧され、ロシアとの緊張が緩和されると、新疆で省制が施行されたが、清末にかけてモンゴル、チベットでも同様の動きが開始された。ここに「近代領域主権国家としての《中国》がほぼ完成した」。しかし、これは「近現代中国の全体が最初から古来「中国」「中華民族」なるものだったのではなく、あくまで西洋からの視線を拝借した近代的な現象として「中国」が創り出されたにすぎな」かったのである。

日清戦争後からは、特に列強に奪われないように、「チベットは中国の一部だ」という主張があらわれる。その後、辛亥革命が起こるとダライ・ラマ一三世は、イギリスの植民地インドに逃げ込み、清朝が滅亡するとチベットに帰って、外モンゴルと同じように独立運動を起こした。しかし、一九四九年の中国革命が起こると、国家主席となった毛沢東は、一一月二三日に「チベット経営問題」を提起し、翌五〇年八月二三日には、昌都占領作成に許可を与え、一〇月一九日には占領を完了した。この一〇月一九日こそ、中国が朝鮮戦争への軍事行動に踏みきった日である。これを西村成雄は次のように語っている。

当時の毛沢東の頭のなかには、国内問題としての台湾、チベット、国際問題としてのヴェトナム、朝鮮という、いわば東西南北の政治的、かつ軍事的戦略が相互に絡みあって存在していた。〔……〕中華人民共和国にとって、チベット問題の解決とは、「帝国主義の羈絆」からの解放という「救亡イデオロギー」の延長線上に位置していた〔が、〕「チベット経営問題」という言葉に象徴されるごとく、清朝理藩院の中華世界的イデオロギーを部分的に共有するものであった。(17)

また一九五〇年代末からの「大躍進」の農業集団化政策(一九五八―六〇)によって、中国政府の経済政策が破綻しただけではなく、五七年からは仏教の危機を訴えて蜂起したチベット人を弾圧した。五九年にはダライ・ラマ一四世がインドに亡命し、臨時政府を作ることになり、六五年からは正式にチベット自治区となって、今日にいたっている。その後も、八七年から八九年にラサで運動が高揚するが、これを徹底的に鎮圧したのが、現在の国家主席胡錦涛である。

それればかりか、毛沢東は八九年にダライ・ラマ一四世に次ぐ高僧であるパンチェン・ラマ一〇世が亡くなると、後継者の一一世を「愛国的な活仏」にしようとした。これに対してダライ・ラマ一四世が、先んじてニマという少年を一一世に指名すると、彼を世界最年少の政治犯として逮捕し、現在も幽閉中と言われている。そして昨年九月、中国政府は「活仏認定制度」を制定し、「チベット側の選ぶ次のダライ・ラマ一五世を認めない」と決めたのである。(18)

中国史研究のなかで、「内国植民地」概念を最も積極的に使う茂木敏夫《もてぎとしお》は、「反帝国主義ナショナリズムに、共産主義的価値の体現という、もうひとつのエネルギーが加算されて実現したチベットの「解放」は、中国革命が反帝国主義・反封建主義の偉業として語られることにより、内なる帝国主義の構造を隠蔽してしまうこととなった」として、チベット問題を批判している(19)。

3 「日本」の国内植民地論

日本では、最も早く「内国植民地」問題として、国内植民地が論じられたのは北海道である。札幌農学校の佐藤昌介に始まり、彼の弟子である高岡熊雄、上原轍三郎、高倉新一郎らの「内国植民地」論が代表的である。彼らの議論は、実証的に極めて高い水準であったが、その「アイヌ同化」論をはじめとして、本質的には北海道の植民地化を推進する立場であった。これに対して、野呂栄太郎や平野義太郎のように、マルクス主義の「植民地」論から北海道の「植民地」化を批判する議論もあった。

戦後、「外地」の植民地を失った日本は、国内植民地としての北海道に再び注目し、「北海道開拓」論が高倉らによって活発に議論されるようになった。またレーニンの『ロシアにおける資本主義の発展』や『農業綱領』が翻訳されると、マルクス経済学者の間では、「辺境」「内国植民地」論が議論された。しかし、レーニンのいうプロシャ型とアメリカ型の経済発展のタイプを、北海道にどう適用するのか、といった訓詁学的な議論が中心であった。これに対して、一九七〇年代に歴史研究者の海保嶺夫が、「辺境論」における民衆史の視点の弱さ、アイヌ民族問題との接近の弱さ、アジア植民地支配の「プロトタイプ」としての北海道開拓という視点の弱さなどを問題にする。

また農業経済学者の山田定市は、「先住民族」の問題とともに、「北海道の開発が、日本資本主義の植民地支配のもとで、朝鮮人、中国人の強制連行、強制労働に負うところが大きかった」ことを問題にしている。歴史研究者の側では、田中彰などが、沖縄の収奪型と北海道の投資型という内国植民地の「二つのタイプ」を問題にする。その後、近年ではアイヌ問題での井上勝生・小川正人・山田伸一、もうひとつの国内植民地である樺太を問題にした三木理史・竹野学など、新しい北海道近代史研究の潮流が育ってきている。[20] しかし、北海道の「内国植民地」論では、沖縄のようにアミンらの「従属理論」の影響が見られないというのが、ひとつの特徴である。古典的なマルクス主義の影響が強すぎて、新しい理論へのアプローチが弱いことが問題である。また、「北方史」といいながらサハリン・樺太史などとの連関が弱いことなどは、早急に克服されなければいけない課題である。

一方、一九七〇年代後半の沖縄史研究のなかでは、「従属理論」が、ひとつの流れになっていった。七二年の沖縄の「返還」以降、軍事基地と「本土」経済への「従属」が問題となり、沖縄経済の「自立」が叫ばれるようになった。一九七八年の原田誠司・矢下徳治らの提起を受けて、[21] 同年一一月、「沖縄自立経済にむけて」というテーマのシンポジウムが那覇で行われた。[22] 翌七九年には「沖縄経済自立の展望」というテーマで、[23] 八一年には、「復帰一〇年――沖縄自立の構想を探る」講演会、シンポジウムが行われている。[24]

これらのシンポジウムでは、第一回から「沖縄経済の現状を「国内植民地」としてとらえ」ることが提案されている。討論を整理した比嘉良彦は、「復帰後の「沖縄問題」を「国内植民地問題」あるいは、いわゆる「内なる南北問題」としてとらえても、その内実を軍事植民地的構造ではなく、経済植民地的構造としてとらえているかぎり、その対処策として出てくる「自立経済」論議も、たとえ第一次産業重視論や第二次産業重視論といったさまざまな自立論が出されたにしてもそれらはすべて「開発方法論」の域を出ない」として、基地問題の重要性を指摘している。[25] 第二回シンポでは、原田誠司の「帝国主義と南北問題――S・アミンの周辺資本主義論に関する検討」などのような「国内植民地」の概念論議も行われているが、沖縄の国内植民地の問題は、軍事基地の問題を抜いては議論できないことがひとつの特徴といえる。

これらの議論の集大成のひとつが、吉村朔夫の『日本辺境論叙説』である。吉村は、同書のなかで、「明治政府の統轄に帰せしめられた沖縄の日本資本主義における位置は、北海道とともに、まさに「国内植民地」属領とすべきであった」とする。そして、「第一は、天皇制軍国主義的膨張政策にもとづく軍事要地の確保（強制併合はなにより台湾侵略と結びついていた）。第二は、本源的蓄積、特に、土地資源・労働力の統括による植民地的皇民化・搾取・収奪の保持、第三に、以上の課題を保障強化するものとしての差別を基底とした隷属的な異族同化の政策、個性的な民族文化の疎外、その歴史的価値の絶滅が図られた」とする。[26] その観点からは、今日も受け継ぐべきもののある労作だが、「講座派」流の「半封建制」論を沖縄経済の分析に適用して、従属理論と結びつけようとするのは無理がある。

最近、七〇年前後の沖縄の「復帰」運動のなかで、少数意見であった新川明《あらかわあきら》の「反復帰」論が再評価されてきている。確かに新川の「「非国民」の思想と論理」（谷川健一編『沖縄の思想』木耳社、一九七〇年）(27)は、今読みかえしても名論文である。

地租改正、府県制・郡制の施行、参政権の実施など、「廃藩置県」にともなう地方制度の改革は、意図的、政策的に遅延させる政策がとられたが、このような制度的な「差別」をともなわせる跛行的な施策（皇民化政策）は、支配の側の意図をはるかに上回って、一見すれば反体制的とみられる運動も含めて、このような差別的施策の大きさに対応して、沖縄内部から「差別からの脱却」を強く求めさせ、沖縄の内側から積極的な日本同化へのエネルギーを引きだすように機能するからである。

また当時、大里康永らによって高く評価されていた謝花昇《じゃばなのぼる》らの自由民運動に対しても、「沖縄近代の皇民化政策に下からの補完作業として機能した役割についても、冷静にとらえかえさなければいけない」と提言している。そして、「すべての日本同化志向、〈国家としての日本〉に寄せる「復帰」の思想＝忠誠意識を、沖縄が歴史的、地理的に所有してきた異質性＝「異族」性によって扼殺する作業を、思想運動（闘争）としてはじめなければならぬ」と問題提起する。

「復帰」ムードで浮かれていた沖縄では、新川は孤高の思想家であったが、今読み返すと先駆的な国民国家批判の論文である。近年、新川は「この六〇年は沖縄にとって何であったかというと、依然として「国内植民地」だったということであるし、それから抜け出ようとするあがきにも似た努力が一方にあった」と語っている。しかも、「日本国憲法の九条が成立する条件は、沖縄に基地があるからです」。「九条を守ろうと平和運動をしている皆さんが、一方では、沖縄基地の上にあぐらをかいているという姿が私には見えるのです」と、その批判精神から発言を続けている。(28) 新川は、日本の戦後の「平和」が、「国内植民地」沖縄の犠牲のうえに成立していることを鋭く糾弾している。

国内植民地問題を、経済的従属の問題だけからは考えられないことは、新川らの指摘するとおりである。最近李建志《りけんじ》は、『日韓ナショナリズムの解体』という本のなかで、興味深い考察を行っている。比較文学研究者である李は、「内地」と「外地」という言葉を法的に規定したのは、一九一八年に「法律第三九号」として制定された「共通法」だとする。同法では、朝鮮、台湾、関東州、南洋群島を除く、北海道、本州、四国、九州、沖縄（小笠原も含む）が、「内地」として規定されている。そして樺太も「内地」に含まれている。この法律は、帝国日本の統治権がおよぶ範囲での法令の適用範囲を確定し、統一することを目的とするものであった。「外地」である台湾や朝鮮半島には、憲法こそ適用されるが、法律は当該地域の実情をふまえ、それぞれの総督が発する命令（台湾は律令、朝鮮は制令）という形で立法権が委任された。

戦後、樺太を含む植民地を放棄した日本では外地／内地の別は無用のものとなったはずだが、北海道や沖縄では今でも、日本「本土」を指して「内地」とする表現が生きている。「内地」とは、本州、四国、九州を含む日本「本土」であり、共通法下では「内地」とされた自分たちの住む地も、今では「外地」としてとらえられているようである。この北海道、沖縄の非「内地」化について、李は次のように語っている。

内（マジョリティ）の安定と安心は、「外」（マイノリティ）の排除の上に成り立つものなのだ。植民地を失った日本の「内地」にとって、その安定を支える唯一の安全弁は、「北海道」と「沖縄」の存在であり、それゆえに「北海道」と「沖縄」は非「内地」として機能させられのである。[29]

なるほど、小泉内閣時代の「構造改革」のなかで、特に、北海道では「道州制特区」、沖縄県名護市では「金融特区」などの実験が行われたが、ことごとく失敗している。新川のいうように、私たちが戦後の「平和」憲法を享受する代償として、沖縄は朝鮮・ベトナム・イラク戦争の前線基地として機能してきた。そもそも硫黄島の戦闘や、沖縄戦の悲惨さが、アメリカの占領政策を宥和的なものにし、天皇制の存続や憲法九条を促進したともいえる。

戦前、沖縄が台湾侵略の前線基地であったように、北海道もまた樺太・「満州」への前線基地であった。ただし沖縄と一言でいっても、先島離島などの島差別があり、特に厳しい奄美差別がある。このような地域のなかの重層的な支配・差別の構造を解くためにも、政治的・文化的概念を入れた国内植民地論の再構築が急務である。沖縄研究のなかでは、確実に新しい機運があがっているが[30]、先駆的に「内国植民地」論を議論してきた北海道では、まだまだの状態である。

注

（1）巣山靖司『第三世界の変革――チリ革命とイラン革命の比較研究』法律文化社、一九八四年。

（2）朱建栄『毛沢東のベトナム戦争――中国外交の大転換と文化大革命の起源』東京大学出版会、二〇〇一年。

（3）拙編『世界システムと東アジア——小経営・国内植民地・「植民地近代」』日本経済評論社、二〇〇八年、「序章」と第九章金洛年「「植民地近代化」再論」を参照。
（4）西川長夫『〈新〉植民地主義——グローバル化時代の植民地主義を問う』平凡社、二〇〇六年。
（5）山崎カヲル「国内植民地概念について」『インパクション』一七号、一九八二年。
（6）R. Stavenhagen, *Social Classes in Adrarian Societies*, New York：Anchor Books, 1975, p. 204. 引用は、山崎前掲論文による。
（7）James Cockcroft, *et al., Development and Underdevelopment*, New York：Anchor Books, 1972, ch. 10. 引用は、山崎前掲論文による。
（8）Michal Hechter, *Internal Colonialism：The Celtic Fringe in British National Developmnet, 1536-1966*, Berkeley：University of California Press, 1975.
（9）山崎前掲論文、五四—五五、五八頁。
（10）サブリ・ジェリス『イスラエルのなかのアラブ人——祖国を奪われた人びと』若一光司・奈良本英佑訳、サイマル出版、一九七五年。
（11）Elia Zureik, *The Palestinians in Israel：A Study in Internal Colonialism*, London：Routledge & Kegan Paul, 1979.
（12）以下を参照。Baruch Kimmerling, *Zionism and Territory：The Socio-territorial Dimensions of Zionist Politics*, Berkeley：Institute of International Studies, University of California, 1983.
（13）Gershon Shafir, *Land, Labor, and the Origins of the Israeli-Palestinian Conflict, 1982-1914*, Cambridge：Cambridge University Press. 1989.
（14）田浪亜央江「イスラエルにおける植民地主義をめぐる議論」『前夜』六号、一四七頁。
（15）平野聡「大規模騒乱と聖火リレーの抗議活動で、世界が注目した仏教徒の受難」『ジッポウ』七号、二〇〇八年、三五頁。

(16) 平野聡『大清帝国と中華の混迷』講談社、二〇〇七年、一四七、二六一、二八二、三〇〇頁。

(17) 西村成雄『20世紀中国の政治空間――「中華民族的国民国家」の凝集力』青木書店、二〇〇四年、一九六―八頁。

(18) 清水美和「格差社会の現状」『現代思想　チベット騒乱』二〇〇八年七月臨時刊、四二頁。

(19) 茂木敏夫「国民国家の建設と内国植民地」、宮嶋博史ほか編『植民地近代の視座――朝鮮と日本』岩波書店、二〇〇四年、九〇頁。

(20) 拙編前掲書、第五章拙稿「帝国日本と国内植民地・北海道」と第六章井上勝生「アイヌ民族共有財産裁判「歴史研究者の意見書」」を参照。

(21) 原田誠司・矢下徳治「沖縄自立経済のために」『新沖縄文学』第三九号、一九七八年。

(22) 原田誠司・矢下徳治『沖縄経済の自立にむけて　78年11月シンポジウム全記録』鹿砦社、一九七九年。

(23) 比嘉良彦・原田誠司『沖縄経済自立の展望　七九年第二回シンポジウム報告』現代景気研究所、発行：鹿砦社、一九八〇年。

(24) 新崎盛暉ほか編『沖縄自立への挑戦』社会思想社、一九八二年。

(25) 比嘉良彦「沖縄自立経済論の問題点」、『沖縄経済自立の展望』八頁。

(26) 吉村朔夫『日本辺境論叙説――沖縄の統治と民衆』御茶の水書房、一九八一年、三一四頁。

(27) 引用は『前夜』七号、二〇〇六年再録、九五、九八、一〇五頁。

(28) 同「九条と沖縄米軍基地は不可分の関係にある」『世界』七四〇号、二〇〇五年、四一―四二頁。

(29) 李建志『日韓ナショナリズムの解体――「複数のアイデンティティ」を生きる思想』筑摩書房、二〇〇八年、七七―七八頁。

(30) 川音勉「沖縄自立経済・再考」『情況』第三期八巻二号、二〇〇七年。

千島列島の内国化と国際的環境

――片岡侍従の千島派遣を中心に

麓　慎一

はじめに

日本は、樺太・千島交換条約によりウルップ島からシュムシュ島までの地域を獲得し、千島列島を統治することになった。シュムシュ島やホロムシロ島などの北千島には、帝政ロシアの統治下に置かれていた多くのアイヌが、この条約締結後も残ることになった。しかし、このアイヌたちも明治一七（一八八四）年には、千島列島南部のシコタン島に移住させられた。それにより、千島列島の北部（北千島）は、国民なき国土となった。この無人の土地に、片岡利和という一人の侍従が明治二四（一八九一）年から明治二五年にかけて派遣されることになった。[1]本稿は、片岡侍従の北千島（シュムシュ島・ホロムシロ島）調査を検討し、千島列島の内国化を促進した明治二〇年代中頃の国際的環境を明らかにする。

千島列島

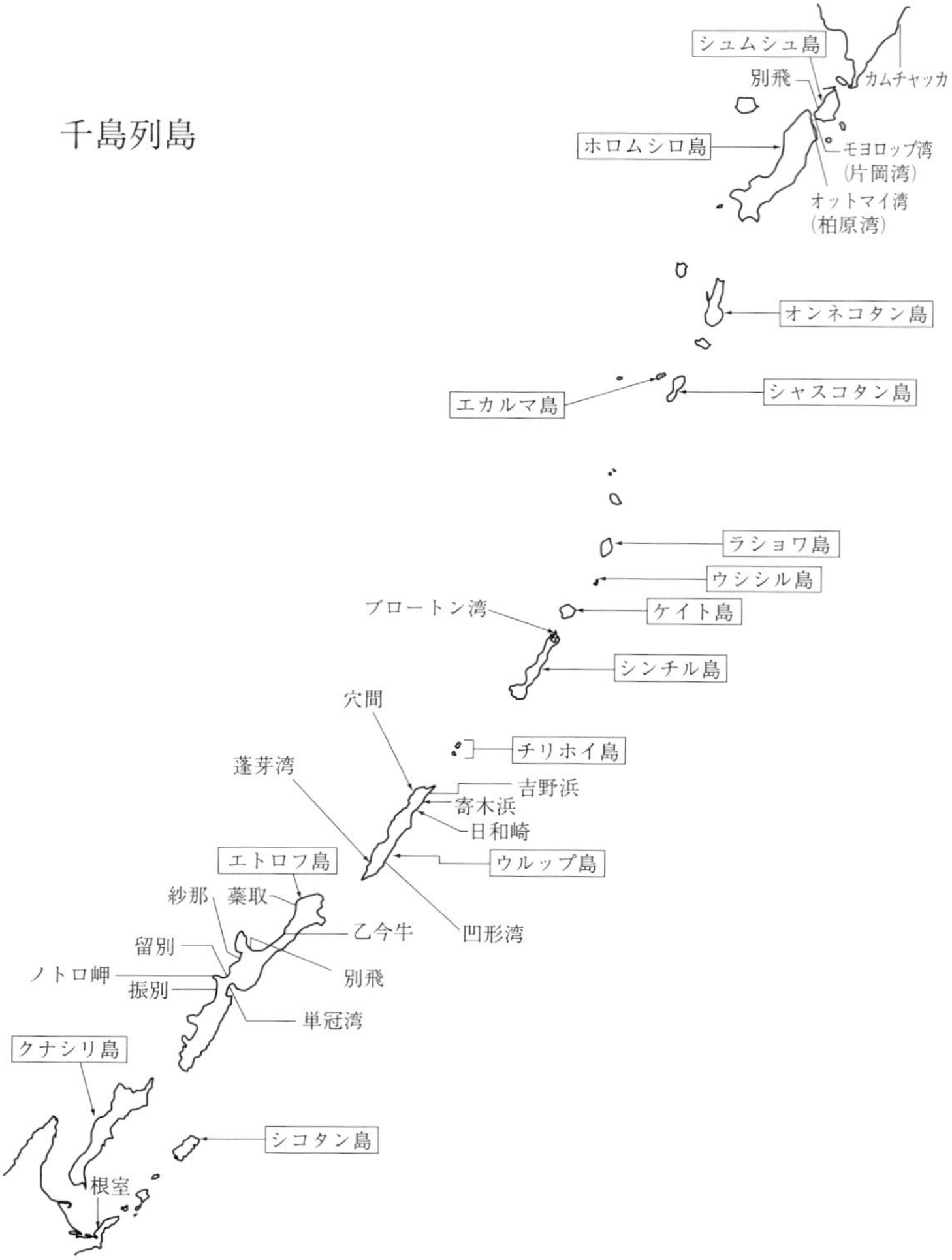

シュムシュ島
別飛
カムチャッカ
ホロムシロ島
モヨロップ湾
(片岡湾)
オットマイ湾
(柏原湾)
オンネコタン島
エカルマ島
シャスコタン島
ラショワ島
ウシシル島
ブロートン湾
ケイト島
シンチル島
穴間
チリホイ島
蓬芽湾
吉野浜
寄木浜
日和崎
ウルップ島
エトロフ島
紗那
薬取
乙今牛
凹形湾
留別
別飛
ノトロ岬
振別
単冠湾
クナシリ島
シコタン島
根室

1　エトロフ島における越冬とシュムシュ島の「密猟船」

片岡は、明治二四年一〇月一五日、上野を出発して一〇月一九日に函館に到着した。(2) ここで北海道庁属の多羅尾忠郎に面会している。片岡は、一〇月二七日に登別で渡辺千秋北海道庁長官と、千島巡視について会談した。二日後の二九日には札幌で北海道庁の遠藤書記官に「千島諸島案知ノ者」の同行を要請したが、道庁内に千島列島の状況を熟知している者はいなかった。それどころかエトロフ島以南の状況でさえ知っている者は少なかった。(3) そこで、シャスコタン島の硫黄調査に派遣されたことがあった北海道庁属の多羅尾忠郎を同行させることに決定した。多羅尾は、石炭の欠乏のために調査を達成することはできなかったが、それでも北海道庁内で千島列島の状況を知る数少ない者の一人であった。

その後、片岡は千島列島から戻った海門艦の艦長との面会を勧める渡辺長官の提言を受けていったん函館に引き返すことにした。一一月一〇日には海門艦の艦長松永雄樹から「千島諸島ノ模様」を聴取し、千島列島に関する最新の情報を入手することができた。(4) 片岡は、エトロフ島への定期船松前丸で一一月一二日に函館を出発し、根室を経由して、一一月一七日にエトロフ島の留別に到着した。

片岡は、一一月二六日、侍従職の岩倉具定に書翰を出してエトロフ島の薬取《シベトリ》で越冬することを伝えた。片岡のエトロフ島における越冬が明治天皇に伝えられると、明治天皇は「御沙汰」を出して自らの意向を徳大寺侍従長に伝えた。徳大寺は、一二月一四日付でその内容を片岡に書き送っている。(5) その「御沙汰」の内容は二点あった。第一は、気候条件によりシュムシュ島やホロムシロ島などの巡視が翌年まで実施できず、一カ所に数カ月滞在することになる場合には、「千島全国地理ノ概略取調」を行うとともにエトロフ島のアイヌや移住民などについての詳細な調査を実施して報告する、という指示である。第二は、冬季に調査が必要な「密猟景況」について、厳しい気候条件のために「極北諸島」での調査が実施できないならば、「密猟船出没ノ実況ハ発見ノ術計全ク無之者ニ候哉」と、密猟船の実態を見極められないのではないか、と疑問を呈し、これに対する見込みを報告するように求めた(6)。この徳大寺の書翰から判断すると、明治天皇は片岡侍従のエトロフ島での越冬に不満を持っていたようである。その不満とは、エトロフ島で越冬した場合には「密猟船」の実況、とりわけ千島列島の「極北諸島」における状況が明らかにできない、という点にあった。この点は、片岡侍従の千島列島への派遣理由を考えるうえで、示唆を与えてくれる。これについては次節で検討する。

片岡が、エトロフ島で越冬した状況も含め、明治二四（一八九一）年一一月下旬から明治二五年三月中旬までの動向を表1により概観する。片岡は、明治二五年二月一七日、多羅尾忠郎ら六人とともに「全嶋〔エトロフ〕巡視ノ目的ヲ以テ」、蘂取村を出発した。

片岡は、この巡視までの期間に、戸長や小学校の生徒などに天皇の「御真影」を拝謁させている。また、巡視の間も、紗那村・留別村・別飛村で「御真影」を拝謁させるなど、彼の行動は、常にエトロフ島の島民に天皇の存在を意識させることになった。さらに『復命書』によれば、紗那村や留別村では国旗が掲げられ、「千島拓殖繁盛ノ期方ニ迫ル」と歓迎されていることも確認できる(7)。片岡のエトロフ島の調査は、エトロフ島民に「御真影」の拝謁など国民統合の契機をもたらし、また一方で拓

表1　片岡侍従のエトロフ島調査状況

明治24年	
11月23日	薬取　子林精一・多羅尾忠郎を荷物受取のため別飛・紗那に派遣する。
24日	薬取　「御真影」を薬取戸長林正らに拝謁させる。
26日	薬取　「御真影」を役場において小学校の生徒に拝謁させる。
29日	薬取　遠藤写真師に薬取川上で写真を撮影させる。
30日	薬取　別飛へ派遣した子林精一・多羅尾忠郎が帰還する。
12月1日	薬取　函館より通済丸到来する。本年最終の航海となる。
6日	薬取　川畑庄介らと川上で鮭漁を行い500尾を得る。
10日	薬取　薬取村の全景を撮影する。
17日	ヒンネベツ　薬取から一里余のヒンネベツで一週間滞在予定する予定。
20日	ヒンネベツ　ヒンネベツの写真を遠藤写真師に撮影させる。
22日	薬取　北海道庁地理課紗那分遣所在勤篠崎宗右衛門と面会する。
29日	薬取　子林精一・小川猛虎のビライト川へ出発する。
明治25年	
1月1日	薬取　御真影を戸長林正以下村民一同に参拝させる。
4日	薬取　熊祭の開催と熊祭りの実行人への寄付（米・缶詰）を行う。
7日	薬取　戸長役場において川畑庄介らに「御真影」を拝謁させる。
30日	薬取　孝明天皇祭により家々国旗をあげる。
2月17日	薬取　エトロフ巡視のために6名とともに薬取を出発する。
18日	乙今牛　内保湾到着する。平出喜三郎の漁場を実見する。
19日	別飛　紗那の栖原番家に到着。紗那郡長簗瀬勇七以下30名の出迎えを受ける。
20日	紗那　紗那の調査を実施。紗那郡長簗瀬勇七の招待を受ける。
22日	紗那　紗那郡長簗瀬勇七とエトロフ島開発についての意見交換を行う。
24日	紗那　紗那郡役所において「御真影」を拝謁させ、紗那小学校生徒に「君ケ代」を唱歌させる。
28日	紗那　単冠湾に播磨丸到着の情報が入る。
3月3日	留別　留別戸長海野亀吉らの出迎えを受ける。
7日	留別　留別村民に御真影を拝謁させる。小学校で「君ケ代」を唱歌させる。
11日	紗那　紗那に到着し、簗瀬郡長らと面会する。
12日	別飛　別飛に到着する。
14日	別飛　高城重吉（エトロフ島のアイヌで「第一ノ財産家」）と面会する。
16日	別飛　別飛村民に「御真影」を拝謁させる。
17日	乙今牛　内保平出喜三郎漁場で小休止のあと乙今牛に到着する。
18日	乙今牛　乙今牛の村民9名に「御真影」を拝謁させる。
19日	薬取　乙今牛から薬取に到着する。

片岡侍従「日記」（国立国会図書館憲政資料室所蔵）より作成。

殖の期待を醸成させることになった、と推定される。

片岡はエトロフ島で越冬した後、千島列島の北方地域の調査を計画し、その準備に取り掛かった。最初に、航海のための船の確保を企図した。しかし、エトロフ島では船を確保することができず、いったん根室に戻り、汽船を調達する計画を立てていたとき、帝国水産会社の第一号千島丸（ラッコ猟船）が、五月一一日、紗那湾に入港した。[8] 片岡は、第一号千島丸で根室に戻り、汽船を調達しようとしたが、根室に戻っていては第一号千島丸が「猟期ヲ失スル而已ナラズ、利和〔片岡〕ノ密猟船視察ノ期ヲ失スル」[9] ことを懸念して、この船で「密猟船」の視察に向かうことに決した。

片岡がエトロフ島を出航し、その後シュムシュ島とホロムシロ島を調査したときの状況をまとめたのが表2である。片岡を乗せた第一号千島丸は、五月一七日、エトロフ島を出発した。五月一八日、ウルップ島のオンネモイ湾で越冬していた帝国水産会社の猟夫九名を乗船させている。[10] さらに、五月三一日にチリホイ島に到着し、ラッコ猟を行った後、再びウルップ島の穴間で越冬していた猟夫三人を乗せている。[11]

第一号千島丸は、自らのラッコ猟と片岡の密猟船の視察の時期を失しないために、ただちにエトロフ島を出港したのであるが、自らの事業を優先してウルップ島周辺でラッコ猟を行っていたことがわかる。

明治二五年七月三日になってようやく片岡らは、北千島のホロムシロ島に到着し、七月五日に最北端のシュムシュ島のモヨロップ湾に上陸した。そこで片岡はロシア商人の住居跡に天幕を張り住みはじめた。片岡を乗せてきた第一号千島丸はラッコ猟のためにすぐにシュムシュ島を出航した。[12] 片岡は、

表２　片岡侍従のシュムシュ島・ホロムシロ島調査状況

明治25年	
５月11日	紗那：エトロフ島　第一号千島丸が紗那湾に入港する。吉田船長らと面会する。
14日	紗那：エトロフ島　矯龍丸が到着し、「徳大寺侍従長ヨリ信書来ル」。
16日	紗那：エトロフ島　第一号千島丸に乗船することを決定する。
17日	紗那：エトロフ島　紗那湾を第一号千島丸で出発する。
18日	凹形湾：ウルップ島　ウルップ島で越冬した水産会社社員と面会する。
20日	吉野浜：ウルップ島　吉野浜に到着し、第三号千島丸に会う。
24日	海上：ブラットチエルボエフ島付近の海上に停泊する。
31日	チリホイ島　北東の湾に入港する。
６月４日	穴間：ウルップ島　穴間で越冬していた猟夫三人を乗船させる。＊1)
６日	吉野浜：ウルップ島　吉野浜から寄木浜へ移動する。
７日	寄木浜：ウルップ島　寄木浜を出港する。
９日	蕊取：エトロフ島　栖原番屋にて休憩する。
11日	蓬莱湾：ウルップ島　蓬莱湾アフンモイに到着する。
16日	日和崎：ウルップ島　小舟湾から日和崎に到着する。
24日	チリホイ島　チリホイ島に到着する。
７月３日	ホロムシロ島　北部の湾に到着する。
４日	オットマイ湾：ホロムシロ島　オットマイ湾（柏原湾）に到着する。
５日	モヨロップ湾：シュムシュ島　モヨロップ湾（片岡湾）に居住を定める。
18日	モヨロップ湾：シュムシュ島　イギリス船が到来する。
25日	モヨロップ湾：シュムシュ島　シュムシュ島からホロムシロ島を撮影する。
27日	別飛：シュムシュ島　別飛周辺の調査を実施する。モヨロップ湾に帰還する。
８月４日	モヨロップ湾：シュムシュ島　第一号千島丸が到着する。
５日	モヨロップ湾：シュムシュ島　第一号千島丸でシュムシュ島を出港する準備を行う。
６日	オットマイ湾：ホロムシロ島　片岡を迎えるため軍艦磐城艦が入港する。艦長柏原長繁と面会する。
28日	オットマイ湾：ホロムシロ島　ホロムシロ島を出発する。
９月３日	根室：北海道　根室に到着し、歓迎を受ける。

「日記」より作成。
＊1）は「明治二十五年四月ヨリ仝十月ニ至ル千島各島巡回日誌報告写　帝国水産株式会社所有第一号千島丸乗組米谷大城」（国立国会図書館憲政資料室所蔵）で補った。

八月五日に第一号千島丸が迎えに来るまでの一カ月間をシュムシュ島で過ごすことになった。

この一カ月間の調査で片岡が特に注目したのは、七月一八日にやってきたイギリス船のことである。『復命書』の「密猟船ノ景況」の箇所で詳細に触れられていることからも、この船が片岡に強い印象を与えたことがわかる。片岡の『復命書』を手がかりに、この船の動向を概観する。七月一八日の午前九時半ごろ外国船がシュムシュ島に入港し端船二艘で一四人が上陸した。日本側が、その上陸理由を問い質すと、外国側はイギリスの捕鯨船であり、悪天候を避けて入港したことと飲料水の補充を求めた。その上で、彼らは「本島〔シュムシュ〕ハ魯国ノ版図ト思考セシニ日本ノ版図ナル事ヲ初メテ知レリ」[13]と述べ、一度は出港したもの、再び入港した。日本側が、船型を確認すると端船四艘を乗せたラッコ密猟船であることが判明した。日本側が再入港の理由を尋ねると悪天候のため航行が不可能になった、と回答してきた。しかし、その後上陸した密猟船の船員たちは山野を奔走し、海上の端船からは銃声が聞こえてきた。明らかに密猟が行われていたのである。この船は、ようやく八月二四日になってシュムシュ島を出港した。結局、日本側は、ラッコの密猟に対して何の規制も加えることができなかったのである。片岡は、この問題について「我北門ノ鎖鑰タル千島ニ於ケル国防ノ全キヲ得、併セテ天賦ノ産物ヲ挽回セン事ヲ敢テ企望シテ止マザルナリ」[14]と心情を吐露している。伝聞ではなく、自身の目の前で行われた密猟に片岡は、千島列島の現実を知ったのである。

2 千島列島調査と明治天皇

片岡侍従が、千島列島に派遣された理由をもう少し明確にしよう。この点について、派遣後に出された『復命書』には「北海道千島国全島探検ノ命ヲ奉シ」とあり、千島列島の「探検」がその理由であったことがわかるが、この点をふまえて、この「探検」の中心的な課題をあきらかにしたい。片岡は、千島列島の調査中、徳大寺侍従長や岩倉具定侍従職に状況を報告し指示を仰いでいた。派遣理由を明らかにするために、徳大寺が、明治二五年三月一五日、片岡に送った次の書翰に注目したい。

過日子林属ヨリ侍従職〔岩倉具定〕へ之書通ニテハ播磨丸航海致候趣ニ付、最早拙官〔徳大寺〕ヨリ之書状も御披見之事と存候。扨列風積雪之為メ道庁ヨリ之諸島検探船も相廻ラサル程之実況ニ候哉。左候時ハ兼而御出張之主眼タル臘虎密猟之検探ハ到底難成事ニ候哉。夫レモ猶雪氷解融之節ニ至リ巡視相成候へハ右効力有之者ニ候哉(15)

「子林属」とは片岡に随従していた侍従属小林精一である。この小林が侍従職岩倉具定に出した書類から「播磨丸」の航海状況を徳大寺侍従長が知ったのである。「播磨丸」とは、二月二八日にエトロフ島の単冠湾に到着した日本郵船会社の船である。北海道庁の補助金を得て冬季における航路を確保する目的で特別に運航された船である。(16) 徳大寺は、前年の一二月一四日付で片岡に書翰を送付していたが、悪天候のため届いていないことを知っていた。この「播磨丸」の運航により前回の書翰(「拙官ヨリ之書状」)が到着していることを確認しているのである。徳大寺は、千島列島の厳しい天候のために北海道庁の「検探船」も派遣できないのではないか、との懸念を表明している。それにより片岡の「出張之主眼」である「臘虎《ラッコ》密猟之検探」、すなわちラッコの密猟に関する調査もできないのではないか、と危惧しているのである。ここから片岡の千島列島派遣の任務が外国船によるラッコの密猟調査だったことが確認できる。

それに加えてこの書翰からは、この問題に明治天皇が強い関心を持っていたこともわかる。書翰にはつづけて次のように記されている。

何分御出張後、実地ニ於テ貴下〔片岡〕之御考案并ニ実歴之詳細等被　知食度トノ旨ニ付、既往将来之目的并実況等詳細速ニ御回報可有之此段申進候

明治天皇が千島列島を実見している片岡の考えや実情を知りたがっているので「既往将来之目的并実況」などを速やかに報告するように徳大寺は指示している。明治天皇はできるだけ早くこの問題に関する片岡の意見を聴取したかったようである。さらに片岡の派遣理由がラッコの密猟調査にあることは、彼が帰京した後の次の状況からも確認できる。

片岡は、帰京してすぐの明治二五年一〇月三日に宮中で明治天皇に千島列島調査についての報告を

行っている。[17] 徳大寺は天皇から片岡が行った報告の内容を聞き、自らも「密猟防衛ノ法方」について聴取したい、と書翰を片岡に出している（一〇月九日付）。さらに徳大寺は、片岡の意見は「国家重要問題」なので、書面による報告を求め、特に「我国鴻益ノ海産物ヲ外人ニ掠奪セラレ該産物ヲ買入候損失ハ莫大之儀[18]」と、密猟によって外国人に獲られた毛皮獣を日本が購入することで莫大な損失を負っている、と嘆いている。そこで「密猟船取締方法」が速やかに考案される必要がある、と指摘する。このように自らの意向を伝えた徳大寺は、この問題に関連して明治天皇が、侍従という「高等官」を派遣しただけの実効がなければならない、と考えている点も片岡に知らせている。片岡は、外国の密猟船によるラッコなどの密猟の状況を調査するだけでなく、その対策を考案することも求められていたのである。

千島列島における密猟の問題は、この時期の帝国議会でも問題になっていた。次に紹介する議事は、片岡の派遣の理由だけでなく、その経緯についても示唆を与えてくれる。第二回帝国議会で検討された千島列島の調査費用（「千島探究費」）の議事の中で、東奥日報社長の経歴をもつ衆議院議員工藤行幹は、樺太・千島交換条約後、明治政府も北海道庁も千島列島に対する事業に着手しなかったのに対し、ロシアなどの外国人が千島列島に手を出してきた、と述べて千島列島の危機的な状況を訴えている。この外国人の千島列島に対する関与とは、密猟のことを指しているのであり、さらに千島列島がロシアなどから「蚕食」されることを意味している。[19] この危機を受けて、

岡本監輔ナル者ガ日本ノ為ニ痛ク之ヲ憂ヘテ、自分ノ財産ヲ擲ツテ彼ノ地ヲ探究スルト云フノデス、

ソレデ我ガ天皇陛下ニ於カセラレテモ、忝クモ先般侍従ヲ御差遣シニナッタト云フ位デアリマス[20]

と述べている。千島列島における密猟の状況を受けて、岡本監輔という人物が私財を投じて千島列島の探検に向かった[21]。それを契機に明治天皇が侍従を派遣したというのである。この侍従が片岡利和であることは説明を要しないであろう。このように、衆議員議員工藤行幹の「千島探検費」に関する発言から、天皇が片岡を派遣した契機となったのが岡本監輔の千島調査であったことが確定できた。

さらなる問題は、岡本監輔なる人物が「憂へ」、片岡が千島列島に派遣されることになった千島列島をめぐる国際的環境の解明である。

3　環太平洋における国際的環境の変容と千島列島

明治政府が、千島列島、とりわけ北千島におけるラッコなどの密猟を取り締まることになったのは、明治八（一八七五）年の樺太・千島交換条約によって、ウルップ島以北の千島列島を領有したためである。さらに、明治一七（一八八四）年七月に北千島のアイヌをシコタン島に移住させたことも影響していた。このシコタン島への移住により北千島は、国民なき国土となった。たしかにそれ以前にあっても、北千島のアイヌたちは、ロシア語を話しロシアの生活習慣を保持していた。明治政府は、樺太・千島交換条約後、ほぼ二年に一度、船を派遣して北千島のアイヌに物品を給与し、彼らが獲得したラッコなどの毛皮を購入していたが、このような関係をもって彼らを統治している、と呼べる状況にないことは公然のことだった。とはいえ、日本に同化されていなくともシュムシュ島やホロムシロ島に日本人が居住していることは領土の証としての意義があった。しかし、その証も先のシコタン島へのアイヌの移住により喪失してしまったのである。

問題は、千島列島がこのような要因にのみ規定されていたわけではなかったことである。より大きな問題は、千島列島が環太平洋の国際的な秩序再編に吸収されつつあった、という点である。この環太平洋をめぐる秩序の再編は、帝政ロシアの植民地経営の問題と関連していた。帝政ロシアは、慶応三（一八六七）年までロシア領アメリカ、すなわちアラスカを植民地として統治し、その経営を国策会社である露米会社に委ねていた。しかし、アラスカをアメリカ合衆国に売却し、露米会社も閉鎖したことにより、環太平洋の秩序は大きく変動した。アメリカ合衆国はアラスカを購入したものの、すぐにはアラスカを含む環太平洋の統治体制を確立することができなかった。アメリカ合衆国は、アラスカ貿易会社に二〇年にわたる漁猟権を与えるとともに漁猟制限を行い、海洋資源の管理を企図した。[22]アラスカ貿易会社は、アメリカ政府に一年間に五万五〇〇〇円の上納金の他、捕獲した毛皮獣とそれから採れる油に応じて上納金を支払った。明治二四（一八九一）年七月にアラスカ貿易会社の漁猟地借用期限が切れると北米商会がこれを引き継いだ。

帝政ロシアからアメリカ合衆国にアラスカが売却されたことと環太平洋地域の密猟問題がどのように関係しているのか、という点について阿部敬介という人物が明治二六（一八九三）年三月に「東部アラスカの土人及其風俗」と題して数回にわたって『時事新報』に掲載した新聞記事を手がかりに検討を加えたい。[23]最初に、この記事を執筆した阿部敬介という人物を確認しておきたい。阿部敬介は、明治一九(一八八六)年一一月にアメリカに渡航し、アメリカ合衆国大蔵省税関局巡邏艦ベーヤ号に雇用され、後にアラスカのポイントバーロー避難所の助役を務めた人物である。当時、環太平洋地域の状況を詳しく知っていた数少ない日本人の一人である。

彼は、帝政ロシアがアラスカ(ロシア領アメリカ)を売却するまでの状況を「未だ露政府のアラスカ州を米国に譲与せざる前はベーリング大海を以て自園の池塘の如く見做し、外国船に対して其入海漁猟を禁じ」たと述べる。すなわち、帝政ロシアはベーリング海域を「池塘」(溜池)のように捉え、この海域への進入と漁猟を禁止していたのである。そして、その権利を主張する範囲は、千島列島のウルップ島周辺まで及んでいた。アラスカをロシア領として環太平洋を一瞥するならば、太平洋を傘のように覆う形で帝政ロシアの領土が広がっていることを想起することができる。阿部は、そのような地理的状況をふまえた上で、帝政ロシアの密猟船の対応を「〔ロシア〕政府は之を主張決行せんか為に常に堅牢なる兵艦を以て外国密猟船を容赦なく砲撃沈没せり」と指摘する。すなわち、帝政ロシアの密猟船への対応は、厳格で密猟船を発見すれば容赦なく砲撃し、撃沈していたというのである。それゆえ、帝政ロシアがアラスカを領有していた間は、イギリスでさえロシアの対応を黙認していたというのである[24]。それに対して、帝政ロシアがアラスカを売却した後の状況について、

合衆国が此全土の主となりし以来は現にラッコ皮を搭載し或は之を屠殺するを見認むるに非すんば、敢て船舶を差押へて之を裁判所の下に判決懲罰せざりしが故に密猟船の年々此地に入込むもの多く[25]

と指摘する。すなわち、アメリカ合衆国の対応は、ロシアのそれと比較して厳格ではないというのである。アメリカ合衆国は、密猟船がラッコを搭載しているか、ないしは密猟しているところを目撃しなければ処分しなかったのである。ロシアの監視船が密猟船を発見次第、砲撃するのとではその対応に大きな相違があった。それゆえ、アメリカ合衆国がアラスカを領有して以来、密猟船がアラスカ近海に入り込むようになってきた、というのである。

この時期は特にカナダの密猟船が問題になっており、アメリカ合衆国とイギリスの国際紛争となっていた。カナダはイギリスの自治領であったが、外交権は付与されていなかった。それゆえ、この問題の交渉はアメリカ合衆国とイギリスの間で行われていた。最初にオットセイ猟の規制が検討され、イギリスとアメリカ合衆国の間で一八九二（明治二五）年に暫定的な条約が締結されると、カナダの密猟船はロシア領以東のベーリング海でオットセイ猟を自由に行えなくなっていった。阿部敬介は、イギリスがアメリカ合衆国と条約を締結しベーリング海の閉鎖に同意した背景には、カナダの密猟船が「好猟地」を他に発見したことと関連があるのであろう、予想している。その「好猟地」とは、密猟船に対して厳格なロシア領は当てはまらないし、また一方で太平洋北部だけでは密猟船は十分な収入が得られないであろう、と推測したうえで、結局「我備なき北門の千島群島に入込むは必然の事なるべし」と漁猟をめぐるイギリスとアメリカ合衆国の海洋秩序の再編の中で、防備のない日本の千島列島が密猟の中心になると推定している。

おわりに

片岡侍従が千島列島に派遣された明治二四（一八九一）年から明治二五年は、千島列島が環太平洋における国際的環境の変容と海洋秩序の再編の中で毛皮獣の密猟地として注目された時期だった。日本の国家領域内にある千島列島で跋扈するラッコなどの毛皮獣の密猟者をいかに対処するのか、という問題は国家的な課題として認識され施策が必要な段階に来ていた。明治天皇も自国の海域内で公然と行われる密猟に何らかの手立てを講じなければならない、と考えて片岡侍従を派遣したのであった。

千島列島が樺太・千島交換条約によって日本の国家領域になっても、その統治は日本という国家の力量に左右されるのである。この段階にあっては、千島列島に実効支配が及んでいる、と評価できる状況にはなかった。さらに、片岡侍従が派遣された千島列島の北部は、自国の国民さえも存在していなかったのである。この後、千島列島には、「報効義会」という組織のメンバーが移り住み、開拓を行うことになる。「報効」は、明治天皇の意向で付された名称で、天下国家のために死をもって「忠」を尽くすことを意味した。明治天皇が、「報効義会」を支援した背景には、片岡侍従の千島派遣があった。片岡侍従の千島派遣は、その内国化の重要な契機となっていたのである。(26)

千島列島を国家領域として実効支配するための施策が環太平洋をめぐる国際的環境の変容——特に海洋秩序の再編——に触発されて展開したことを明らかにすることができた。すなわち、千島列島の内国化は、この段階にあっては資本主義の外延的発展の延長線上にあるのではなく、環太平洋の国際的環境の変容に規定されていたのである。

注

（1）従来、片岡の千島列島の調査に関しては、彼に同行した北海道庁属多羅尾忠郎による『千島探検実紀』が著名であり、それによりエトロフ島の調査が詳細に実施されたことがわかる。多羅尾忠郎の『千島探検実紀』（明治二六［一九八三］年五月）については一九七四年二月に国書刊行会から出版されたテキストを使用した。『千島探検実紀』は、明治二五（一八九二）年一〇月二一日に多羅尾忠郎（北海道内務部地理課）が北垣国道（北海道庁長官）に提出した『千島状況調』（国立国会図書館憲政資料室所蔵［北海道立文書館所蔵複写本］BO-17・4）が基になっている。

（2）「日記」（国立国会図書館憲政資料室所蔵［北海道立文書館所蔵複写本］BO-17・5）明治二四年一〇月一五日条。以下、片岡の行程については、基本的にこの「日記」による。

（3）「日記」明治二四年一〇月二九日条。

（4）「日記」明治二四年一一月一〇日条。

（5）「徳大寺侍従長書翰」（片岡侍従宛［明治二四年一二月一四日付推定］）BO17-7（3）。

（6）同右。

（7）「択捉島ノ旅行」『復命書』（国立国会図書館憲政資料室所蔵［北海道立文書館所蔵複写本］BO-17-1）。

（8）「日記」明治二五年五月一一日条。

（9）「択捉島ノ旅行」『復命書』。

（10）「日記」明治二五年五月十六日条。「片岡侍従の探検地」『時事新報』明治二五年九月二〇日。

（11）『明治二五年四月ヨリ仝年十月ニ至ル千島各島巡回日誌報告写（帝国水産株式会社所有第一号千島丸乗組米谷大城）』（国立国会図書館憲政資料室所蔵［北海道立文書館複写本］BO-17・12）（以下『報告写』と略記）ならびに「日記」明治二五年六月二九日付を参照した。

（12）『報告写』明治二五年七月五日条。

(13)「密猟船ノ景況」『復命書』。

(14)『復命書』。

(15)「徳大寺侍従長書翰」（片岡侍従宛〔明治二五年三月一五日付〕）BO17・7。

(16)「千島への冬期試航」『時事新報』明治二五年二月二〇日付、「千島試航の補助金」『時事新報』明治二五年三月一七日付。

(17)「片岡侍従の帰京参内」『北海道毎日新聞』明治二五年一〇月九日付。この参内で片岡が明治天皇に行った報告の詳細は不明である（概要は「聖慮を焦がさしむ勿れ」〔『日本』明治二六年一月六日付〕）によって知ることができる）。公式的には片岡が帰朝後に提出した『復命書』から千島調査の内容を知ることができる。

(19) この点について工藤は「之（千島列島）ニ密猟ヲシテ若干ノ利益ヲ得テ居ルト云フ様ナ有様デアル、サウシテ追々露西亜アタリカラ、段々蚕食シテ来ル恐レガアルト云フ位デアリマス」（『帝国議会衆議院委員会議録　明治篇　1　一・二回議会　明治二三年』東京大学出版会、一九八五年、四一二頁）と指摘している。

(20)『帝国議会衆議院委員会議録　明治篇　1　一・二回議会　明治二三年』四一二頁。

(21) 岡本監輔は、「千島義会」を設立して千島の開発を提唱した人物である。千島義会については別稿で検討する予定である。

(22) 阿部敬介『北氷洋洲及アラスカ沿海見聞録』一八九五年一〇月、七五頁以下。阿部敬介は、明治二七（一八九四）年一一月に日本に一時帰国し、この本を出版した。

(23)『時事新報』二月一七日、三月一九日、二一―二四日。

(24) 阿部は、この点について「彼の露国政府の此地（アラスカ）を領せる間は彼の海王の名を有せる英国すら口を閉ちて彼の大胆無法を黙視せり」（「東南部アラスカの土人及其風俗」『時事新報』三月一九日付）とも述べている。

(25) 同右。

(26)「報効義会」については、拙稿「明治中期の千島開発について――海軍大尉郡司成忠のシュムシュ島移住を中心に」(『新潟大学教育人間科学部紀要』一〇巻二号、二〇〇八年)を参照していただきたい。

付記：本稿は、科学研究費補助金「帝国の法的形成に関する比較歴史社会学研究『日本帝国』の『内国植民地』を中心に」(基盤研究B　研究代表者西川長夫)および「露米会社の極東経営と北方世界」(萌芽研究　研究代表者麓慎一)の研究成果です。記して感謝します。

市場・群島・国家
――太平洋世界／小笠原諸島／帝国日本

石原　俊

海賊たちは、海上で他の船に合図を送るとき、自分たちが国家への帰属を拒んでいることを強調し、きまって次のように表明する。「おれたちは海から来たんだ！」

――ピーター・ラインバウ&マーカス・レディカー

市場はエコノミーの内部で機能する制度ではなく、その外部で機能する制度である

――カール・ポランニー

1　海から来た日本国民

日本帝国はその形成過程において、〈海から来た〉人びとの群れを捕捉した。

東京都心の南方約一〇〇〇キロ、ミクロネシア・北マリアナ諸島最北端の有人島であるアグリハン島の北方約一〇〇〇キロ（サイパン島からは約一四〇〇キロ）に位置し、現在日本国の主権下に置かれている小笠原諸島（Bonin Islands）は、一九世紀初頭まで実質的に無人島であり、すべての住民が移住者とその子孫から構成されている群島である。(1)

現在唯一の外洋定期船「おがさわら丸」と父島二見港（石原撮影、2007年）

現在日本国の主権下にある島の中で、もともと無人島であり一九世紀以降に入植が進められた事例は、沖縄島と父島の間に位置する南大東島、八丈島と父島の間に位置する鳥島（現在は無人島）、母島の南方に位置する硫黄諸島（現在は民間人の再居住は許可されず日本国自衛隊とアメリカ合衆国海軍が駐留）など少なくない。こうした事例の多くは、日本帝国政府の許可を得た民間の事業者が、「内地」から移民団を送りこんで開発を進めた点で共通している。小笠原諸島においても、一八七五年の日本帝国による占領開始後に「内地」から多くの人びとが移住した。[2]しかし占領開始前から住み着いていた人びとは、大部分が「外国」からの移住者であった。彼らは〈海から来た日本国民〉となったのである。

2　市場の編成、群島の生成

太平洋におけるグローバリゼーション

彼らはなぜ、どのように、〈海から来た〉のであろうか。それには、当時の太平洋世界におけるグローバリゼーションの展開をふまえる必要がある。

太平洋において長距離を移動する船舶は一八世紀半ばまで稀であったが、一八世紀末になるとアメリカ合衆国を拠点とする経済活動が太平洋世界へと展開しはじめる。イギリス帝国のように東インド会社や南海会社の交易独占権に縛られていなかったアメリカ合衆国の商人たちは、一八世紀末以降、北太平洋ではラッコ、オットセイ、ビーヴァーなどの毛皮交易において、南太平洋では捕鯨業において、イギリス帝国の商人たちを圧倒して進出していった。木村和男が詳細に叙述するように、北太平洋ではラッコなどの毛皮を輸出品とし、茶を輸入品として、アメリカ合衆国北東部（ボストンなど）―ホーン岬―北米大陸北西海岸―ハワイ諸島―中国大陸（広州）を回る航路が確立されたが、「ゴールデンラウンド」と呼ばれたこの航路こそ、北太平洋におけるグローバリゼーションの嚆矢であった。[3]

一八二〇年以降、この「ゴールデンラウンド」を介した商船の活動は次第に終息していくが、これに代わって太平洋北部に捕鯨船が進出する。アメリカ合衆国で原油が採掘される以前、照明用燃料、機械の潤滑油などに使用された鯨油やアザラシの油は、世界市場における主要商品のひとつであった。アメリカ合衆国北東部を拠点に太平洋で活動する捕鯨船は、一航海二年半～四年半という長いサイクルで鯨を探して動きまわるようになった。そして一九世紀前半のアメリカ合衆国の工業生産に投入された資本は、毛皮や鯨油など太平洋における漁業生産物から得られた富によって供給を受けたのである(4)。

南太平洋におけるマッコウクジラの漸減にともなって北西太平洋へと鯨の主要な猟場が移動し、この海域にアメリカ合衆国東海岸を拠点とする捕鯨船が急増したのは、一八二〇年代のことである。だが当時、本州・四国・九州から奄美・沖縄にかけての群島は、幕藩体制および琉球王国による海禁(鎖国)政策の下にあり、これらの島々に捕鯨船が寄港することは困難であった。そうした状況下で、北西太平洋の猟場の中心に位置し二見港(Port Lloyd)という大型船が碇泊可能な港をもつ小笠原諸島の父島は、北西太平洋で活動する捕鯨船の補給地として脚光を浴びるようになる。北西太平洋が捕鯨業を軸として世界市場に包合されていくプロセスで、小笠原諸島にもグローバリゼーションの前線が押し寄せてきたのである。

このような一九世紀の太平洋におけるグローバリゼーションのあり方は、ユーラシア大陸におけるグローバリゼーションの展開と必ずしも同列に論じられるべきではない。西欧―中国大陸を中心とする見方に沿うなら、一八世紀末から一九世紀半ばにかけて欧米諸国とりわけイギリス帝国が推進した清朝などに対する開港や自由交易の要求は、資本主義的生産の発達にともなう商品市場の拡大をめざしていたとされる。だが欧米諸国の徳川幕府や琉球王府に対する開港要求は、商品市場を直接開拓することよりも、中国大陸との交易中継地の確保を主たる目的としていた。また周知のペリー艦隊の遠征が、幕藩体制下に漁船(猟船)の寄港地を獲得しようとする船主や船員たちの切実な要求を背景としていた点も、強調されねばならない[5]。

一九世紀前半の北西太平洋におけるグローバリゼーションの前線に置かれていたのは、二〇～三〇人乗りの帆船で海洋や寄港地を移動していた商船員や捕鯨船員たちだったのである。

移動民の生と群島の意味

エルモ・ホーマンらが詳細に述べるように、当時の太平洋などで活動する捕鯨船員のあいだには、母船のトップである船長、鯨の捕獲時に母船から繰り出す捕鯨用ボートの指揮をとる航海士などの労務管理者層から、ボートを漕ぐ単純肉体労働者である最下層の水夫まで、たいへん厳格な階級関係が存在した。労働の内容や報酬だけでなく、船内での日常的な居住環境や食事に至るまで、差別化は徹底していた。そのうえ、船内での衣食住の供給を一手に握る上層船員が下層船員をコントロールする際には、パターナリスティックな手法とともに、しばしば恫喝や監禁、殴打や鞭打ちなどの肉体的暴力が発動された。狭い船内空間で下層船員は、加虐的快楽を満たさんとする上層船員や同僚からのいじめやリンチ、また性暴力に遭うことも珍しくなかった[6]。社会史家のマーカス・レディカーがいみじくも表現するように、長距離交易船や遠洋漁船は「暴力の文化」によって秩序づけられた「全制的施設（total institution）」であった。

レディカーやピーター・ラインバウは、世界市場の拡大の波に乗って移動する「雑多な船乗り（motley crew）」が市場や国家の力とどのようにわたりあいながら生き抜いてきたのかを、膨大な資料を用いて描きだしている。レディカーらの視座の独創性は、世界市場の拡大によって産みだされた海洋労働者の群れが、国家の力や船内の秩序と折り合い・たたかいながら日々を生き抜くプロセスで、結果的に市場や国家の影響力からも自律していく様態に着目した点にある。彼らの研究対象は一七〜一八世紀の環大西洋／間大西洋世界（Trans-Atlantic world）が中心であるが、その視座は一九世紀の環太平洋／間太平洋世界（Trans-Pacific world）を考える際にも欠かすことができない。

レディカーらは、「全制的施設」としての船上の労働過程に置かれた商船や漁船の下層船員たちが、上層船員による暴力の縮減、衣食住の改善、船内における階級関係の変更、労働過程からの離脱などをはかるために、サボタージュ、ストライキ、反乱、海賊行為、逃亡などの方法を通して試行錯誤するプロセスを詳細に描きだす。これらの諸実践の中で、すこしでもよりよい生を獲得するために——レディカーはその生の指標を「社会的賃金」と表現する——彼らが最も容易に行使できる有効な方法は、船長らへの直接的対抗よりも、船上の労働過程からの離脱や逃亡であった。彼らは生き抜くために、寄港地や船舶をわたり歩きながら、世界市場の波に乗って移動する船舶の群れからも自律した、遠心力的というべき動きをみせた。レディカーがいうように、彼らにとって最も強力な武器はその「自律的移動性（autonomous mobility）」にあった[7]。

下層船員たちとって労働過程からの離脱のチャンスは、船内で反乱が起こったり海賊船に襲われたりするケースを除けば、多くは寄港時に訪れる。当時の捕鯨船の寄港地は、船員たちにとってさまざまな意味をもっていた。寄港地は船舶にとって、船体の修理や薪水・食料の補給などを行う場であり、商船の場合は積荷の取引を行う場でもあった。だが船員たちにとっては、航海中に不足しがちである新鮮な食料とりわけ野菜・果物などを摂取できるだけでなく、船内のさまざまな労働規律や環境的制約から解放され、航海中に自由にならない飲酒にふけったり性欲を満たしたりする場でもあった。

ホーマン、森田勝昭、山下渉登らがまとめているように、劣悪な居住環境と厳しい労務管理下に置かれている下層船員が耐えかねて寄港地で船を降りたいと思っても、彼らの大部分が船主への借金を抱えていたため、それは困難であった。労務契約前には借金を抱えていない者でも、航海中に必要な日用品ばかりか食事代やベッド代（！）までもが報酬から天引きされ、さらに船主と癒着した業者らの甘言に乗せられて航海前に高額の仕事着や仕事用具を前借で購入させられる者も少なくなく、ほとんどの下層船員が結果的に借金を作らされていた。しかも捕鯨船員の報酬は、鯨油の総搾取量に応じた後払いであった。それでも捕鯨船に乗った夥しい数の捕鯨船員が、連れ戻されるとリンチに等しい懲罰の対象になることを覚悟のうえで、洋上の島々で決死の脱走を決行した。太平洋上の島など法の追及から比較的逃れやすいと思われる寄港地では、この傾向は顕著であった。捕鯨船の側は離脱者や死者が出て労働力が不足した場合、寄港地の島において新たな乗組員を勧誘・調達せねばならなかった。(8)

一九世紀の太平洋上の島には、捕鯨船の労働過程から離脱した自称「白人」が住んでいた。彼らは「ビーチコーマー（beach comber）」あるいは「ショーラー（shoaler）」や「シーズナー（seasoner）」などとよばれていた。オスカー・スペイトが簡潔に定義するように、「ビーチコーマー」とは「自主的にもしくはやむをえず白人社会から離れ、程度の差はあれ〔島の〕現地社会に統合された」人びとであり、島で船舶の過酷な労働現場から逃亡した者、船長の同意の下で船舶を降りた者、船舶から置き去りにされた者、自然災害や海賊行為による遭難船から脱出した者など、雑多な存在から成り立っていたが、最も多かったのは逃亡者であった。うまくホスト社会に受け入れられた場合、彼らは島の住民に混じって過ごし、場合によっては住民の女性と結婚する者もいた。一九世紀の中部太平洋や南太平洋の「ビーチコーマー」のなかには、王や首長たちに銃器を供給したり、寄港する欧米の船舶との交易仲介者や労働力調達者として活躍したりしながら、島の社会で王や首長に次ぐ地位に上り詰めたケースもある。このように島の社会に定住しつづける者もいたが、元捕鯨船員の「ビーチコーマー」には、数カ月から数年間島で過ごした後、島での生活に困難をきたすと再び捕鯨船に雇われ、しばらく船上で働いてから別の島で捕鯨船から降りるといった、移動と寄留をくり返す人びとも多かった。

また捕鯨船などに雇用された太平洋の島々の「原住民」は、「カナカ（kanaka）」と呼ばれていた。「カナカ」も「ビーチコーマー」と同様、まさに一九世紀の太平洋におけるグローバリゼーションとともに広まった呼称である。「カナカ」はもともとポリネシア語のハワイ方言で「人」を意味していたが、ホノルルが捕鯨船の寄港地として発展する過程で、捕鯨船の上層船員がハワイ諸島でリクルートした「原住民」を指す言葉として使われるようになり、その後太平洋の島で捕鯨船に雇用された「原住民」一般を表すカテゴリーとして、さらには太平洋の「原住民」一般を示すやや差別的な呼称として、広まっていったようである。(9)

彼ら「ビーチコーマー」や「カナカ」たちの生は、当時の世界市場の前線を移動する船舶の過酷な労働過程に身を置きながら、事情が許す限り市場の影響力からも脱して群島で生活しようとする、遠心的な力をはらんでいた。彼らは世界市場の拡大によって産みだされながら、市場の影響力からも自律していこうとする、太平洋の“motley crew”すなわち移動民の群れであった。ここでいう移動民は、単に頻繁に居住地を移す人のことではなく、その生が定住を軸として形作られていない存在を意味している。市場や国家の力と渉りあいながらその「自律的移動性」を駆使して生き抜く人びとにとって、動くということは定点に居住していること（定住）に対する副次的な行動（定点から定点への移住）に収まりきらない意味を持っている。彼ら移動民にとって〈動くこと〉と〈とどまること〉は、生のプロセスの中で状況に応じて選択される互いに等価な実践なのである。[10]

そして小笠原諸島にも、グローバリゼーションの波から逃れて自らの「社会的賃金」を高めようとする雑多な移動民が集まってきた。小笠原諸島が太平洋上の多くの群島と決定的に異なっていたのは、船を降りた者がわたりあうべき旧来の定住者の社会秩序が存在しなかったことである。この群島には、「ビーチコーマー」や「カナカ」と呼ばれたグローバリゼーションの〈落とし子〉たちの手によって、グローバリゼーションの波から自律する社会領域が創られていったのである。

3　群島のエコノミー、国家の介入

生成する群島のエコノミー

一八三〇年、シチリア島出身だといわれるマテオ・マッツァーロらが、ホノルルのイギリス帝国領事から支援を引きだして約二五名の移民団を組織し、アメリカ合衆国の商人が所有する捕鯨船に便乗して小笠原諸島に渡航した。この移民団は、リーダーのマッツァーロをはじめ欧米出身を自称する五名と、オアフ島でマッツァーロらに開拓のための「召使い」や「妻」として勧誘された「カナカ」二

○名——男性七名・女性一三名だといわれる——から構成されていた。

後の聞き書きによれば、マッツァーロらはホノルルを出発する前に、「小笠原諸島は天国であり、しかも太平洋の天国であるばかりか全世界の天国だと耳にして」いたという。彼らは、この群島が「この世のあらゆる心配事や悩みから逃れ、すべての不安から解放された、未来のための場所」であり、「土地も豊かな生産力をもっているので、すぐに捕鯨船に新鮮な果物や野菜を供給することができるようになり、短期間に資産を築き大金持ちになって再びこの世へと帰還できると信じていた」らしい。マッツァーロらが小笠原諸島に、人生のリセットや捕鯨船との交易による一攫千金を託していたことがうかがえる。彼らはこの群島に、「この世」の労働の論理から逃れうるユートピアを期待していた。父島に上陸した彼らは、そこが期待したほどの場所ではないことに気づき「落胆した」ようだが、数年のうちに開拓は進展し、住民の食料だけでなく寄港する捕鯨船員に供給できるほどの野菜・果物・穀物・芋類が収穫できるようになった。また遠洋猟船に生きたまま供給できる家畜家禽類の飼育や放し飼いも盛んになり、野生化するほどにまで繁殖していた。一八三〇年代から五〇年代前半にかけて、北西太平洋を往来する捕鯨船の数は右肩上がりであったから、寄港する船舶や上陸する乗組員からの需要も拡大しつづけた(11)。

こうして、生存のために必要な食料の大部分が島で生産され、生産できない必需品は交易によって調達されるというエコノミーが成立するとともに、移住者たちは交易を通して蓄財もできるようになった。すなわち、生産と消費の主たる部分がローカルな領域で一定程度自律しているエコノミーが形成され、しかもそうしたエコノミーを破壊せずに蓄財が可能になる条件が実現したのである。カール・ポランニーによれば、エコノミーとは最も広義において、人間が生きるための物質的要求を充足するために自然環境や社会環境との間で遂行する「制度化された」相互作用プロセスである。長原豊が指摘するように、ポランニーにとってエコノミーとは、従来商品化が困難であった「本源的生産要素」(貨幣・土地・労働力)さえをも商品化しようとする世界市場の力にさらされながら、人びとが生き抜くために編みだす、環境との相互作用的な営みにほかならない[12]。

小笠原諸島は、移民団のメンバーが当初期待したほどの「天国」ではなかったかもしれないが、この群島に辿りついた「ビーチコーマー」たちは、海によって隔絶されるとともに海に開かれている群島の環境に規定されつつ、またそうした環境を利用しながら、市場からある程度自律したエコノミーを形作り、船舶の労働過程とは比べものにならない生活条件を達成したのである。

群島のアナーキーと流動する秩序

最初の移民団の入植後も、小笠原諸島は一八七〇年代半ばまで実質的にどの主権国家の法の下にも組みこまれず、島への出入り・寄留・居住も主権的な力によって制約されることはなかった。一八五三年にはペリー艦隊が父島に寄港し、翌年には小笠原諸島のアメリカ合衆国による領有を宣言するが、イギリス帝国側からの抗議によってペリーらの企図はまもなく頓挫している。一八六二年には徳川幕府が官吏を常駐させたが約一年半で撤退し、その後もこの群島は再び国家の法の外部に置かれつづけた。その間にも欧米諸地域や太平洋・インド洋・大西洋の島々など多様なルーツをもつ人びとが上陸または移住してきて、小笠原諸島は北西太平洋における捕鯨船の重要な寄港地として発展しつづけた。

ただし最初の移民団以降に小笠原諸島に住みついた人びとのなかには、最初から入植を目的として上陸した事例はほとんどなかったようである。記録に残っているだけでも、寄港した船舶からの脱走者、遭難船から辿りついた漂流者、移住者から貨幣や物品を奪ったり女性を拉致したりする掠奪者など、さまざまな事例が書きとめられている。なかでも目立つのは、寄港する船舶から船長の同意を得て降りた事例、船長が乗組員を置き去りにした事例、寄港する船舶から脱走を果たした事例である。一八六二年に徳川幕府の官吏団が父島と母島の移住者個々人に対して行った聴取の記録には、「病気」のため船長に許されて捕鯨船から降りたという男性の申告が数多く記載されている。[13] これは移住者の自己申告であるから、彼らのなかには脱走者や置き去りにされた者が相当数含まれていると思われる。

そして移住者たちは、自分の土地をすこしでも多く利用できるような状態を得るために、世帯もしくは個人ごとに島内の各地に分散して住んでいた。[14] マーシャル・サーリンズは、「狩猟採集民」の社会においては生産・分業と消費のかなりの部分が世帯内で行われ生産者の自律性が確保されるため、世帯エコノミーの単位を超えた有機的な紐帯が形成されにくいばかりか、各世帯は空間的にも限りなく離散していく遠心的な力をはらんでおり、こうした「家族制生産様式」は原理的にアナーキカルな社会構成へと向かう潜勢力をもっていると指摘する。[15] 交易に生活必需品の一部を依存しつつも、世帯・個人のエコノミーの自律性がきわめて高かった小笠原諸島でも、このような遠心的でアナーキカルな力が強く働いたものと思われる。

ただ小笠原諸島への入植の成功に関しては、「召使い」であった「カナカ」たちの労働が土地の開墾を支えていた側面を強調しなければならない。最初の移民団に参加した「カナカ」たちは、マッツァーロらが開墾のために勧誘した有期契約労働者であり、土地の開墾の大部分を担い、農産物から得られた利益の半分を受けとる地位にあったという。じっさい小笠原諸島の入植者の社会にも、船舶の労働現場ほど厳格でなかったにせよ、ローカルな階級関係が形作られていた。父島においても母島においても、「ビーチコーマー」のなかにボス的な地位にある人物がおり、底辺には「召使い」そして「奴隷」が存在していた。一八六二年に書かれた幕府の聴取記録からは、世帯主が統括する各「家内」に複数の「配下」の人びとが属していたことがうかがえる。この頃には「カナカ」のなかにも自分の開墾地を持つ事例が増えていたようだが、他方で「配下」の地位に置かれつづけた者も少なくなかった。また当時の小笠原諸島は「一夫多妻」的な世帯構成が主流であり、しかも女性は男性よりも相対的にかなり低い地位に置かれていたようである。じっさい幕府による聴取記録においても、女性が世帯主の地位にあった事例は報告されていない(16)。

しかしそうした階級関係やボス的な地位は必ずしも固定的ではなく、かなり流動的であったようである。当初父島におけるボス的な地位にあったのは移民団長のマッツァーロであったが、一八三〇年代の末には、彼はその地位をマサチューセッツ出身のナサニエル・セーヴォリーという男に奪われつつあった。さらに一八七〇年前後になると、ボス的な地位はベンジャミン・ピーズという男に移っている。母島においても一八五〇年前後に定住者が現れたようだが、最初にボス的な地位にあったのはブリテン島生まれのジョージ・ロビンソンという男であった。しかしロビンソンとその家族は一八六〇年代初頭、同じくブリテン島生まれのジェームズ・モットレーという移住者の配下であった「カナカ」の男たちに襲撃を受け、母島から追放されてしまっている。後の聞き書きによれば、この「カナカ」たちは、もともとロビンソンがギルバート諸島から「召使い」としてリクルートしてきたが、ロビンソンの下を去ってモットレーの配下になっていた人びとであったという[17]。すなわち当時の父島や母島にはローカルな階級関係は存在したが、その階級関係に支えられた秩序でさえ、性別にかかわる関係を除いてかなりの部分が流動的であった。

小笠原諸島には半世紀近くにわたって、「ビーチコーマー」や「カナカ」などとよばれる移動民の手で、世界市場と主権国家から自律するアナーキカルな社会領域が形作られていたのである[18]。

国家による捕捉、市場の再編、再組織化するエコノミー

しかし「王政復古の大号令」から数年のうちに北海道、沖縄諸島などに対する占領を進めつつあった明治政府は、一八七五年一二月、蒸気軍艦・明治丸で小笠原諸島に官吏団を派遣する。官吏団は「外国人」移住者全員の居住地・姓名・出身地・年齢などを調べ上げ、彼らに永住を認める条件として、「私輩父島（母島）ノ住民共日本政府ノ保護ヲ請且後来此島に発令アルヘキ法度規則ヲ遵守致ス可ク候」（強調引用者）という誓書に同意のサインを求めた。また日本帝国以外からの新たな流入者が小笠原諸島に居住することも、いっさい禁止された[19]。そして一八七六年一〇月、明治政府は欧米諸帝国の公使に向けて「小笠原島島規則」「小笠原島港規則」「小笠原島税則」に基づいた小笠原諸島の排他的な統治を行うことを通告し、翌一八七七年二月には出先機関に駐在する官吏が移住者全員を招集して、これらの法を正式に宣言したのである。そのうえで小笠原諸島に永住を許されていた「外国人」は、出先機関の説諭と命令によって一八八二年までに全員が日本帝国臣民に編入され、「帰化人」

いうカテゴリーで掌握されるようになった[20]。

だが小笠原諸島を固有の対象とする上記の諸法は、日本帝国の中でもきわめて例外的な位置を占めていた。「港規則」「税則」は、小笠原諸島における「外国船」の自由な入港、「外国」籍の船員の自由な上陸、上陸した船員と移住者の自由な接触や商取引をすべて容認していた。そのうえ「外国船」の入港税、「外国船」乗組員と移住者との交易に対する関税も徴収しないことが宣言された。また「島規則」は、「外国」出身者が宅地・農地として実効的に利用していた土地のほぼすべてを私有地として認定した[21]。

明治政府官吏団の管理下に入った移住者たち
（松崎晋二撮影、1876年：国立公文書館蔵）

このような状況下で、小笠原諸島の「外国」出身者（の子孫）たちは、寄港する「外国船」との無関税の交易を引き続き展開していった。「外国」出身者（の子孫）たちが私有を認められた土地は広大であったから、彼らは「外国船」に供給する野菜や家畜の生産手段に不自由することはなかった。

また「外国」出身者（の子孫）の大きな収入源になったのは、遠洋での出稼ぎ漁撈であった。北米大陸で原油が採掘された影響で、一八六〇年代頃から世界市場における鯨油の相場は急落しはじめる。アメリカ合衆国籍やイギリス帝国籍の捕鯨船主のなかにも、世界市場で高値がつくラッコ猟・毛皮交易に(再)転向する者が続出した。一九世紀後半には、かつて「ゴールデンラウンド」を支えた北米大陸北西海岸のラッコは乱獲によってすでに激減しており、ラッコ猟船は千島列島北部の群島(北千島)の沿岸に殺到していった。千島列島沿岸のラッコの頭数が減少すると、一八八〇年代頃からはオホーツク海・ベーリング海の沿岸や島々を舞台とするオットセイ猟が盛んになった。小笠原諸島の「外国」出身者(の子孫)たちも毎年三〜一〇月頃、従来から培ってきた遠洋漁業の経験や狩猟・漁撈の技術を活かしながら、これらの海域に向かう「外国」籍のラッコ猟船やオットセイ猟船に銃手などとして季節雇用されるようになっていった[22]。

このように、一八世紀末から二〇世紀初頭にかけて太平洋北部で採取される世界市場商品が鯨からラッコ・オットセイへと再び変化していくなかで、小笠原諸島の「外国」出身者(の子孫)たちは群島を拠点とするエコノミーをアレンジし、既成事実化しつつある国境を越境しながら自律的な生計の手段を維持していた。そして当時の小笠原諸島における日本帝国の法的対応も、従来からの「外国」出身者(の子孫)たちの自律的なエコノミーを破壊することはなかった。すなわち日本帝国は、法的なダブルスタンダードを行使することによって、小笠原諸島の移住者を「本源的生産要素」(とりわけ土地利用と労働)にかかわるエコノミー――国境の外部環境との相互作用に基づく交易や漁撈のエコノミー――から切り離すことはせずに、彼らを臣民=国民として捕捉し、この群島を排他的な法の下に組みこんでいったのである。

4　生成と捕捉の系譜学へ

「国内植民地論」を超えて

小笠原諸島をめぐって国境線が引かれていくプロセスで焦点となったのは、グローバリゼーションの〈落とし子〉たる移動民が市場や国家とわたりあいながら作り上げてきた自律的なエコノミーとアナーキカルな社会領域を、主権国家＝帝国がどのように捕捉していくのかという問題であった。

従来の「帝国史」や「植民地史」は主として、主権国家＝帝国が「旧慣」を破壊し流通（市場）に対する壁＝境界を取り除くか、「旧慣」を再編し壁＝境界を収奪のために利用するか、どちらかの方法によって——実際には両者の臨機応変な使い分けによって——一定の地理的領域を辺境化し従属的に繋ぎとめていくプロセスに注目してきた。基本的には「国内植民地論」もこの系列に属する。[23]だが日本帝国は小笠原諸島の占領のプロセスにおいて、「旧慣」を破壊して流通（市場）を開いたのでもなく、「旧慣」を再編して流通（市場）のためにこれを利用したのでもなく、流通（市場）からの離脱を試みる人びとのあいだに生成する自律的で流動的な秩序を捕捉しようとしたのであり、人びとはこうした帝国の戦略とわたりあいながら自らのエコノミーとアナーキーを再組織化しつづけたのである。このような生成と捕捉のダイナミクスというべき小笠原諸島と日本帝国の関係は、「帝国史」や「植民地史」の臨界領域に位置している。

20世紀前半頃の移住者と住宅（撮影年不明）

上書きされる植民地主義のただなかから

しかし、小笠原諸島を拠点に形作られていた自律的なエコノミーは、日本帝国による法の改変によって、二〇世紀前半には徐々に切り縮められていく。これと並行して、「帰化人」と名指された人びとに対する人種主義的な攻撃も頻度を増していった。そして一九四四年、アメリカ合衆国軍に西太平洋の島々を次々奪取されていた日本帝国陸海軍は、すでに二〇年にわたって要塞化を進めていた小笠原諸島を「内地」防衛の前線に利用すべく、軍命によって「外国」出身者の子孫を含む小笠原諸島の住民約七〇〇〇名を順次「内地」へ強制的に疎開させる。これによって、小笠原諸島における人間生活の基盤は大きく破壊されてしまったのである。

一九世紀のグローバリゼーションの前線において、市場や国家からの離脱を試みる人びとが作り上げてきた群島のエコノミーは、日本帝国、アメリカ合衆国、そして日本国によって幾重にも上書きされる植民地主義のただなかで、捕捉され、切り縮められ、奪われてきた。しかも二一世紀に入る頃から、かつての群島のエコノミーが埋めこまれていた、強制疎開前の生活状況を記憶する世代が、次々と鬼籍に入っている状態である。

わたしは二〇〇七年秋、父島で生まれ育ち現在は日本聖公会小笠原聖ジョージ教会の牧師を務める小笠原愛作さんに、三年ぶりにお目にかかり、お宅でごちそうになった。酒を飲んで話しこんでいたとき、愛作さんはふと、「われわれ少数民族の文化」が消えゆくことへの嘆きを口にした。父島に通いはじめてほぼ一〇年経つが、わたしは「外国」出身者の子孫である愛作さんが「民族」という言葉を発するのを初めて耳にした。この群島では、それほどまでに「民族」は語られてこなかった。たんに酒の席だからとか、愛作さんが知識階級だからということで、片づけるわけにはいかない。彼が語る「民族」は、日本のパワーエリートたちに「少数民族」としての温情的承認を求める言葉でもなければ、むろん観光資源化され消費されるための言葉でもない。彼の「少数民族の文化」という発話は、彼の身体が記憶している群島の経験そのものなのである。

日本聖公会小笠原聖ジョージ教会牧師の小笠原愛作さん
（石原撮影、2008年）

この群島の経験の断片から、新たなエコノミーは未来に向けてどのように生成しうるのだろうか。

注

（1）「小笠原諸島」は行政上は硫黄諸島（火山列島）や南鳥島（Marcus Island）を含む名称として用いられるが、本稿では小笠原諸島を父島および母島とその近辺の島々に限定して使用する。

（2）ただし大日本帝国憲法下での定義に従えば、北海道・小笠原諸島・沖縄諸島などは法文上「内地」に含まれる。だがこれらの島々の住民は、本州・九州・四国とその周辺の島々を「内地」と他称してきた。本稿においても、後者の俗称としての「内地」をカッコつきで使用する。

（3）増田義郎『太平洋——開かれた海の歴史』集英社、二〇〇四年、一一〇—一二九頁。木村和男『毛皮交易が創る世界——ハドソン湾からユーラシアへ』岩波書店、二〇〇四年、五・一二一—一二四頁。木村和男『北太平洋の「発見」——毛皮交易とアメリカ太平洋岸の分割』山川出版社、二〇〇七年、一九一—一九二頁。山下渉登『捕鯨 Ⅱ』法政大学出版局、二〇〇四年、三九—四七頁。

（4）Elmo Paul Hohman, *The American Whaleman : A Study of Life and Labor in the Whaling Industry*, Clifton ; reprinted by Augustus M. Kelley, 1972 [1928], pp. 84-85. 森田勝昭『鯨と捕鯨の文化史』名古屋大学出版会、一九九四年、七二—七三・八三—八八頁。木村『毛皮交易が創る世界』一三八—一四二頁。山下前掲書、六七頁。

（5）川澄哲夫『黒船異聞——日本を開国したのは捕鯨船だ』有隣堂、二〇〇六年、一〇—六〇頁。

（6）Hohman *op. cit.*, pp. 59-61, 117-127.

（7）Marcus Rediker, *Between the Devil and the Deep Blue Sea : Merchant, Seamen, Pirates, and the Angro-*

American Maritime World 1700-1750, Cambridge : Cambridge University Press, 1987, pp. 101-115, 151, 211, 219, 243, 251, 289-294.　Peter Linebaugh and Marcus Rediker, *The Many-Headed Hydra : The Hidden History of the Revolutionary Atlantic*, London : Verso, 2000, pp. 1-70, 143-173.

（8）Hohman, *op. cit.*, pp. 88-96, 109-113, 217-223. 森田前掲書、一〇六―一〇八頁。山下前掲書、七四―八一頁。

（9）Osker H. K. Spate, *Paradise Found and Lost : The Pacific since Magellan*, vol. III, Minneapolis : University of Minnesota Press, 1988, pp. 228-231. Hohman, *op. cit.*, pp. 51-53. 山下前掲書、八五―九九頁。西野照太郎「カナカ kanaka」太平洋学会編『太平洋諸島百科事典』原書房、一九八九年、一一五頁。

（10）Rediker, *op. cit.*, pp. 291-292.

（11）Michael Quin, "*Notes on the Bonin Islands*," *The Journal of the Royal Geographical Society*, Vol. XXVI, 1856 [1837], p. 232.　William Samuel W. Ruschenberger, *Narrative of a Voyage round the World, during the Years 1835, 36 and 37*, Vol. 2, 1970 [1838], pp. 296-310.

（12）Karl Polanyi, "The Economy as Instituted Process", in George Dalton, ed. *Primitive, Archaic and Modern Economies : Essays of Karl Polanyi*, Boston : Beacon Press, 1971 [1957], pp. 139-148（カール・ポランニー「制度化された過程としての経済」『経済の文明史』玉野井芳郎・平野健一郎編訳、筑摩書房、二〇〇三年、三六一―三七三頁）。「本源的生産要素」の商品化についてのポランニーの議論は、『大転換――市場社会の形成と崩壊』吉沢英成ほか訳、東洋経済新報社、一九七五年、九一―一三八頁。ポランニーはしばしば、エコノミーを資本主義的な「市場経済」という特殊歴史的な制度へと還元してしまう「形式主義的」な理解を批判するために、「社会に埋め込まれた経済《エコノミー》」の静態的な三類型（互酬・再分配・交換）モデルを持ちだした、いわゆる「実体主義者」とみられがちである。だが長原は、こうした人口に膾炙した見方を排してポランニー理論の動学化をはかっている（「ポランニーとマルクス――希少性の案分と社会的制度(1)~(5)」『情況』一九九二

年五月号、六月号、一〇・一一月合併号、一二月号、一九九三年五月号)。

(13) 小花作助編『小笠原島住民対話書』(一八六二年)編年不詳(小笠原村教育委員会蔵：小花作助関係資料)。

(14) イワン・アレクサンドロヴィッチ・ゴンチャローフ『ゴンチャローフ日本渡航記』高野明・島田陽訳、雄松堂出版、一九六七年、一三七頁。

(15) Marshall Sahlins, *Stone Age Economics*, New York: Aldine, 1972, pp. 95-99(マーシャル・サーリンズ『石器時代の経済学』山内昶訳、法政大学出版局、一九八四年、一一三―一一八頁)。この点に関しては、次のきわめて刺激的な論考も参照。澤野雅樹「女の交換と社会の秩序」『現代思想』二三巻九号、一九九五年、二二八―二二九頁。

(16) P. L. Blake, "Visit to Port Lloyd, Bonin Islands, in Her Majesty's Sloop 'Larne'", *Transactions of the Bombey Geographical Society from June 1939 to February 1840*, Vol. III, 1838, p. 107. Ruschenberger, *op. cit.*, p. 302. 小花前掲書。なかには個人単位で世帯を形成しているケースもあった。

(17) Lionel B. Cholmondeley, *The History of the Bonin Islands: From the Year 1827 to the Year 1876 and of Nathaniel Savory, One of the Original Settlers, to which is Added a Short Supplement Dealing with the Islands after their Occupation by the Japanese*, London: Archibald Constable, 1915, pp. 35-36, 148-151. Russell Robertson, "The Bonin Islands", *Transactions of the Asiatic Society of Japan*, vol. IV, 1876, pp. 128-131. A. F. King, "Hypa, the Centenarian Nurse", *Mission Field*, November, Society for the Propagation of the Gospel in Foreign Parts, 1898, pp. 415-418.

(18) ここでいうアナーキカルな社会領域はたんなる「無政府状態」の意味ではなく、デヴィッド・グレーバーが定位するような、市場や国家からの「離脱」を目指して試行錯誤する生成的な力の領域を含意している(『アナーキスト人類学のための断章』高祖岩三郎訳、以文社、二〇〇六年、一一五頁)。

(19) 「四八　四省官員復命書正院伺御指令共」小花作助編『明治六年十二月ヨリ同九年十二月ニ至ル　小笠原

島要録　初編』所収（小笠原村教育委員会蔵：小花作助関係資料）。外務省編『明治三十年　小笠原島在住帰化人取締ニ関スル内務省特達廃止方義内務大臣ヨリ協議一件』（外務省外交史料館蔵）。

(20) 外務省編『大日本外交文書　自明治九年一月　至明治九年十二月　九巻』一九四〇年、五〇一―五〇五頁。「十四　島民一同へ諸規則島ノ因縁及戸籍ノ儀説諭申渡候書」小花作助編『明治九年十二月ヨリ同十年十二月ニ至ル　小笠原島要録　二編』所収（小笠原村教育委員会蔵：小花作助関係資料）。

(21) 坂田諸遠編『続小笠原島紀事　五巻』一八七六年（国立公文書館蔵）。

(22) 小笠原諸島の「外国」出身者（の子孫）たちによる越境的な交易や漁撈の展開と出先機関の法的対応については、拙著『近代日本と小笠原諸島――移動民の島々と帝国』（平凡社、二〇〇七年）の第七章を参照。

(23) この文脈において日本帝国にかかわる最良の「国内植民地論」だと考えられるのは、冨山一郎「国境――占領と解放」小森陽一ほか編『岩波講座　近代日本の文化史　四：感性の近代』二〇〇二年。「国内植民地論」の理論的背景・意義を簡潔に整理したものとしては、山崎カヲル「国内植民地概念について」『インパクション』一七号、一九八二年。

付記：本稿の議論は、〈帝国と思想〉研究会における拙著『近代日本と小笠原諸島――移動民の島々と帝国』（平凡社、二〇〇七年）の合評会に際していただいたコメントに多くを負っている。とりわけ盛田良治、安岡健一、道場親信の各氏には、深い謝意を表したい。また小笠原愛作氏や、資料収集の際にお世話になった各機関にも、厚く御礼申し上げる。

本稿は前記拙著で十分に展開できなかった論点について、拙著で言及しなかった文献や資料を取りあげながら、さらなる議論を試みたものである。それでも、拙著が連続講座「グローバリゼーションと植民地主義」を元にした本書より先に刊行されたこともあり、本稿の議論や言及した資料の一部は拙著の内容と重複せざるをえなかった。本稿の研究領域にさらに関心を抱かれた読者は、拙著をぜひ参照いただきたい。

引用文中の旧字体については、原則として新字体もしくはそれに近い字体に改めた。「ビーチコーマー」「カナカ」「原住民」「帰化人」など多かれ少なかれ差別的ニュアンスが込められた呼称については、カッコを付す形で敢えて使用した箇所がある。中途半端な言い換えをほどこすよりも、そうした呼称が作られ使われる状況に注意を促したかったからである。

国境を越えた人種マイノリティ教育の移転

――アメリカ合衆国史の事例から

宮下敬志

アメリカ先住民のオジブワ族出身のデニス・バンクス（一九三七―　）は、二〇世紀後半のアメリカインディアン運動（先住民による公民権運動）の活動家として有名である。一九六九年のアルカトラス島占拠や一九七二年の連邦インディアン局占拠のほか、ＦＢＩとの銃撃戦で死者を出した一九七三年のウンデットニー占拠などの抵抗運動に参加しながら、彼は、市民的諸権利がないがしろにされていた先住民の窮状を社会に向けて訴えていった。

先住民の平和運動家として現在まで活動を続けているバンクスは、五〇年代に駐日米兵として勤務して以来たびたび訪日している。その縁もあって、一九八九年には自伝『聖なる魂』を共同執筆者の森田とともに日本語で出版した。自伝を日本語で出版することをバンクスが選んだことには、先住民運動家の語りを「自分たちに都合の良いように解釈し続けてきた」英語圏の知識人たちへの抵抗の意味が込められていた[1]。

この自伝ではバンクスの前半生が綴られているが、幼少期から青年期にかけての一〇年間に彼が受けた寄宿学校教育については、五〇年以上前の出来事にもかかわらず詳しく書かれている。そして、それは懐かしい思い出話としてではなく、彼の人生に多大な影響を及ぼした痛みをともなう体験談として記されている。本論に入る前に、その内容を簡単に紹介しておきたい。

ことの起こりはバンクスが五歳の頃までさかのぼる。この時、彼はミネソタ州にあるリーチ・レイク・インディアン居留地で母親や兄弟と暮らしていた。しかし、居留地を監督する役人によって母親のもとから無理矢理引き離されたバンクスは、自宅から三〇〇マイルも離れた国立パイプストーン寄宿学校（「文明化」のために作られた先住民専門の学校）に入学させられてしまった。

入学に至った詳しい家庭の事情については書かれていない。しかし、他の先住民に対する同様の事例を重ねて考えれば、寄宿学校の定員を確保しなければならない役人が、家族に生活保護の受給を認めることを交換条件に、バンクスを寄宿学校にいれることを強いたのだと思われる。いずれにせよ、バンクスは、高校生になるまで母親や親類と一度も会うことができないという寂しい子ども時代を過ごすことになった。

パイプストーン校に連れられてきたバンクスは、そこで初めて学校という制度に触れることになった。しかし、同校で彼が受けた教育は、合衆国の公立学校で当時行われた普通教育とは多くの点で異なったものだった。

例えば、寄宿舎では徹底した規律教育が課された。それは中産階級の白人が通った寄宿学校のやりかたというより、軍隊のやりかたに近い指導法だった。白人の寮監や規律監督官によって生活の細部にわたり厳しく管理されていたことはもちろん、規則を破った際にはしつけとは名ばかりの酷い体罰が加えられた。

教室では、普通教育と同じく学術教育が行われた。しかし、それは初歩的な内容に限られた先住民向けの特別カリキュラムで、当時の普通教育に比べてより同化主義的といえるものだった。例えば、教室では白人教師たちによって「インディアンの言葉を話すこと、インディアンの唄を歌うこと、インディアンの宗教を信じること」が規則で厳しく禁じられていた。そして、そのかわりに、「英語をできるだけ早く学び、「白いアメリカ」や讃美歌の「イエス様は私たちの友だち」といった唄」を覚えることが求められた。また、授業では、先住民の戦士が白人の赤ん坊の頭を剝いでいる場面が挿絵として掲載された教科書で、「白人開拓者ら荒野にひそむ「敵」と、自然とに対し、勇敢に戦い開拓の偉業をなしとげたこと」を称える歴史が教えられていた。

こうした教室での授業に加えて、男子学生には、大工、配管工、電気工などの技術が、女子には、料理、裁縫などの技術が、教室で行われる授業以上に力を入れて教えられた。このような手作業教育を中心にしたパイプストーン校のカリキュラムは、高等教育に進学するためではなく、あくまで卒業後に居留地で自活させるために作られたものであった。

バンクスは、青年期に受けたこのような教育によってしだいに「非インディアン化」され、「従順なアメリカ人」として「飼い慣らされて」いったと回想している。とはいえ、その後の波乱の人生の中で、寄宿学校を含めた先住民に対する同化主義の傲慢さに気づいた彼は、運動家としての道を歩むことになる。

さて、ここまで紹介してきたバンクスの学校生活は、現在の我々の目から見るとかなり特殊な経験のように思える。しかし、それは、二〇世紀半ばにパイプストーン校に通った彼や、彼の友人たち固有の経験だったとはいえない。なぜなら、寄宿学校教育は、先住民をアメリカ国民にするために必要な手段として、彼の祖父母の世代から彼の子どもの世代までの約一世紀にわたって先住民に対して広く行われてきたものだったからである。つまり、寄宿学校という経験は、今を生きる多くのアメリカ先住民が共有する記憶なのである。

その一方で、バンクスの生きた時代の世界各地に目を向けると、こうした教育を受けたのはアメリカ先住民に限られた話ではないことが分かる。例えば、オーストラリアでは先住民（アボリジニ）に対して同じような教育が行われていたし、カナダ、アフリカ、東南アジアなどの先住民族や植民地の人びとに対しても、侵略者たちによる同種の教育がみられた。また、明治以降の日本でもアイヌや台湾原住民の人びとに対しても類似の方針の教育が試みられていたようである(2)。

こうした学校教育は、宗教団体や民間団体が運営に関わりながら、教育対象とされた人びとが住む土地の支配権を主張する帝国主義国家が主導した点で、世界史的にみて共通している。しかしながら、各国の普通教育と異なったこれらの教育方法がどうしてこの時代の世界各地でみられたのかについては、研究者によってこれまで考察が行われてこなかった。

これについては、学校教育だけではなく人種マイノリティ統治全般に広げて考えるならば、ある程度の研究蓄積があるといえる。例えば、イギリスなどの植民地帝国は、新しい植民地を統治する際に、それまでにあった植民地から統治のための技術を移転したといわれている。また、アメリカや日本のような後発の植民地領有国の場合も、植民地の統治にあたって本国内の辺境地域（国内植民地）や先行する植民地領有国から統治技術を移転したといわれている。一例をあげるならば、帝国主義時代の列強各国の植民地でみられた先住民（指定）居留地制度である。限られた土地に「追い込んで」定住させることで先住民の土地を奪うことと、植民地社会に適応させるために先住民を「文明化」させることとが一体となったこの制度は、植民地間で統治技術の移転がみられた典型的な例といえるだろう(3)。

そこで、統治技術の移転という考え方に注目しながら、本稿は、人種マイノリティに対する教育実践の学校間の移転について考えていきたい。具体的には、二〇世紀半ばのパイプストーン校で行われていた教育の起源を辿りながら、先住民をはじめとするアメリカの人種マイノリティに対する教育の歴史的な起源がどこにあり、それがどのように広がっていったのかについて、また、移転が試みられた背景には人びとのいかなる考え方があったのかについて考えてみたい。

1　カーライル・インディアン学校——アメリカ先住民寄宿学校のモデル

多くの先住民史研究者は、二〇世紀半ばにバンクスが受けたような先住民寄宿学校教育の起源を、一八七〇年代末に求めている。歴史的にみると、一八七〇年代はアメリカ西部地域の土地を奪うために先住民を居留地に追い込む軍事作戦が一段落して、先住民諸部族が連邦政府に対抗するための力を失った時期にあたる。当時の連邦政府は、居留地の土地のさらなる割譲を求める政治家や開拓者の要望を無視できなかった一方で、軍事作戦を継続することに費用の点から難色を示していた。そこで、連邦政府は、先住民から土地を取り上げる方法として、軍事力を用いるのではなく、先住民を定住農

図1　アメリカ合衆国政府の先住民教育予算の変遷（1877年～1893年）

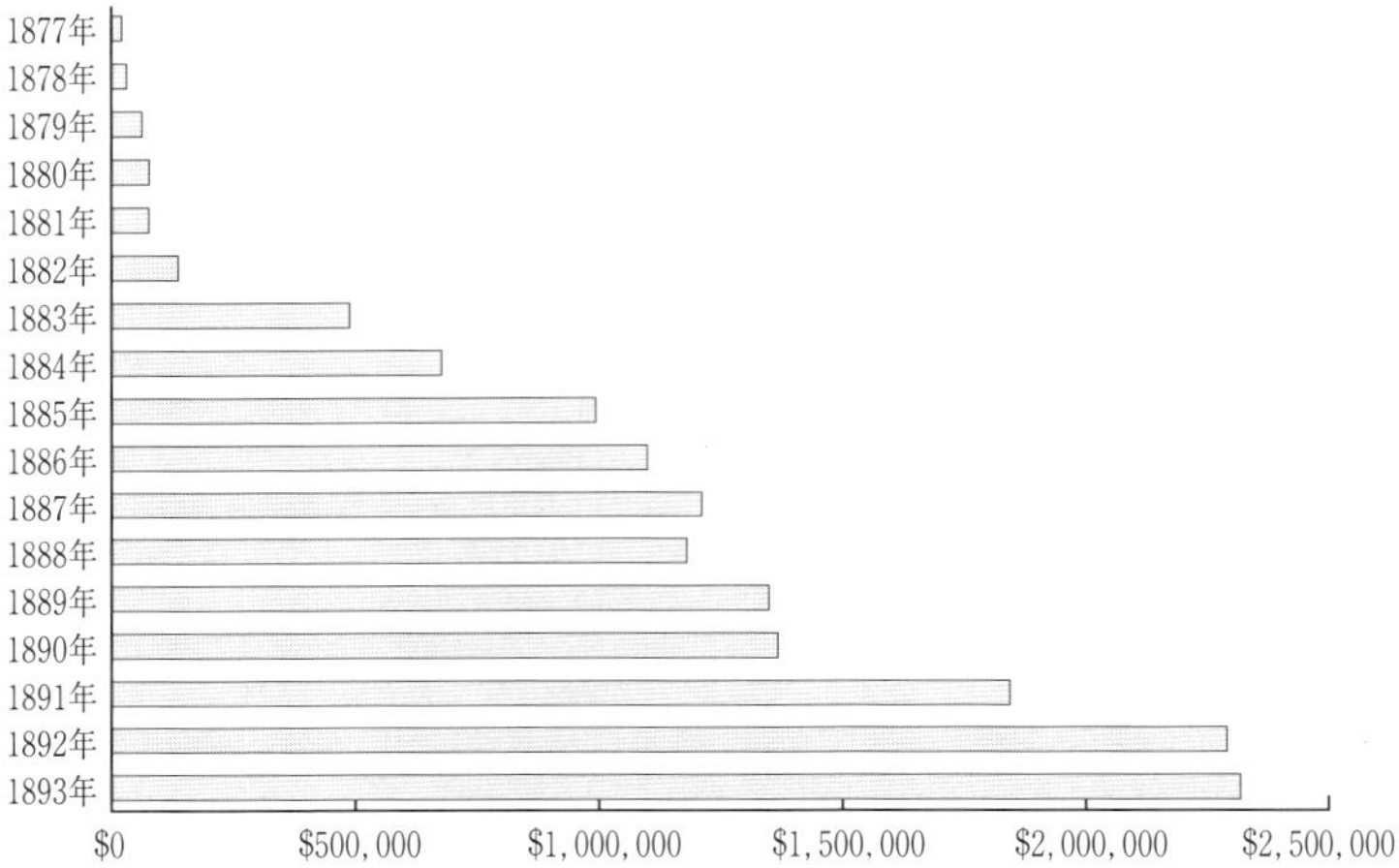

合衆国統計局 Report of Indians Taxed and Indians not Taxed in the United States at the Eleventh Census: 1890 より著者が作成

民にすることで余剰地を買収しようと考えるようになった。

その際に、連邦政府が力を入れたのが、先住民の子どもたちに寄宿学校で英語と農業などの自活の手段とを教えることだった。その結果、先住民教育に使われる予算と連邦政府が関与する寄宿学校の数は、一八八〇年代以降に劇的に増加していった（図1）。

なかでも、一八七九年に創設されたカーライル・インディアン学校は、それ以後作られた先住民寄宿学校のひな形として先住民史研究者に重要視されている。同校は、陸軍のリチャード・ヘンリー・プラット大尉が東部のペンシルヴェニア州に作った国立の先住民寄宿学校である。プラット自身は初等教育を受けた経験しかない生粋の軍人だった。しかし、一八七〇年代半ば、先住民掃討の任にあたる第一〇騎兵隊（黒人兵士からなる陸軍の部隊）の指揮官をして

図2　1893年アメリカ合衆国における先住民寄宿学校の分布図

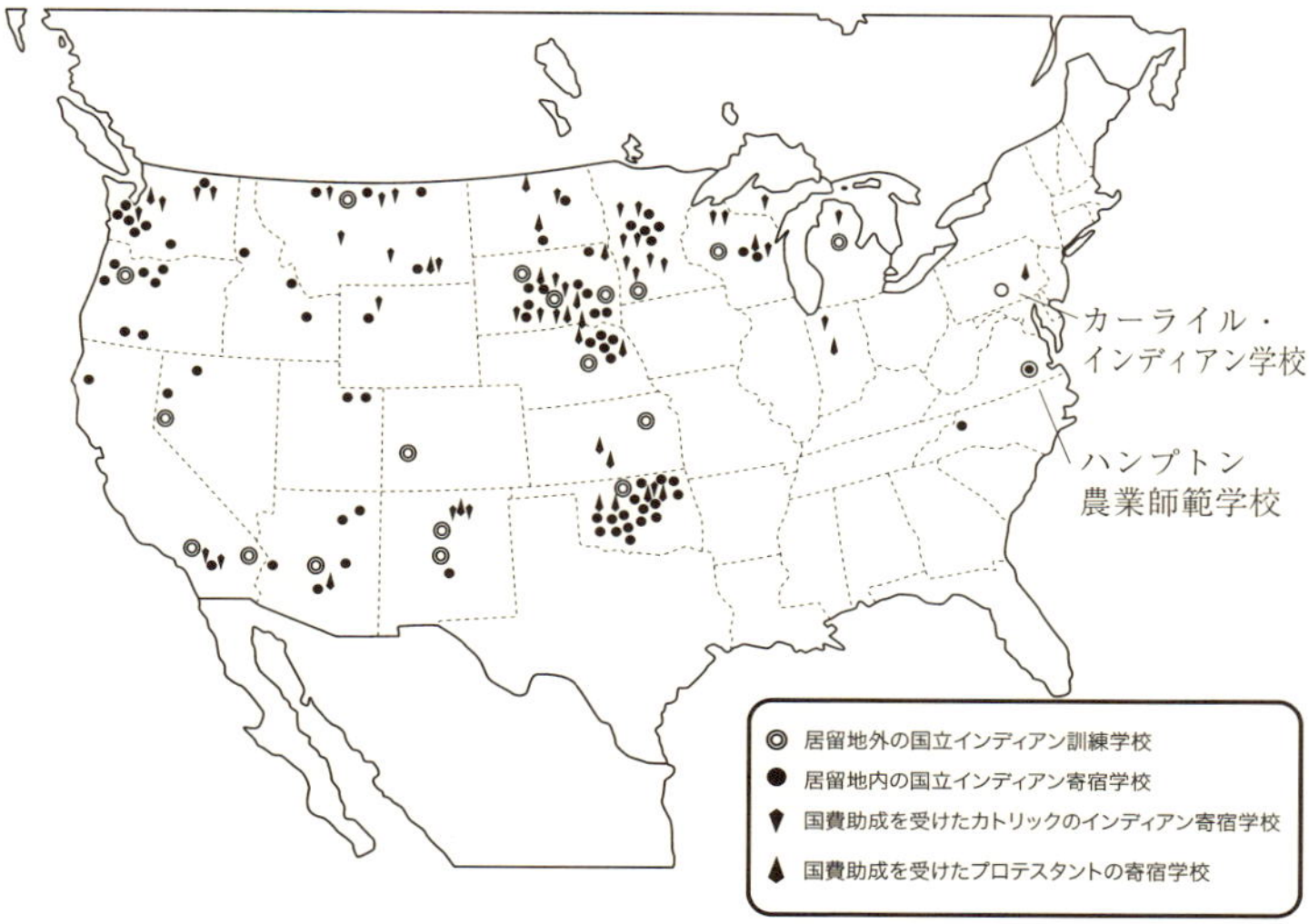

『合衆国インディアン対策局局長報告書（1893会計年度）』より著者が作成

いる際に、自ら志願して数十人の先住民戦争捕虜の「文明化」教育を試みた。この実践が軍の高官や政治家らに評価され、プラットは、軍用バラックの跡地にカーライル校を設立し、その校長に就任することになったのである。

カーライルは、西部の居留地から数千キロ離れた東部の小都市である。この地に学校を建設することを選んだのは、ワシントン府に近く政策決定者の目を引きやすいという理由の他に、親元から子どもを引き離さなければ、効率的な教育ができないというプラットの信念があった。

カーライル校の開校にあたっては、各地の居留地から各部族の先住民の子どもたちが集められた。居留地を監督する政府の管理官やミッショナリーの協力もあり、開学の一〇年後には約六〇〇人の先住民が在籍するようになった。そして、初歩的な英語教育と厳しい軍隊式の規律教育、農業を中心とした職業訓練を重要視した特殊なカリキュラムによる教育が実践された(4)。

その一方で、こうした教育は、恵まれた環境で行われていたものではなかった。とりわけ、衛生状態は問題が多く、先住民学生の死亡率は高かった。先住民のなかの「インディアン(性)を殺して、人間(性)を救う」をスローガンにしたカーライル校の教育実践は、不十分な設備と栄養、衛生上の問題から多数の先住民学生を実際に「殺して」しまったのである(5)。

しかし、こうした評判はカーライル校の評価を下げることにはならなかった。アメリカ国民となるための最低水準まで先住民を引き上げるための唯一の手段として、同校の教育方法は、政策決定者たちに高く評価されたのである。その結果、カーライル校の教育実践をもとにした国立の先住民寄宿学校がアメリカ西部各地に作られていった。一八九三年まで居留地の外に作られた寄宿学校と居留地の内部に作られた寄宿学校の数は九四校、政府がキリスト教各会派のミッションに委託した寄宿学校の数は五九校にのぼる(図2)。約半世紀後、バンクスの通うことになるパイプストーン校も創立は一八九三年であり、この時期に設置された寄宿学校の一つである(6)。

2　ハンプトン農業師範学校——モデルとしての黒人教育

東部で先住民に対する大規模な寄宿学校教育を行ったのは、カーライル校が初とはいえない。なぜなら、ハンプトン農業師範学校というヴァージニア州の学校が、同校より一年あまり早く先住民寄宿学校教育を始めているからである。ハンプトン校は私立だったが、二〇世紀初頭まで連邦先住民対策局から毎年二万四〇ドルの助成金をうけ、毎年一五〇人程度の先住民を教育していた。

ハンプトン校はカーライル校に先住民教育で先んじていたものの、二〇世紀半ばまで続く先住民教育の方法論の確立に寄与した学校として同校の教育実践を評価する研究者はあまり多くない。しかし、カーライル校を設置する以前にプラットが同校で先住民教育の方法を学んでいることを考慮すれば、その後一世紀にわたって国立先住民寄宿学校で行われた教育実践がハンプトン校に端を発するものであるといっても差しつかえない(7)。

一方、ハンプトン校にはカーライル校と決定的に異なる点もあった。それは、ハンプトン校が先住民だけが在籍する学校ではなかったということである。同校は、もともと南北戦争時に解放された黒人青年のためにアメリカ伝道協会が作った寄宿学校であり、一八八〇年代になっても先住民学生の二倍以上の約四五〇人の黒人学生が在籍していた。

ハンプトン校の黒人学生は、南部の公立小学校の教師を目指すため、また、プランテーションから独立して生活できる農業技術や職人技術などを習得するために入学した者たちだった。したがって、黒人学生は目的意識を持って入学したのであり、しばしば本人の意志に反して強制的に学校に入れられた先住民学生の場合とは事情が異なった。また、ハンプトン校の黒人の入学資格が初等教育を終えた黒人青年に限られていた点も、六歳から二〇代までと広範囲に及んだうえ英語の習熟度にばらつきがあった先住民学生の場合とは異なっている。

こうした違いのために、ハンプトン校では先住民と黒人とに対して、基本的にそれぞれ別にカリキュラムを組んでいた。そのために、授業や寮生活はもちろん、食事や余暇の時間でさえ両者はほとんど接する機会がなかったといわれている。

とはいえ、ハンプトン校で実践された先住民教育の方法論が、それに先駆けて行われていた黒人に対する教育実践を移転させたものであることは間違いない。なぜなら、一九世紀末以降、ハンプトン校の先住民学生に対して行われた教育実践は、当時の普通教育でまったくみられなかった一方で、同校の黒人学生に対する教育実践と次の二つの点で共通していたからである。

第一の共通点は、ともに手作業教育を中心にしたカリキュラムが編成されていた点である。アメリカにおける当時の普通教育は西洋的な学術教育を教える学校が主であり、ハンプトン校のように手作業教育をメインにカリキュラムを組んだ学校はみられなかった。ハンプトン校を創設したアメリカ伝道協会も元々は学術教育中心の学校を作ろうと考えていた。しかし、同校の初代校長に抜擢された陸軍出身のサミュエル・C・アームストロング大佐は、手作業教育をカリキュラムの中心に据えることが黒人教育には欠かせないと強く主張した。その結果、ハンプトン校では志望する職業や進学先にかかわらず、男子には、農業、靴作り、大工、ブリキ加工などを、女子には、家政、料理、縫い物、洗濯などの手作業が授業時間の約半分を使って教えられることになった。(8)

アームストロング自身が認めるように、手作業教育を中心に据えるというハンプトン校の教育は彼の独創ではなく、一九世紀前半のハワイ王国においてアメリカミッションが行ったハワイ先住民教育の方法論を移転させたものである。アームストロングはハワイに赴任した宣教師（後のハワイ王国教育長官）の息子であり、手作業教育を重視した例外的なミッション学校であるヒロ（先住民）学校の教育に触れる機会が多くあった。そして、ハンプトン校の創設にあたり、その教育方法を用いることが最良であるとアームストロングは考えたのである。(9)

第二の共通点は、共に軍隊式の厳しい規律教育が実践されていた点である。ハンプトン校で教える教員は東部の上流階級出身の未婚女性が多く、またその人数も学生の数に比して少なかった。そこで、少数の教員で秩序を保つためにアームストロングが考えた方法が、徹底した軍隊式の規律管理だった。アームストロングは優秀な学生を司令官に任命し、寮生の規則違反を学生自身の手で裁かせたり、「不良行為」を日々監視してそれを学校側に報告させたりしていた。また、現役軍人を招聘して点呼、行進、整列といった軍事教練を毎週行い、毎朝の登校の際にも軍服を模した制服を身にまとわせて、教練で習った軍隊式の縦列行進をしながら校舎に向かわせた。さらに、著しい規則違反者を収容するために学校牢と呼ばれる地下室まで作らせた。

こうした規則や規律を日常的に体で覚えさせようとする軍隊的な方針は、南北戦争時のアームストロングの軍隊経験に由来するものであるといえる。彼は、ウィリアム大学から南北戦争勃発直後に志願兵部隊の隊長として北軍に仕官した人であり、陸軍士官学校の出身ではなかった。しかし、南北戦争の後半期に黒人連隊を指揮した際、若い黒人隊員に課した厳しい規律訓練がハンプトン校の教育にも応用できると考えて、それを同校に持ち込んだのである。(10)

以上二点の共通性や、先述のハンプトン校とカーライル校の人的な交流関係を考慮すれば、ハンプトン校で行われていた特殊な黒人教育が、同校で行われた先住民教育を媒介にカーライル校をはじめとする各地の先住民寄宿学校に移転していったという系譜が存在することは明らかなように思われる。

さらに、これまでの黒人史研究をふまえれば、ハンプトン校の教育方法は、その後の黒人実業学校全般にも移転していったと考えられる。例えば、アラバマ州のタスキーギ師範学校における職業教育が、ハンプトンを卒業生したブッカー・T・ワシントン校長によって指導されていたことはアメリカ史ではよく知られた話である。したがって、一九世紀後半以降の国内の先住民、黒人教育は、系譜的にみた場合、ハンプトン農業師範学校から枝葉のように広がっていったと考えることができる。(11)

最後に、黒人と先住民という歴史的背景も文化も異なる対象に、同じような教育が施されるにいたった当時の思想的背景について簡単に説明しておきたい。端的にいえば、それは、先住民と黒人を同じ「有色人種」として、白人と異なる「劣った」人種とみなす教育者や政策決定者の人種差別主義だったといえる。例えば、アームストロングは、人間が生まれた後に獲得する形質が遺伝するという点から人種の差異を説明する当時の遺伝説を信じており、しばしば先住民と黒人の劣等性について言及している。つまり、手作業教育と規律教育を重要視するという教育方針は、黒人や先住民は「知性が劣等」であるから学術教育は不可能であるという考えと、「怠惰な人種」であるから軍隊式の厳しい規律訓練が欠かせないという考えとから、国内の人種マイノリティ学校全般に広まったものと解釈することができる。(12)

3　ハンプトンおよびカーライル——教育方法の国境を越えた移転の試み

ここまでに説明したハンプトン校やカーライル校で行われた教育実践——つまり、学術教育を初歩的なものに制限して、多くの時間を手作業教育や規律教育に費やすという教育実践――は、アメリカ国内の人種マイノリティ学校にだけ移転されたものではなかった。アメリカ国外に目を転じると、その教育実践は、二〇世紀初頭のアメリカ植民地や日本をはじめとする他国の学校にも移転されていったといえるのである。

そこで、両校で実践されていた黒人・先住民教育がどのような形で各地の学校に移転したといえるのかについて、ここでは、三つの類型に分けて簡単に説明したい。

第一に、他国や植民地からの留学生を通じて、教育実践が移転した事例である。ハンプトン校では、一九世紀末以降、アフリカ、中国、日本などからの留学生を受け入れて、学生として手作業教育を学ばせていた。また、一八九八年のアメリカ・スペイン戦争以後になると、ハンプトン校は、タスキーギ校と共に年間二〇名余りのプエルトリコ人留学生を受け入れるようになった。カーライル校でも一〇〇人近いプエルトリコ人留学生を数年間受け入れていた(13)。

母国に帰国後、彼らがどのような生活を営んだかについては、詳しい追跡調査が必要であり、ここで語ることはできない。しかし、一例を挙げれば、一八八〇年代にハンプトン農業師範学校に在学した小谷部全一朗は、帰国後、北海道虻田にて虻田学園というアイヌの人びとのための実業補修学校を設立し、ハンプトン校をモデルとする教育を行ったことで知られている(14)。

第二に、先住民学校の元教員や教育関係者の転勤を通じて、教育方法が移転した事例である。とりわけ、米西戦争以後のプエルトリコ植民地に関しては、本国からの比較的近いこともあって、教員が直接、プエルトリコに転勤した事例がみられた。例えば、カーライル・インディアン学校元教師のルース・S・エトナーは、八年間同校で教師を務めた後、先住民教育への経験を買われてプエルトリコのポンセ学校で指導主事に就いていた。また、ハンプトン校やカーライル校の強い支援者であった元合衆国教育長官のジョン・イートンは、プエルトリコ教育調査官として現地の教育制度の確立にあたった。エトナーとイートンは、それぞれの立場から、農業を中心とするハンプトン方式の手作業学校の開校を目指して活動した。その結果、一九〇〇年代前半のプエルトリコ人植民地では地方に約二〇校の農業学校が作られ、手作業教育の教員が配備されていったのである。(15)

第三に、植民地に赴任した官僚を通じて、教育方法が移転した事例である。これは、主にフィリピン植民地教育においてみられた。先住民教育政策のフィリピン植民地への「輸出」を推進したのは、初代フィリピン教育長官のフレッド・アトキンソンである。彼は教育学者ではあったものの、「有色人種」教育についてはあまり知識がなかった。そこで、本国内で「有色人種」を対象にした寄宿学校であったハンプトン校やタスキーギ校を赴任前に視察した。その際に、彼は両校の教育方法に強い感銘を受けて、同じように人種として「子どもである」フィリピン人の教育には、ハンプトン校で確立した黒人・先住民教育の方法を手本とされるべきであると確信した。そして、赴任後、同校を模した手作業学校をフィリピンに設置している。(16)

アトキンソン以後のフィリピン教育官僚の多くも、彼と同様の立場から手作業教育を重視する政策を推進した。しかし、ハンプトン農業師範学校のように寄宿制の手作業教育を全島規模で実施するのは植民地の財政的事情で不可能だった。そのために、通学制学校のカリキュラムに手作業教育を加えることで、この政策を実施していった。とりわけ、ハンプトン校方式の学校の普及を強く訴えていたウィリアム・C・フォーブズが総督に就任した一九〇九年以後は、フィリピンの学校において手作業教育の占める割合が増加していった。彼は、友人だったフランク・ホワイトを教育長官に据えると、手作業教育の実施状況を観察する監督官を派遣する政策や、フィリピン人教師を選抜して、マニラの師範学校で手作業教育を学ばせる政策を実施した。また、教師に手作業教育を教える目的から『フィリピン・クラフトマン』という雑誌も立ち上げている。(17)

4 越えることのできない人種の境界線という問題

以上、この論文では、二〇世紀半ばの世界各地の先住民学校や植民地学校で同じような教育が行われていた理由について、アメリカの人種マイノリティ教育方法の学校間の移転という現象に注目しながら考えてきた。そして、教育技術の確立に貢献した特定の学校に焦点をあてることで、国境を越えた学校間の歴史的な系譜を明らかにできる可能性を示してきた（図3）。しかしながら、今回の分析では、オーストラリア、カナダ、アフリカなどの先住民学校教育やその系譜の分析ができなかった。そのため、アメリカ史の枠組みを越えてこのようなことがいえるのかを知るためには、各国史の研究状況を丁寧に調査していかなければならないだろう。(18)

一方、学校の所在地、活動した時代、または教育対象とされた人びとの社会的背景が多様であるにもかかわらず、教育方法の移転が試みられた理由についてもあわせて考察を進めた。それについては一定の答えを出すことができた。つまり、教育技術の移転が起こる重要な背景の一つとして、当時の

図３　人種マイノリティ学校教育の歴史的系譜（19世紀前半〜20世紀前半）

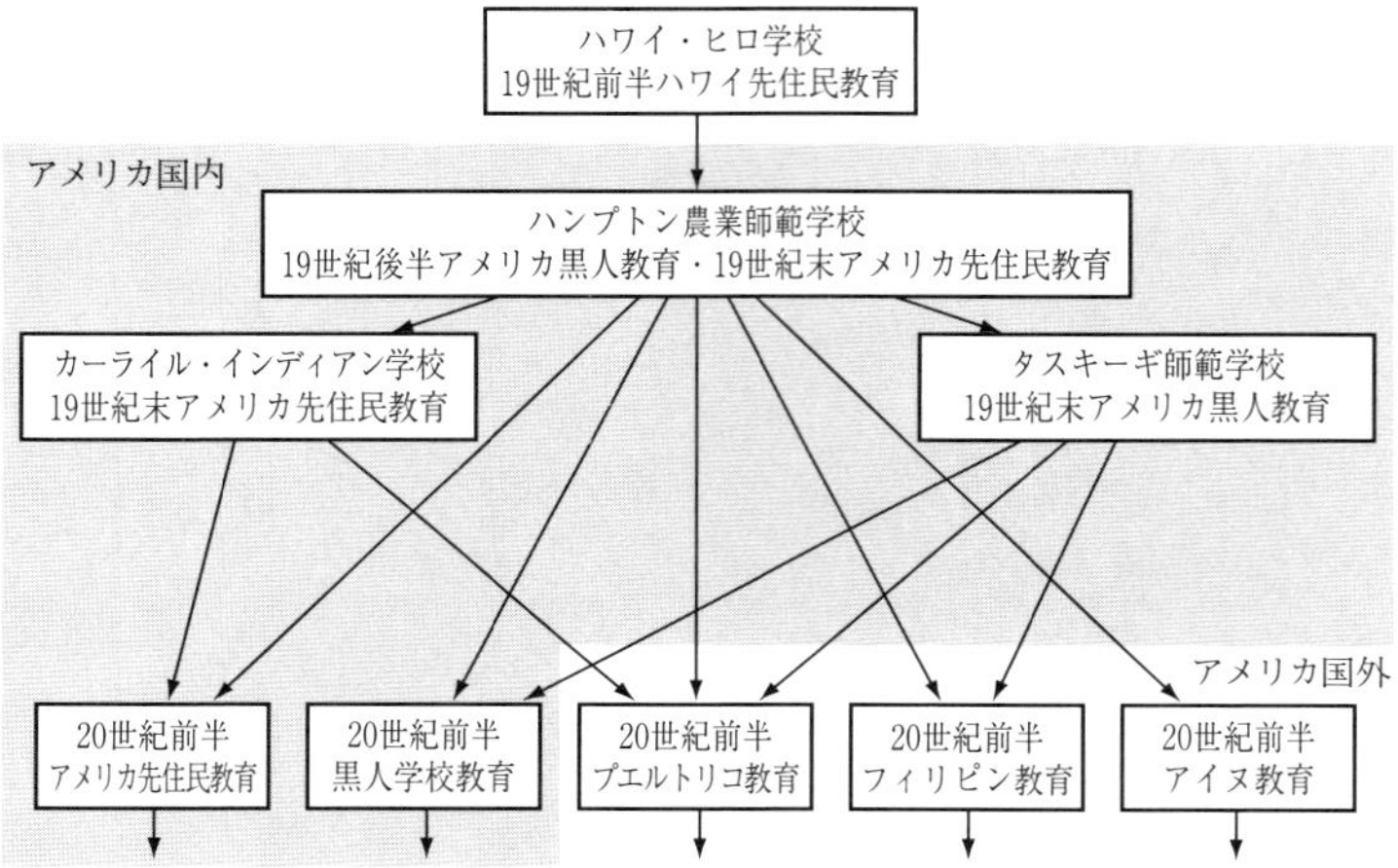

人種差別主義的な言説があったことは、ここでの分析から疑う余地がないように思われる。

この言説は、獲得形質遺伝説と人類の単線的発展段階論にもとづいて、人種というものを本質主義的に捉えたものであった。かみ砕いていうならば、それは、「文明化」していない人種は、「見かけだけではなく知性も生まれながらに劣等である」とする、人びとの思いこみである。そして、教育方法の移転に関与した教育者や教育政策決定者は、広く社会に広まっていたこの思い込みをふまえて、同じ程度に遅れた発展段階にいる人種たちには同じ教育方法が有効だろうとみなしたのである。例えば、ハンプトン校のアームストロングは、アメリカ先住民を黒人同様の「劣等人種」とみなす言説をふまえて、黒人教育の方法を先住民教育に移転することを考えだした。同じように、フィリピン教育官僚のアトキンソンも、フィリピン人を劣った「子供の人種」とみなす言説をふまえて、フィリピン人に対して国内の黒人・先住民で確立した教育方法を移転することを適当と考えたのである。[19]

このように考えると、先住民や植民地の人びとに対する学校教育は、軍隊による先住民絶滅政策の対極にあるもの、人びとや政府の真摯な反省にもとづく支配者層による改善の努力だったとみなすことはできないだろう。教育者や教育政策決定者は、ヒトという種の間に、人種という容易に越えることのできない境界線を引いていた当時の言説によりながら、その枠組みの中で「他者」のための教育を追求していたのである。そして、歴史の結果をみれば、それらの教育の結果として生産されたのは、「(真正の)市民ならざる」状態で支配社会の底辺におかれた貧困者であった。

それをふまえれば、冒頭で紹介したデニス・バンクスが訴えざるをえなかった二〇世紀後半のアメリカ先住民の窮状は、教育の予期せぬ失敗の結果生まれたものであるというよりも、そうした教育の必然的な結果として生じたものだったように思えてならない。

注

(1) デニス・バンクス、森田ゆり『聖なる魂』朝日新聞社(朝日文庫)、一九九三年、一三―一六頁。

(2) アイヌ学校に関しては、小川正人『近代アイヌ教育制度史研究』北海道大学図書刊行会、一九九七年を参照。列強の植民地教育については、駒込武、橋本伸也編『帝国と学校』昭和堂、二〇〇七年を参照。

(3) Stuart Creighton Miller, "Benevolent Assimilation," *The American Conquest of the Philippines, 1899-1903*, New Haven: Yale University Press, 1982; Russell Roth, *Muddy Glory: America's "Indian Wars" in the*

Philippines, 1899-1935, W. Hanover : Christopher Pub. House, 1981 ; A・J・クリストファー『景観の大英帝国——絶頂期の帝国システム』川北稔訳、三嶺書房、一九九五年、三一—二四頁、富田虎男「北海道旧土人保護法とドーズ法—比較史的研究の試み」『札幌学院大学人文学会紀要』第四五号（一九八九年八月）、五一—二一頁。富田虎男「北海道旧土人保護法とドーズ法——ジョン・バチェラー、白仁武、サンロッテ」『札幌学院大学人文学会紀要』第四八号（一九九〇年一二月）、一—二二頁。

（4）　カーライル校の教育やプラットに関しては、Richard Henry Pratt, *Battlefield and Classroom : Four Decades with the American Indian*, trans. Robert M. Utley, New Haven : Yale University Press, 1964, pp. 180-204 ; Elaine Goodale Eastman, *Pratt, the Red Man's Moses*, Norman, 1935, pp. 53-75 ; 水野由美子『〈インディアン〉と〈市民〉のはざまで——合衆国南西部における先住社会の再編過程』名古屋大学出版会、二〇〇七年、五七—六一頁を参照。

（5）　Richard Henry Pratt, "The Advantages of Mingling Indians with Whites," *Official Report of the Nineteenth Annual Conference of Charities and Correction*, 1892, pp. 45-59.

（6）　政府がキリスト教各会派のミッションに委託した寄宿学校は契約学校と呼ばれた。これに関しては、宮下敬志「「文明化」ミッションにおける白人改革者の利害——十九世紀末アメリカ先住民契約学校制度の分析」『立命館史学』二七号（二〇〇六年一一月）、一七八—一七九頁を参照。

（7）　先行研究では、ハンプトン校とカーライル校の教育について、前者を人種主義的、後者を同化主義的として対立する教育潮流とみなす場合がある。そういった研究は、ハンプトンのアームストロング校長とカーライルのプラット校長とによる、先住民「人種」の人種的能力に関する発言の対称性を重要視するあまり、両校の教育実践面での類似性を看過しているように思われる。宮下敬志「米国先住民「文明化」教育——ハンプトン農業師範学校における教育実践とその影響」『立命館文学』五六一号（二〇〇八年三月）、一九〇—二〇二頁。Jacqueline Fear-Segal, "Nineteenth-Century Indian Education : Universalism Versus Evolutionism,"

Journal of American Studies 33 (Spring 1999)：323-41；Robert Francis Engs, *Educating the Disfranchised and Disinherited：Samuel Chapman Armstrong and Hampton Institute, 1839-1893*, Knoxville：University of Tennessee Press, 1999, pp. 1-168；Donal F. Lindsey, *Indians at Hampton Institute, 1877-1923*, Urbana：University of Illinois Press, 1995, pp. 1-276 を参照。

（8）Engs, *Educating the Disfranchised and Disinherited*, pp. 57-85, 98-114.

（9）リチャード・アームストロングについては、Ronald H. Heck and Maenette K.P. A Benham, *Culture and Educational Policy in Hawaii：The Silencing of Native Voices, Sociocultural, Political and Historical Studies in Education Series*, Mahwah：Lawrence Erlbaum, 1998, pp. 90-95.

（10）Engs, *op. cit.*, pp. 98-114.

（11）ハンプトン校における先住民教育の詳しい内容ついては、宮下「米国先住民『文明化』教育」、一九〇一二〇二頁を参照。ハンプトン校やタスキーギ校をはじめとする、当時の南部黒人学校については、James D. Anderson, *The Education of Blacks in the South, 1860-1935*, Chapel Hill：University of North Carolina Press, 1988, pp. 1-366 を参照。

（12）例えば、校長のアームストロングは、過去千年以上にわたる遺伝の結果を考慮すれば、たとえ教育を与えたとしても、先住民は現在の白人のようにはなれないだろうと発言している（*Southern Workman* 9 (November 1880)：114-15)。

（13）Martin Grove Brumbaugh, "Problems in the Beginning of American Government in Porto Rico," in Proceedings of the 22nd Annual Meeting of the Lake Mohonk Conference of Friends of the Indian and Other Dependent Peoples, October 19-21, 1904, reported by William J Rose, New York：Lake Mohonk Conference, 1904, pp. 88-89；Jose-Manuel Navarro, *Creating Tropical Yankees：Social Science Textbook and U. S. Ideological Control in Puerto Rico, 1898-1908*, New York：Routledge, p. 125；Sonia M. Losa, "The Puerto

Ricans at Carlisle Indian School," *Journal of Caribbean Amerindian History and Anthropology* (2003), 〈http://www.kacike.org/SoniaRosa.html〉 (January 14, 2007) (On-line Journal)

（14） 小谷部全一朗『ジャパニーズ・ロビンソン・クルーソー』生田俊彦訳、皆美社、一九九一年を参照。虻田学園については、虻田町史編集委員会編『物語虻田町史』第三巻・教育・文化編、虻田町、一九八一年を参照。

（15） Ruth Shaffner Etnier, "[Address of] Mrs. Ruth Shaffner Etnier" in Proceedings of the 18th Annual Meeting of the Lake Mohonk Conference of Friends of the Indian, October 17-19, 1900, ed. Isabel C. Barrows. New York : Lake Mohonk Conference, 1901, pp. 44-49. ただし、プエルトリコの農業学校計画は成功したとは言いがたい。というのも、現地のエリート層は彼らの子供に農業を学ばせることを望んでおらず、貧困層は子どもたちを学校に通わせる余裕がなかったからである。Everett W. Lord, "Some Educational Experiments in Porto Rico," in Proceedings of the 26th Annual Meeting of the Lake Mohonk Conference of the Lake Mohonk Conference of Friends of the Indian and Other Dependent Peoples, October 21-23, 1908, reported by Lilian D. Powers, New York : Lake Mohonk Conference, 1908, pp. 166-71 ; Pedro A. Caban, *Constructing a Colonial People : Puerto Rico and the United States, 1898-1932*, Colorado : Westview Press, 1999, pp. 130-37.

（16） Bureau of Education, *Present Education Movement in the Philippine Islands*, by Fred W. Atkinson, Washington D. C. : GPO, 1902, pp. 1325-28 ; Glenn A May, "Social Engineering in the Philippines : The Aim and Execution of American Educational Policy, 1900-1913," *Philippine Studies* 24 (1976) : 135-83.

（17） May, "Social Engineering in the Philippines," pp. 171-83.

（18） 日本帝国史において、アイヌ学校教育の方法が後発の台湾先住民統治に影響を与えた可能性を示唆する山路の研究は、注目するべき先行研究である。山路勝彦『台湾の植民地統治――〈無主の野蛮人〉という言説の展開』日本図書センター、二〇〇四年。

（19） *Southern Workman* 9 (November 1880) : 114-15 ; Bureau of Education, *Present Education Movement*, p. 1439.

【コラム】

紀州・白浜温泉という国内植民地の再生産

――私の国内植民地での体験

倉田昌紀

私が最初に国内植民地という言葉に触れたのは、民俗学者の宮本常一の「着々つくられる国内植民地」（『朝日ジャーナル』一九七三年一月一九日号）からであると思う。氏は日本の地方を歩きまわって、地方のことをそう呼んだのだ。今も程度の差はあれその構図は同じであろう。

私の住む地方のひとつの象徴に触れさせてもらおう。現在の和歌山県白浜町の介護保険料は、全国で三位、近畿地方で一位の高額の町である。老人施設で暮らしている方々の半数は、九州や四国の山間僻地、離島、県内の過疎地、大阪方面から働きに来られ、白浜で年齢を重ねて老人になった方たちである。たまには、町営の住宅で縊死されたり、アパートで一人暮らしのため、亡くなられて数日たって発見されるということもある。私には修羅の遠近を見る想いがする。

白浜温泉の開発が始まったのは、一九一九年頃である。海路から陸路、鉄道への交通網の整備とともに、昭和天皇の行幸も一九二九年にあり、知名度を高めた。戦後、一九五五年頃から大阪や東京の外資を導入、地元の芋畑などを中心にして土地が買収され、鉄筋の大ホテルが建ち並ぶようになった。それまでの半農半漁の暮らしが大きく変化していったのである。一九六〇年には、年間の宿泊客数が一〇〇万人を突破する。東京オリンピック（一九六四年）、大阪万国博覧会（一九七〇年）

と好景気が続き、旅館数も客の収容力も増加した。一九七三年の石油危機まで、宿泊人数は増加しつづけた。

その後、観光客の旅行の形が慰安のための団体旅行から小グループ、家族連れへと変わり、一戸建ての企業の寮や保養所が最高時には一一五軒にもなっていく。列島改造ブームで宅地開発も大いに進められ、高層マンションも増えていく。漁師の話によると白浜は、沖の海からは真黄色に見えるそうだ。

バブル崩壊後、このような企業の寮・保養所はほとんど閉鎖し空屋になってしまった。現在は、最高時には七二軒あった旅館組合加入のホテル・旅館は二六軒で、地元民の経営は四軒である。

象徴としての介護保険の話に戻るが、一九六〇年前後の白浜温泉の最盛期の頃に、若くして働きに来られた方々も歳をとってしまった。七〇代になってしまったのである。白浜町は、付近の市町村に比べて老人施設が多い。「おくにはどちらですか」と尋ねると、郷里から遠く離れた身寄りのいない一人暮らしの老人が多いのである。母子家庭、老人の生活保護も多く、仲居の仕事で爪に灯をともすような生活をしながら、「愛」を拾う余裕もなく貯蓄し、それを残したまま認知症になってしまった老婆たちもいる。

老後の心は静かで、安らかであろうか。白浜の老人施設には、親族の面会はほとんどないと聞く。

旅館・ホテルでの労働条件は厳しい。最高級ホテルでの、皿洗いのパートの時給は今日でも七〇〇円から八〇〇円だ。指紋が消えるほど働くのだ。前述の二六軒のホテル・旅館の労働者の内訳は、正社員は、男七〇三人、女四八八人。パートは、男二四〇人、女四三四人。派遣社員、男二一人、女七八人。合計一九六四人である。正社員は男性が多いが、パート・派遣社員は女性の方が圧倒的に多い。白浜町の外国人登録者数は一三〇人となっている。労働過程は厳しいが、生きることをやめるわけにはいかない。やめるわけにいかない以上、賃労働の支配に従属しながらも、お互いに親切で、丁寧で、快活であってほしいと思う。雇用と被雇用、あるいは管理と被管理がもたらす苦痛やそこから派生する難問と、人格の善や悪が人間関係にもたらす苦痛や難問とは同じではないのだから。

私は、かつて温泉街の小学校で、教員暮らしを一〇年やっていた。現役時代もそうであったが、辞めたいまも振り返ると己の情けなさと、いい気さ加減を思い知らされる。

当時、従業員の宿舎のあるホテルが五軒あった。宿舎で暮らす児童たちは、登校する時間帯も、下校してから眠るまでの時間帯も旅館・ホテルという仕事上の観光客の夕食や朝食の準備、後片付けなどで、親の時間帯とすれ違いになってしまう。親と会話する時間がもてないのである。一年間に姓が二度変わる児童もいた。彼らは、小さな小さな心に口を噤んで、口に出せない内心の声をため込んで学校にやってきた。労働力が再生産されていく制度上、人間関係上の不公平な過程を、私は学校の教員という己の内面化された「植民地主義」とともに、彼らの心の闇をかいまみることができた。その頃の児童たちは、今は三〇代、四〇代になっている。

記憶に残るひとつの例がある。下記にしるすのは、当時、小学三年生だったK君の日記の一部である。

「きのうのこと」
　夜のしごとから、かえってくるときねむたかった。だって夜の三時半だもん。ねむたいはず。
きょう、たったの三時間しかねてないんだよ。（一九七七年五月三〇日）

「かなしいこと」
　よる、おかあちゃんと、おとうさんと、Mりょかんへいって、ぼくは、せと一丁目のアパートで、ひとりねています。それがかなしいことなので、時計を買ってもらいました。もうかなしくはありません。だけど、ちょぴりかなしいです。まってえと、おかあちゃんをおっかけません。ぼくは、からだが、こんど、はりがくるのでしてもらって元気になっていきます。(六月二八日)

「夜にしたこと」

さいかアパートで、おかあちゃんが七時三十分にしごとにいって、ぼくは、本をみたり、トランプをした。八時三十分に、おしっこをして、ねようとすると、前の人がやかましかったので、八時四十分にねました。おかあちゃんが帰ってきたのは二時五十分でした。また、おしっこをやってねました。朝、起きたのは七時でした。(一二月一〇日)

「自分のこと」

四月は、みなにめいわくかけてすみません。でも、せいせきはあがったし、三学期は、このとおり、みんなより、一ぽまえの学級委員長です。はじめは、お母ちゃんにだまってたけど、言いました。(一九七八年三月七日)

K君は私が教員になって初めて担任させてもらった組の、忘れられない関係をもつことができたありがたい児童の一人だ。いま三九歳だろう。K君の父母とも目がかなり不自由で、白浜のM大旅館(収容人員一八〇〇人、室数三一〇)を仕事場として働くマッサージ師だった。K君の母親は、過労のためか持病の心臓発作で三三歳の若さで亡くなってしまった。突然の死であった。学校にとっての色々な「問題行動」をK君がひき起こすなかで、お母さんが話してくれたことが今も忘れられない。

「このままでは、Kが可哀想や。今、昼働くことを考えているんや。按摩だけでは身がえらいばっかりであかん。五年間かかって、苦労して針、灸の免許を国家試験に受かってやっととったんや。国立温泉病院で働くか、開業してでも昼やりたいんや。栈橋あたりは、昼の客も多いので、引っ越すことも考えているんや。どっちかひとり昼働けて、夜おれたらなあ。夜、おそなってはKが可哀想や。むごいことや……。毎日、学校へ行く前に、よくいいきかせて出しているのでたのみます。」

K君の母親は、いったい「何死」だったのだろうか。病死を嘘だとはいわないが、決して本当ではない。（病死ではまるで自分で死んだようにきこえる。）人はひとりで死ぬわけではなく、世界のなかで死ぬのであり、K君の母親の死も、彼女と世界（現実）との関係が、彼女の死によって、きわめて凝縮されたかたちであらわれたと思う。K君の母親の息の根をとめた途方もなく大きな何かが背景に広がっていることは確かだ。私にとっては、忘れ、眠らせてはいけない無二の体験である。

あらゆる地方は多少とも中央の国内植民地であろうが、このような白浜温泉の人的、物的動向の再生産を、「国内植民地」という搾取と差別を内包する認識概念であらためて省察し再考すると、私は、現況の教育制度、医療と福祉の質、所得面での経済的格差の拡大と階層の固定化を確かにこの私自身の身体で体験してきたことになる。いま私の現実は、地球内の一地方の観光地で国家と資本に従属し、かつ世界の植民地主義にも加担しながら、己の執念とは矛盾するなかで、生活の糧を得ている最下層のパート労働者である。

生きるとは現行を再生産していくことでもある。「国民は必然的に植民地主義者である」（西川長夫）。二重拘束状態にあるのだ。（現在の世界で生活するとは、そういうことになるようシステム化され仕組まれている。）「人」の声を聴き、「明日」を語る余裕もなく、職場の同僚への悪口で、資本への不平・不満の欲動をその場その場で満たしていこうとする自縄自縛の奴隷根性。喧嘩、カツアゲ、傷害、ドメスティック・バイオレンス、幼児虐待、自らの社会での歯車としての不自由で不平等な人間関係のはけぐちが出る。自分が尊重されないことに慣らされ、自己評価が低くなってしまっているのが、同僚の強張った表情から伝わってくる。まさに「道」を選ぶ余裕も、「自分」を選ぶ余裕もなく、各自の「能力」を得るための前提の不公平を問わない新しい「身分制度」の世襲のようだ。「自己責任論」を内面化し、自分自身にも自存できなくなって、貧困への怖れと憂いのみが残されていく。

自分のなかの植民地主義にあらためて気づくことで、自分が変わっていけたなら、職場が少し変わるかもしれないのに。賃労働という日常社会の合法的な暴力と作られた無知に阻止されてしまう。まさに搾取と抑圧という構造的な暴力のなかにいる「私」を実感しているのである。そして、国民国家の再生産過程から逃れる試行錯誤を思考している。

「国民は必然的に植民地主義者である」とは、国民国家から空気のように「転移」してくる自身の内面化された植民地主義の心性を照らし、国家の再生産装置に「逆転移」を惹起する気迫力をもつ的確で貴重な言葉だ。私たちの経験からの認識であり、いままで感じてはいながらも、誰もが明確にいわなかった当然ともいえるこのことを、はじめて言葉に顕現し摘出された気がする。いま私が理解したいのは、地域の構造が全世界の状況とどのような具体的な共犯関係にあり、また、どのような土着の努力や営みが不公平なグローバリズムを打破する可能性をもっているのか、いないのかを認識することである。

私の願いは、社会を構成する最も抑圧された不可視のような階層が、私を含めて資本と国家の

「従属民」として存在することをやめるようになること。そのためにたえず世界への構想力をもって、唇を噛みしめるだけの私ひとりの些細な「直接行動」の「暴力」であっても実行していける「人間力」を身につけていくこと。安易に自らの生を、自らの内面を「主体的」に制御、服従させて、微温的な自己組織化に甘んじないこと。

人間的自然の真の活動の「共同体」は、もう通り過ぎていってしまったのだろうか。それとも、未だ最も古い人間と最も新しい人間とが親しく生きていける、人間と人間たちの存在の、心静かに安らぐその固有の生、その固有の享受の「大地」と「精神」は、なお発見されていないのだろう、と「一粒の砂」として考えつづけている。

ひとつぶの砂にも世界を
いちりんの花にも天国を見
きみのたなごころに無限を
そしてひとときのうちに永遠をとらえる

ウイリアム・ブレイク（『ブレイク詩集』寿岳文章訳、弥生書房より）

Ⅲ　グローバル・シティ

都市のグローバル性／植民地性

加藤政洋

1　流民労働者の街――初期ミナト神戸の素描《スケッチ》から

新しい都市にはどこか植民地都市を想起させるところがある(1)。

慶応三年一二月七日（一八六八年一月一日）、大阪湾に面して建設された居留地を中心とする湾岸部が、安政の条約にもとづき開港した。当初開港が予定されていたのは、瀬戸内海でも屈指の港町、海陸交通の要衝として栄えてきた兵庫（津）である。ところが、幕府は外国人と日本人との接触をできるだけ回避しようと、兵庫を隔てること三・五キロの地に居留地を建設する。それまでまったく無名であった神戸は世界へ開かれた窓として都市化の途を歩み、昭和戦前期には六大都市の一角を占める港湾・工業都市へと成長したのである。

日本の主要な近代都市が城下町を起源とし、既存の空間構造を転用・活用することで発展の地歩を固めたのに対し、神戸は白地のキャンバスに描きこまれた居留地というただ一点の空間を核にして、市街地化を推し進めた都市であった。極小の人口規模と未発達の既成市街地から出発し、わずか半世紀で国際港都へ発展したという点で、まさに神戸は都市社会学者のロバート・パークがいう「社会的実験室としての都市」と呼ぶにふさわしい場であった。その初期局面を鮮やかに描いてみせた『神戸開港三十年史』(一八九八年)を参考に、ここでは都市化する社会のありようを一瞥しておきたい。

『神戸開港三十年史』は、その名のごとく、開港から三十年間の都市形成過程ならびに都市社会の変容を、五百以上もの節に分けて記述している。神戸といえば、むかしも今も、お洒落でハイカラな街、異国情緒ただよう港町としてイメージされるかもしれない。だが、同書が明らかにしてくれるのは、そうしたイメージは(やはり昔もいまも)神戸のごくごく限られた一面にすぎない、ということだ。宮崎学の言葉を借りれば、神戸はその当初から「いくつもの広大なスラムをかかえ、農山漁村からの流入労働者と主に中国人からなる外国人労働者が混住する雑駁な流民の街だったのである[2]」。宮崎の歴史地理にかかわる認識には、いくつか重大な誤りがあるものの、「流民労働者の街」という概括はおそらく正しい。

実際、開港後の神戸は「五大洲の人民一所に会して、小世界を形造れる[3]」と指摘される国際港市であるとともに、都市建設の当初から「斯の如く土木工事起りたれば、神戸に向て麕集する労働者漸く多く、人口俄然増殖を加へて、神戸は往日の寂寥たる幽棲地にあらざらんとす」(明治元年)(三二六頁)と言われるほどに、移入する「労働者」で満ち溢れ、活気づいた都市であった。それればかりではない。

今や神戸の貿易は日を逐ふて進み、加ふるに内外人公私の土木工事、頻々として起るに至りたれば、特り商業に従事する者のみにあらず、労働を以て目的とする者最も多く四方より集ひ、市中漸次殷賑を増すに随ふて、無産無頼の徒、来りて不正の行為を現はすに至れり（明治元年）（三六六―三六七頁）

「非人乞食潮の如く来る」〔……〕都市に貧民を見ること多きは其常なれ共、明治五年以後七年の頃まで両港に乞食の多かりしこと驚くべき者ありき。独り乞食のみにあらず、無資無産の輩は、八方より襲来せり、而かも土木工事の天地、通商振興の天地たる両港は、此等の労働者を容る丶の余地、綽丶たる盛況なりし也。（五五二―五五三頁）

このように、景気の好不況によって労働者の移入には波があるものの、開港から最初の二〇年間は多くの移入者があり、そのほとんどが貧しき者であるという事情は、さして変わらなかった。たとえば、明治一九年の状況は次のように記録されている。

此年上半期は兵神両港へ移住し来る者多く、彼等の多数は人力車夫となれり日雇人足となれり、兵神両市の人口は之が為めに増加せり。彼等は市況不振の両市に向ひ、何が為めに移住せしか。明治十五年来地方の不景気は、彼等をして墳墓の地を離れ、運命を移住地に求めんと決意せしめなり〔……〕(4)。

生まれ故郷を離れ、新天地に「運命」をかけた者たちの多くが、その日暮らしの日雇労働者となった。当然、収入の安定しない者が多く、「市内貧民窟に充溢」(八三頁)するような状態も見られたのである。明治二三(一八九〇)年、造船業を興したことで知られる川崎正蔵が、神戸市に委託して市内の「貧民」を調べさせたところ、葺合地区に一六四六人、雑居地を中心とする神戸地区に二〇七〇人、湊東地区に四一一八人、兵庫側の湊西地区に二一六六人の多さであったという(九四頁)。まさに市街地全域に、「貧民」があふれていたのだ。

〔……〕神戸の土着人は、其員数多からざるの故を以て、その風俗習慣は、新来の移住民を感化するの力なかりき、寧ろ新来者の感化を受くべき地位に立てり。殖民地の態を以て発達せる神戸に於ては、十人十色の風俗習慣ありて、雑駁なり不統一なり、神戸気質の存立は容易ならざりしなり。殊に新来の移住民は、古郷を棄て丶新運命を求めんとして来る者なり、冒険も恐れず、労苦も辞せざる気力ある者と認めざるべからず(三〇九頁)。

急激に成長した都市社会の一面を、『神戸開港三十年史』はこのように捉えている。編者の目に映った神戸は、まさに「新殖民地の観」を呈していたのだった(三〇九頁)。

以上は、今から百年以上も前の、まだ人口が三〇万にも満たない都市の素描である。その後、この街は、西日本を中心に——そのなかでも特徴的なのは、鹿児島県の奄美諸島——、さらには朝鮮半島、中国、台湾から多くの労働者を受け入れると同時に、ブラジルを中心とする中南米へ移民を送り出す結節点としても機能する、工業・港湾都市へと発展する。

本節の冒頭で引用した「新しい都市にはどこか植民地都市を想起させるところがある」とはフランスの哲学者アンリ・ルフェーブルの言葉であるが、奇しくも『神戸開港三十年史』のなかで、神戸もまた「新殖民地」に見立てられていた。人口集中にともなう都市の発展に目を奪われて見落とされがちな都市本来の性格、それが植民地性だということか。

2 選別機械としての都市

都市は常に、中心へと集結する意志によって放逐することで、あるいは無関心ななかで、中心から離散させ立ち退かせる、陰にこもった暴力を行使していたのではないか？ 都市は常に、郊外（sub-urb［下位・都市］……）を作り出し、場所の陳腐化を生じることで、都市そのものが放逐されていたのではないか？(5)

一九二〇年代なかば、成長著しい北米都市シカゴの発展様式を、たった一枚の図で見事にモデル化してみせたのが、都市社会学シカゴ学派のアーネスト・バージェスである。知られるように、バージェスは都市の発展と内部構造に関する同心円地帯論（concentric zone model）を構築した。(6) 経済・文化・政治活動の一点集中と高層化が顕著である第Ⅰ地帯の中心業務地区（Loop）から、ビジネスや軽工業によって侵食されている第Ⅱ地帯の遷移地帯（zone in transition）、（第Ⅱ地帯から抜け出したものの）職場へのアクセスを重視する（工業労働）者たちの住区となる第Ⅲ地帯としての勤労者住宅地帯（zone of workingman's homes）、そして高級アパートや一戸建てからなる第Ⅳ地帯の住宅専用地帯（residential zone）を経て、都市外縁の郊外住宅地ないし衛星都市である第Ⅴ地帯の通勤者地帯（commuters zone）へと同心円状に広がる都市構造、それがバージェスのモデルである。

このモデルで特に有名なのが、シカゴ学派のフィールドワークの舞台ともなった第Ⅱ地帯であった。モデルを考案したバージェスは、この地帯を次のように描写している。

中心業務地区を取り囲んでいる頽廃的地帯には、貧困、堕落、疾病などが氾濫している地域や犯罪と悪徳のどん底社会のある、いわゆる「スラム」や「暗黒街（bad lands）」が存在している。頽廃的地域の内部には、下宿屋地区や「失われた魂」の煉獄がある。そのそばには、進取的、反抗的な精神の根城であるラテン地区がある。スラムではまた古い母国社会の諸遺産とアメリカへの諸適応とが奇妙に結びついた多くの移民街――ユダヤ人街、リトル・シシリー、ギリシア人街、チャイナタウン――で、人口が満ちあふれている。ここから押し出されたところに、自由で無秩序な生活をしている黒人地帯（the Black Belts）がある。頽廃的地域は、本質的には腐敗の地域であり、また人口の停滞ないし衰退している地域であるが、他方においてまた、伝道区、セツルメント、芸術家部落、急進主義者センターの存在によって示されているように、新しい、より良き社会のヴィジョンに満ちあふれた革新の地域でもある。(7)

国の内外から流入する移民を受け入れ、人種・民族エンクレーヴ（集住地）を共在させる第Ⅱ地帯——「都市とは、複数の自然発生的地域（natural areas）の布置であり、各自然発生的地域は特有の環境をもち、都市経済全体の中で特有の機能をはたす」[8]というのが、シカゴ学派の都市観であった。特定の民族エンクレーヴ——たとえば、ギリシア人街——を自然発生的地域と呼ぶのは、それらが何ら事前の目論みもなく発生し、固有の機能を果たすものとして考えられていたからにほかならない。

ところで、シカゴ学派の第二世代を代表するロバート・パークは、メトロポリス（大都市）をとある機械に見立てていた節がある。「社会的実験室としての都市」という論文のなかで、彼は次のように述べているのだ。すなわち、

〔……〕郊外とは、明らかに都市コミュニティの単なる延長ではない。開けた平野へと拡がりつつある郊外はどれも、他と区別されるひとつの特徴をもつ傾向にある。メトロポリスとは、一見したところ、方向変換と選別の巨大な機構のようだ。それは、特定の地区と環境の中で暮らすのに最もふさわしい個人を、まだわれわれの理解が十分及ばないような方法で、全人口の中からまちがいなく選び出す。都市が拡張すればするほど、郊外は拡大し、郊外としての特徴もはっきりしてくる。都市は、拡大することによって成長するのに対し、人々を選別・隔離することによってひとつの特徴を獲得する。その結果、各個人は、自分が生活できる場所、または生活せざるを得ない場所を、結局見つけ出す。[9]

このようにパークは、バージェスの図式を明らかに意識しつつ、メトロポリスを「方向変換と選別の巨大な機構」のようであると指摘する。つまり、膨大な数の人びとを惹き寄せては外延・拡大することで成長をつづけてきた都市は、同時に人びとを「選別・隔離」することによって、その内部に多様な場所――労働／生産の空間としての中心業務地区、そして日常生活／再生産の空間としての郊外、スラム、ゲトー、民族エンクレーヴなど――をつくりだす、というのである。

前節に見た国際港都・神戸もまた、ただ流入する労働者の受け皿となっていたわけではない。実際、貧民窟《スラム》、港湾労働者の集住地区、同じ島嶼部からの国内移民でありながら居住地を分化させた徳之島・沖永良部島の都市内コミュニティ、そして中国・韓国（朝鮮）系の居住分化など[10]、ややきつい言い方になるが「選別・隔離」は神戸でも確実に起こっていた。

だが、パークの議論は、一見、変化や諸過程を動態的に捉えているように見えて、実際には社会的な関係を介在させることなく、都市の空間構成をそのまま社会の地理的なあらわれと見なすきらいがあることには注意しておく必要がある。学派とその流れを汲む社会学者たちが残した、豊かで厚みのあるモノグラフとは裏腹に、その都市形態論からひとつ抜け落ちていたのは、ルフェーブルの言う中枢性、さらには西川長夫の言う「都市が本来的にもっている植民地性」にかかわる認識だったのかもしれない。中枢は情報・資本・権力の集積点、さらにはグローバルなネットワークの結節点として、剰余価値の形成・実現・分配において重要な役割を果たし、またそうであるがゆえに、都市は植民地の様相を呈するのである[11]。

首都は、人間、頭脳、富、なんでも自分のまわりにひきよせてしまいます。それは決定と意思の中枢なのです。パリの周辺には従属的な階層化された空間がひろがっています。これらの空間はパリによって支配されると同時に搾取されているのです。帝国主義者としてのフランスはその植民地を失いましたが、国内における新‐植民地主義が打ち立てられつつあります。[12]

3 植民地としての都市

本稿のベースとなった論文のなかで、わたしは「都市編成の生産」について概説した。一九六八年を前後する時期に発せられたルフェーブルの言葉を今さらながら反芻して前稿を反省するならば、都市的な空間‐社会編成はつねに搾取をともなう植民地化の過程として捉えられなければならない、とすべきだったかもしれない。

中枢を経済空間としてみれば、行政機関や企業が集中的に立地する——それゆえ雇用／就業の機会が大量に発生する——場所であると同時に、消費を編成する空間ともなる（ルフェーブルの言う「二重の搾取」）。都心とその周辺には商業的・工業的な土地利用を通じて、生産／労働の空間が創出され、さらにそうした雇用が発生し、就業の機会が集積する場所の周囲に住宅が凝集して、多様に分化した住宅地が形成されるのだ。このように考えれば、「社会的に分化した近隣住区やコミュニティの精巧なモザイク」をなす社会空間を、安易に「複数の自然発生的地域の布置」とみなしてはなるまい。まさに社会空間の諸種の特徴のなかに、分業や局地的労働市場のはたらきがはっきりと刻み込まれているのである。[13]

人だけにはとどまらない、モノや富、情報や知識、その他剰余の極大の集中・集積は、一方で郊外化を含む領域の拡大をともないながら、都市の「内破‐外破」をもたらす。[14]階層、エスニシティ、ジェンダー、ライフステージなどに応じて、住宅地区は断片化されながらも、中心部を取り囲むようにその布置が編成されていく。パークが述べるように、たしかに都市は凝集と分離を同時に達成する機械であるのだが、ルフェーブルがクリティカルであったのは、都市的空間の編成をパークのように人間生態学的な居住分化論に貶めることなく、「外部」を包摂する運動、つまり不均等・不均質なグローバリティをローカル化する過程として捉えたことにあると言えるかもしれない。[15]

たとえば、それは都市‐農村（地方）といった対立を止揚し、両者のあいだに横たわる構造的な問題や矛盾、格差までも内面化することを意味している。[16]「新＝資本主義による搾取は〔……〕国内的植民地化という色彩を持つに至った」[17]という指摘をふまえるならば、現在、都市の空間性に輪郭をあたえるには、もはやかつてエンゲルスがマンチェスターに見いだしたような階級関係だけではこと足りない。まさにルフェーブルの言う（半）植民地化された集団ないし場所を説明変数として組みこむ必要があるのではないか。

4　グローバル都市──外部なき空間としての

〔……〕局地化されたひとつの中心ではなくて、〈都市の群島〉のヘゲモニー、もっと正確にいうなら、情報通信や情報処理の手段によって接続された大都市の部分集合のヘゲモニーが主役として登場したのである。したがって、統合された世界資本主義の新たな相貌をまとった世界＝都市は深いところから脱領土化され、その多様な構成要素は地球の全表面をおおう多極的な都市のリゾームのなかに分散するところとなったのである。(18)

都市が外部をその内に取り込むことを指して、ルフェーブルが言った都市の農村化は、いまや第三世界化にもとどまりはしない。それはグローバル化の過程そのものである。人びとを惹きつけてやまない磁場でありながら、いったんひき寄せられた人びとは、社会空間的なセグリゲーションを通じて、結果として「中枢性とその運動」から疎外されてゆく。そうしたグローバル化社会における都市の姿を、西川長夫は次のように写しとった。

グローバル・シティには多数の多国籍企業が集まり、世界の多国籍企業のネットが結ばれる結節点であり、そこには資本や権力が集中しています。グローバル・シティは世界の資本に開かれた都市ですが、それは同時に世界の移民労働者に開かれた都市でもあります。ニューヨークの崩壊した世界貿易センタービルに七四ヶ国の国籍をもった人々が働いていたのはたいそう象徴的です。世界資本主義はもはや植民地という辺境の地に赴く必要はなく、辺境の地から労働者を宗主国の中心部に迎え入れるのです。こうしてグローバル・シティには黒人街、アラブ人街、中国人街、日本人街、コリアン人街、イタリア人街、ギリシャ人街、ポーランド人街、スペイン人街、メキシコ人街、等々、さまざまなエスニック集団が存在し、ときには治外法権的な外観を呈することがあります。私はそれを「逆租界」現象と呼んだことがありますが、グローバル・シティは一種の植民地である、と言うことができるかもしれません[19]。

植民地としてのグローバル都市という視点に、グローバル化のもうひとつの条件を接ぐとき、「逆租界」と称される空間‐社会現象は、また違った相貌をみせる。その条件（ないし状況）とは、情報化である。土地空間上に固定された建造環境の集合体である都市は、情報化による脱領土化をともないながら、場所というよりはむしろ「フローの空間」において自らの機能領域を拡張する。重要なのは――フェリックス・ガタリやマニュエル・カステルが正しく指摘するように――、その過程で「都市の居住地帯において地区間の生活水準の格差が激化」し、時には特定に地区で貧困が剥きだしになるなど、いくつもの分断線が都市空間を輻輳する事態が（まさに「場所の空間」において）具現したことであろう[20]。

さて、ここで分断線の輻輳と述べたが、「都市編成の生産」という点からすれば、これはオーソドックスな空間形態論において「都市の光」として「模様」をなしてきた地帯と、「都市の影」として前景化することのなかったインナーリングその他の地の部分が裏返しになり、異他性や外部性を表徴する諸種（land-, techno-, ethno, ideo-）の景（scape）が街頭の風景を塗り替えていく状況を想起させもする。

もし都市（*Urbs*）が世界（*Orbs*）になるなら、そしてもし場末《ゾーン》が都市全体になるなら、そのときは巨大都市《メガポリス》は外部のないものとなる。したがって、内部もない。〔……〕人はもはや巨大都市のなかに入るのではない。それはもはやつくり直されることを必要とするような都市ではない。いにしえの「外部」や田舎、アフリカやアジアは、いまや西洋の現地民とさまざまなしかたで混じり合って、その部分となっている。すべてが異邦的であり、しかも何ものも異邦的ではない。〔……〕巨大都市はこの惑星を、シンガポールからロサンジェルスやミラノまで帯状につないでいる。(21)

外部なき空間としてのグローバル都市。望むと望まないとにかかわらず、グローバル化時代の「権力の幾何学」に組み込まれた都市地域は、都市圏全体を俯瞰しつつ、より有効に場所の更新や部分的な空間の組み換えを通じて対応しようとする。ニューヨークの劇的なジェントリフィケーション（地区の更新にともなう階層の上向化）、東京の歓楽街における社会環境浄化、その他の空間管理を背景に進行したこれらの風景は、まさに外部なき空間のミクロ政治学として読まれなければならない。

都市がつねに多様性、開かれた機会、そして市民権や人権といった基本的な権利を揺籃し保証する場であるならば、それは好ましい環境ということになる。だが、すでに見たように、都市空間には社会を分断する線が幾重にも刻み込まれている。貧困や不平等の境遇に置かれた人たちから富める者、そして力のある者を切り離す分割線があるのだ。それらを浮き彫りにする実践、多様性や差異を丁寧にマッピングすることは、その基盤を掘り崩す起点となるのだろうか？　空間を改変する実践という意味で、まさに都市への権利を行使する〈場〉の構築が必要になる。

注

（1）アンリ・ルフェーブル『「五月革命」論』森本和夫訳、筑摩書房、一九六九年、一一二頁。
（2）宮崎学『近代ヤクザ肯定論　山口組の90年』筑摩書房、二〇〇七年、九頁。
（3）村田誠治編『神戸開港三十年史　乾』開港三十年記念会、一八九八年、三〇一頁。以下、同書からの引用は頁数のみ本文中に示す。
（4）村田誠治編『神戸開港三十年史　坤』開港三十年記念会、一八九八年、八二頁。
（5）ジャン＝リュック・ナンシー「遠くのロサンゼルス」小倉正史訳、ジャン＝リュック・ナンシー、ジャン＝クリストフ・バィイ『遠くの都市』青弓社、二〇〇七年、一六頁。
（6）アーネスト・バーゼス「都市の発展――調査計画序論」ロバート・パークほか『都市』大道安次郎・倉田和四生共訳、鹿島出版会、一九七二年。
（7）バーゼス前掲書、五七頁。
（8）ロバート・パーク「社会的実験室としての都市」町村敬志訳、『実験室としての都市――パーク社会学論文選』御茶の水書房、一九八六年、二二頁。

（9）同書、二二一―二二三頁。
（10）安保則夫『近代日本の社会的差別形成史の研究』明石書店、二〇〇七年。中西雄二「奄美出身者の定着過程と同郷者ネットワーク」『人文地理』五九巻二号、二〇〇七年。水内俊雄ほか『モダン都市の系譜』ナカニシヤ出版、二〇〇八年。
（11）アンリ・ルフェーブル『都市革命』今井成美訳、晶文社、一九七四年、三五―三六頁。西川長夫『〈新〉植民地主義論』平凡社、二〇〇六年、二五頁。
（12）アンリ・ルフェーブル『空間と政治』今井成美訳、晶文社、一九七五年、一五五―一五六頁。
（13）アラン・スコット『メトロポリス』水岡不二雄監訳、古今書院、一九九六年、二五一頁。
（14）ルフェーブル『都市革命』。
（15）原発の立地にはっきりと示されるように、大都市は空間的な「外部」も創出する。
（16）農村の都市化とともに起こる都市の農村化、こうしたルフェーブルの考え方にもとづくならば、「都市の貧困は、大部分が、都市システムの中で再形成された農村の貧困である」（ダヴィド・ハーヴェイ『都市と社会的不平等』竹内啓一・松本正美訳、日本ブリタニカ、一九八〇年、四一〇頁）という言い方も正鵠を得ていよう。
（17）アンリ・ルフェーブル『「五月革命」論』森本和夫訳、筑摩書房、一九六九年、一一二頁。
（18）フェリックス・ガタリ「エコゾフィーの実践と主観的都市の復興」杉村昌昭訳、『フェリックス・ガタリの思想圏』大村書店、二〇〇一年、一一三頁。
（19）西川前掲書、五四―五五頁。
（20）ガタリ前掲書、一一三頁。
（21）ジャン゠フランソワ・リオタール『リオタール　寓話集』本間邦雄訳、藤原書店、一九九六年、三二一―三三三頁。

アジア・メガシティとポスト・グローバルシティの位相

吉原直樹

1　ジェネリックシティと不可視化する座標軸

グローバル化の進展にともなって、地域《リージョン》がさまざまな空間的スケールで語られるようになっている。ナショナルなレベルのものを含めて、グローバル、リージョナル、ナショナル、ローカルのレベルで、そしてさまざまな個人の身体を介して地域の形成がいわれるようになっている。[1] こうした多層構成の地域は、グローバル化の最大の特徴である「距離の縮減」の結果立ちあらわれたものであり、それ自体、あらたな地域的共同体への統合と分化の動きを内在させている。近年、こうした動きに関して、東アジア（ここでは東南アジアも含む）では東アジア共同体とこれと交錯するアジア太平洋圏（最近ではASEAN《アセアン》プラス3）が取りざたされている。

ところでそうした新しい地域形成をめぐる動きとともに論議されているのが、都市の表層上の均質な風景と国境を越えてみられるいわゆる都市間競争である。いずれもこれまでは物理的距離と社会的距離の双方を含む「距離の縮減」によってもたらされたものとして論じられている。ちなみに、前者については、すでにクールハースがどこでも見られる、無印の一般的な形態の都市、すなわちジェネリックシティとして論じている(2)。筆者によれば、そこでは「個々の都市のもつ濃密な時間はすっかり凍結されてしまったように見える。あるのは、身体に伝わるボーダレスな感覚のみである(3)」。

こうした均質的かつボーダレスに立ちあらわれている無国籍の風景の下で、都市の座標軸がきわめて見えにくくなっている。その背後にグローバル化と「距離の縮減」といった事態の進展が見え隠れしているが、グローバルシティ東京のみならずアジア・メガシティ（グローバルな拠点的機能、結節的機能を欠いた巨大都市）をも通底するそうした風景は、東京に関する限り、国民国家から正確に離床しているものではない。この点については次節で再度述べるが、あわせて都市間競争にも漸次言及することにする。都市間競争はグローバルシティ東京と同様に「距離の縮減」に根ざしながら、グローバルシティとはまぎれもなく異なる境位、すなわちポスト・グローバルシティの境位に足を踏み入れている。

グローバルシティ東京は、一見したところ、官僚制とか集合的消費（collective consumption）が国民国家の下位特性であった時代にいわれた、「変動のフロンティア」とか「社会の望楼」としての都市からはかけ離れているようにみえる。しかしそれが明確に帝都→首都の系から離脱するようになるのは、一九九〇年代に入ってからのことである。この段階になって、空と電子の多重的なネットワークによって媒介された「フローの空間」が資本の欲動の高まりと交差しながら立ちあらわれた。そしてそうした「フローの空間」（カステル）の下で、一連のアジア・メガシティを含み込んだ国境を越えた都市間競争が激化するようになったのである。新たなグローバルシティ（→ポスト・グローバルシティ）の成立である。ここで注目されるのは、こうした都市間競争が上述した地域的共同体への統合と分化の稜線をなしており、それ自体、ポスト・グローバルシティへの転回をうながすものとしてあることである。

そこでまず、グローバルシティ東京の位相を明らかにする。* 次にアジア・メガシティとの接続面においてその転態が意味するものについて考えてみる。その際、アジア・メガシティの側に立って検討する。

＊ なお、以下の叙述において、世界都市・東京という場合は、「帝都」—「首都」の系で位置づけられることを含意しており、新たな世界性との関連で捉えるべきであるグローバルシティ（→ポスト・グローバルシティ）東京とは差異化して用いている。

2　世界都市・東京の位相と新たな世界性

世界都市・東京

都市の社会理論がマルクス、ウェーバー等の知的才幹の都市論から離陸《テイクオフ》し固有の展開を遂げるようになったのは、二〇世紀に入ってからである。社会学についていうなら、まずシカゴ学派都市社会学が、そして次に「新しい都市社会学《ニュー・アーバン・ソシオロジー》」が跳梁した。この二つのスクールは単純化していうなら、都市を独立変数とみるか従属変数とみるか、つまり都市にたいする外部の力を規定因とするかどうかをめぐって論争を繰り広げてきた。いまから考えてみると、そうした論争の表層上の激しさにもかかわらず、資本主義的モダニティの文脈に深く足を下していたという点では両者とも共通の地平に立っていたといえる。(4)「新しい都市社会学」を打ち破るようにして立ちあらわれた「空間論的転回《スペイシャル・ターン》」は、このことを反省的に認識する好個の機会となった。都市の社会理論がこの「空間論的転回」を経て一連の世界都市論に直面したのは、二〇世紀末の一九八〇年代後半から九〇年代にかけてである。

世界都市論は、フリードマンの世界都市仮説、サッセンのグローバルシティ論、フジタの「フレキシブルな特化（flexible specialization）」論等を推進力として展開された。それらは基本的には、国民国家を介した重層的構造のなかで先進国家のメガロポリスの動態を分析するものであった。そして共通に、ヒト、カネ、情報を独占し、そこからトランスナショナルなチャンネルへと開かれていく、現象としての「世界都市」を焦点に据え、世界的な規模での統合・コントロール機能の形成をうながすことになった多国籍企業の本社《ヘッドクオーター》機能の集積とかグローバルな金融センターの立地を理論射程におさめていた。もっとも、世界都市論が視軸に据えた現象としての「世界都市」は、いまだケインズ主義的福祉国家／介入国家の枠内にある先進国家の政治的、経済的中枢としてあり、その際限ない拡がりのなかで世界性／国際性を獲得・占有している「首都」としてあった。だから、それは世界の覇権国家の推移とともに政治的、経済的中枢の編成様式が変わり、国民経済を前提とする国際化や「多国籍化」が進むなかでの一つの立ち位置を示していたといえる。

たとえば、町村敬志がその精緻なモノグラフ(5)によって示した世界都市・東京は、実質的に「世界の工場」ロンドン、「自由主義世界の憲兵」ニューヨークと横並びに存立する世界都市・東京の空間的布置構成（spatial constellation）を表すものであった。そこで描述されたのは、多国籍企業主導の世界市場の垂直的分業に貫かれながら、日本という国民国家のなかで中枢性を獲得しながら、それが外に溢れ出ていくといった構図であった。「帝都」→「首都」の展開を通して自らの体内に埋め込んできた国民国家のアイデンティティの物語からいまだ脱していなかったのである。たしかに、「帝都」から「首都」への展開過程において、さらに三大都市圏から東京一極集中への地帯構成上の変化過程でナショナルなアイデンティティの問い直しが幾度かみられた。とはいえ、世界都市・東京が示す世界性は、戦前からの国民国家が育んできた（「中心—周辺」の構図を前提とする）特権的な中枢性の上にあった。いまや、そうした「帝都」→「首都」の（中枢性の）衣鉢をつぐ特権的な中枢性が変容を余儀なくされているのである。それは外からと内から破られ、代わってポスト・グローバルシティが社会の前景に全幅的に立ちあらわれている。

新たな世界性の成立

新たな世界性の成立に関してまず注目されるのは、グローバル化がもたらした流動性とハイブリッド性が都市にたいして新たな平面を構成していることである。空と電子による多重的なネットワークを磁場とする「フローの空間」は、都市そのものを脱コンテクスト化し超空間化している。同時に、距離や領域性を「瞬間的なもの（the instantaneous）」に解消していく世界性を育んでいる。こうして「瞬間的なもの」によって語られる「距離の縮減」の内容が問われることになる。田坂敏雄はこの点に関連して、杉浦章介[6]に依拠しながら、「物理的な距離」と「社会的・制度的な距離」の両方において「距離の摩擦」を克服する動きが生じているとし、それを事実上グローバル化と重ね合わせている。田坂によれば、「物理的な距離」は交通・運輸手段のイノベーション（革新）や情報技術革新によって劇的に縮まっているし、「社会的・制度的な距離」は、世界共通の経済規範が浸透し、ボーダレスな同質的な経済空間ができあがることによって極度に圧縮されているという。[7] さらに田坂は、「国境の透過性」の限りない高まりにも注視している。

さて「距離の摩擦」の克服という事態であるが、原理的には、ハーヴェイが「時間‐空間の圧縮（time-space compression）」として論じている。ハーヴェイによると、「空間が電子通信の「地球村」、経済的また生態学的に相互依存した「宇宙船地球号」へと収縮し〔……〕、さらに存在するのは現在ばかり〔……〕という点にまで時間的地平が縮められる」この「時間‐空間の圧縮」は、フォーディズムからポスト・フォーディズムにおけるフレキシブルな蓄積への転換の要をなす。そして生産における回転時間の加速化をともなう点に傑出した特徴があるという。[8] 詳述はさておき、「距離の摩擦」の克服＝「時間‐空間の圧縮」とともに表出している世界性は、資本の回転速度が空間変容の速度をはるかに上回って世界の空間の意味を変えてしまった結果あらわれたものである。

もちろん、そうした世界性は平滑なものではないし、固定的なものでもない。いったん成立してしまうと、資本が構成するグローバルな平面から離れて、いわばひっきりなしの運動状態のなかを漂うことになる。それはもはや「帝都」→「首都」の中枢性の残滓をひきずったものではない。それはこれまでのように「地」としての都市から出発して、その振幅がネットワーク状に拡がって成立するというものではない。たえず流動し、複雑に交錯するさまざまなネットワークがグローバルなフローとして立ちあらわれることによって生じるものである。それはポスター流にいうと、「時間と空間に根づいた「樹木状」の存在」ではなく「毎日地上をさまよう「リゾーム的」なもの」である。[9] 東京に即していうと、そうした世界性は既述した世界都市・東京の「絵柄」の単なるひきうつしや上塗りだけで示すことはできない。ちなみに、吉見俊哉らが内田隆三に依拠しながら「グローバルシティの逆説」として以下のように展開しているのは、この点できわめて意味深である。

バブル発生の頃から東京は、「自分自身がそこに張りついている底面に関する不安の感覚」を切実に経験し始めていた。それは東京の際限なき拡張によってというよりも、東京のとりとめのなき流動化によってもたらされていたものである。だから、「東京の新しい郊外空間や湾岸部への拡張は、東京とその外部との境界の消失や緊張関係というよりも、むしろ東京自身がその内部に生み落とした新しい社会性による過去の東京というオーダーに対する屈曲と否定の表現であり、また自己差異化の問題であった。」つまり東京は、単純に世界都市に進化することで外に向けて拡張したのではない。むしろ東京は、グローバル化のなかで自らが東京であること自体を否定するようなもうひとつの自己を内包してしまい、この自己分裂的な傾向が、次第に深く進行しているのだ。[10]

ここで指摘されている「グローバルシティの世界性の反転」といった事態は、明らかに一つの「図」として成立するポスト世界都市の相、すなわち世界都市・東京がグローバルシティとして有するもう一つの側面＝「グローバルシティのパラドクス／両義性」を表しているのである。あらためて注目されるのは、そうした「世界性の反転」＝「グローバルシティのパラドクス」を基調とするフローと化した都市を、グローバルな距離感覚にすっかり馴染んだ大小さまざまのハイブリッドなネットワークが縦横にかけめぐり、またそれと背中合わせにいわゆる分極化／分断化のさまざまな切面が芽を吹いていることである。こうした二律背反的な構図にたいしては、一見したところ、一方でポジ、他方でネガと結びつけて理解するある種のモダニズム的な思考法が理に適っているようみえる。たしかに、たえず増殖し移動し境界とか分水嶺を作っては壊していくネットワークと、ヤングが分極化／分断化の鋭意なあらわれとして指摘する五つの抑圧的関係──搾取、周縁化、無力化、文化帝国主義、暴力(11)──とは一定の関数関係をなしており、両者をポジとネガの対比で捉えることは有効である。しかしそうした思考法も、情報の無限増殖によってメディアスケープの裾野が一挙に拡げられ、ハーヴェイのいう資本の空間としての建造環境（built environment）すらも空間的な拡がりや場所的な奥行きを無化したスクリーンに溶かし込まれている状況下では、空転せざるをえなくなっている。

だがより問題となるのは、後者の分極化／分断化の事態が国民国家内で発現する「階級問題」としてよりは、むしろ国境を越えて拡がりをみせている第二級市民の問題としてあるという点である。女性、民族、政治的少数派、さらには文化（同性愛や地方性で括られるもの）、外国籍住民、種々のハンディキャップ層などを主たる担い手とするそれは、現実には、都市と社会的排除といった問題構制の下で語られることが多い。しかしそこで争点となっているのは、国民国家内の権利の確立といった内容／次元を超えた、ハイブリッドなネットワークの基層に深く根ざしているものである。

だからこそ、両者を通底し、しかも前述の「世界性の反転」と深く関連し、現に「国境の透過性」

をいっそう高めていることになっている国民国家の〈ゆらぎ〉／役割の低下（disetatization）について言及する必要がある。近代の国民国家は、一つのネーションでの「中心‐周辺」の円環の構造をなしている労働力編成と国民教化のイデオロギーを介して、分極化／分断化の芽を特定の領域内に封じ込めてきたし、また越境的で多重構成のネットワークの噴出を阻止してきた。しかしいまや、ヒルシュのいう「競争国家」が台頭し、グローバルな市場での競争に向けての体系的合理化のための最適な条件整備の一環として、さまざまな規制や制度が緩和・撤廃されている。[12] その結果、「国境の透過性」がますます高まり、分極化／分断化がいっそう「多管性」を帯びるようになっている。またそれとともに、さまざまなネットワークが縦横に立ちあらわれ、領域外にも拡がっている。

とはいえ、ここでいう新たな世界性の成立を説明するには、さらに世界都市・東京が一連のアジア・メガシティとの接続面においてグローバルシティ東京としてどう変容し、そのことがアジア・メガシティにどう反作用しているのかを観ることが必要である。そこで、アジア・メガシティとそれに複雑にからみ合う都市において有意味にあらわれている諸事象／相に焦点を据えて、新たな世界性の内実について掘り下げて検討することにしよう。

3　アジア・メガシティにおける世界性

東アジア都市回廊のなかのアジア・メガシティ

アジア・メガシティの世界性の内実をグローバルシティ東京との接続面で検討し、さらにそれ自体のグローバルシティとしての立ち位置をさぐるために、東アジア都市回廊といわれるものとそれをめぐって布置している都市間競争のあり様を観ることにする。もっともここでは、通常ＩＭＳ-ＧＴ（Indonesia Malaysia Singapore-Growth Triangle）の都市群と環黄海経済圏の都市群を総称していわれる東アジア都市回廊のうち、前者、すなわち日本～シンガポール～ＡＳＥＡＮ《アセアン》２（マレーシア＋インドネシア）という三角地帯《トライアングル》に焦点を据えて論じる。

さて第一に指摘したいのは、東アジア都市回廊が高度に序列的《ハイアラーキカル》で位階制的な性格を持つものとしてあったという点である。そこでは、グローバルシティ東京を核にしてシンガポール、香港、台北そしてソウルを、地域拠点機能をになう都市として共属させてきた。その場合注目されるのは、そうした序列的《ハイアラーキカル》で位階制的な性格が基本的に国民国家単位に仕切られた領域基盤の上に、個々の都市が連接《アーティキュレーション》して成り立つといった都市間システムにもとづいていたことである。詳述はさておき、そうした都市間システムを前提にしてはじめて、頂点における東京のみてきたような中枢性と〈準周辺〉におけるプライメイトシティ（首座都市）とが深く共振することになったのである。そうした都市間システムの下では、各国に固有にみられる市場のルールが個々の都市の連接以上に強く作用し、いわば国境の役割を果たしていた。だから東アジア都市回廊は、ある時期までは、国家を越える都市間ネットワークとしてはどちらかというと二義的なものであった。それはあくまでも領域的に仕切られた「サテライト型産業集積」（マークセン）の序列をともなった結びつき・つながりとしてあった。

ところで現在、東アジア都市回廊は依然として、先に指摘した諸都市、特にシンガポールの地域拠点機能を介して維持されてはいるが、そうした機能を介して東アジア都市回廊が以下に触れるような都市間競争の主要舞台になっている状況は、世界都市・東京の「脱国民国家」化→ポスト・グローバルシティ化、さらにプライメイトシティのメガシティ化と深く重なり合っている。そしてそうした地平で都市間競争が激しさを増し、みてきたような新しい世界性がにわかに現実味を帯びつつある。

東アジア都市回廊はアジア通貨危機以降その性格を大きく変えているようにみえる。それはなお序列化を内包した都市間連接として存在しながらも、いまや国家を越えて諸都市の利害《ステイク》が交錯し、熾烈な都市間競争が跳梁する場になっている。もともとグローバル化の進展とともに、ヒト、モノ、カネのフローが都市間の複合的なネットワークに寄り沿う形でみられるようになっていたが、通貨危機以降、それが都市間の差異＝優劣をより際立たせるような形ですすんでいる。既述した点にかかわらせていうと、都市そのものが「距離の摩擦」／「距離の縮減」を克服／達成し、企業とりわけ多国籍企業の立地を強くうながすようなトータルな蓄積環境を整えようとして相争う「競争的な動因（competitive agent）」と化し、その結果、競争優位に立つ都市と劣位を余儀なくされる都市との格差が顕在化している。田坂の以下の論述は、この都市間格差を達意に示している。

ポスト・フォーディズム時代に入ると〔……〕都市間同士の関係が顕在化し〔……〕時空間の収束した結節点＝ハブ都市に情報が集まり、投資が流入するようになる。都市は「競争的行為者」として立ち現れ、そのフローの結節点を確保すべく「場所をめぐる勝ち抜き戦」に参戦する。〔……〕「場所をめぐる勝ち抜き戦」は競争優位をもつ地域（都市）と劣位の地域をつくり出す。競争に劣敗した地域では雇用の流出と消失が進み、地域と産業の荒廃が深刻化する。(13)

いまや諸都市は東アジア都市回廊における序列のなかのそれぞれの位置、あるいは位置変動に向う布置状況をさし示すというよりは、むしろ「「場所を得た地域（都市）」と「排除された地域（都市）」という分断[14]」のなかでそれぞれの立ち位置を示すようになっている。ちなみに、こうした都市間の競争および分断の進展と同時に、競争優位に立つ都市だけでなくそれ以外の都市をも含めてそれぞれの都市内部においても競争と分断が生じている。こうして富裕化《ジェントリフィケーション》と貧困化《インフォーマライゼーション》がどの都市空間をも特徴づけるものとなっている。まさにグローバルな統合のなかで（都市自体の）「自己差異化」＝「自己否定」が立ちあらわれているのである。しかも「競争国家」による企業の立地を優位にするための一連の空間構造再編《リストラクチャリング》が、そうした状況をいっそううながしている。だからこそ、「競争国家」がグローバル化の進展に符節を合わせて行う、立地の優位を高めようとする行政的介入の中身と、そこから派生する空間構造再編の具体相をみておく必要がある。

まず前者であるが、それは基本的には「社会政策から、教育政策・科学振興政策・環境保護政策を含め、文化政策に至るまで、あらゆる事柄が「立地点確保」という至上命令、すなわちグローバルに活動する資本に利潤をもたらすような「枠組み条件」を創設するという至上命令（→構造改革）に服従する[15]」ものとしてある。こうした「競争国家」による「立地点確保」の追求にもとづいて、諸都市は「競争的行為者」として都市間競争に参入し、統合と分裂、包摂と排除といったグローバル化に特有の両価的な機制（ambivalent mechanism）に組み入れられるのである。

他方、空間構造再編であるが、アジア・メガシティのジャカルタの場合、ポスト・グローバルシティ東京のそれと横並びのものとしてある。少なくとも、グローバルシティ東京において観取される世界性（そして世界性の反転）とかなり類似したものを見いだすことができる。たとえば、ジャカルタの都心域で拡がっている富裕化現象と貧困化現象、さらにそれが空間に鋭意に反映して立ちあらわれているゲーテッドコミュニティとスラムといった二層構成は、東京にもバリ島のデンパサールにも顕現し初めている。またそれが自己否定の体内化という新たな含意をになってグローバル化の下での喫緊の問題構制になりつつあるという点でも、東京、ジャカルタ、デンパサールはほぼ共通の地平に立ちつつあるといえる。

「ワシントン・コンセンサス」とジェネリックシティの拡がり

とはいうものの、ジャカルタおよびデンパサールで観取される世界性と、グローバルシティ東京におけるそれとの間に位相の違いがあることはたしかである。ジャカルタもデンパサールも、それらの空間構成にはコロニアルの体験とかポストコロニアルの開発独裁体制の痕跡、さらにプライメイトシティとしての空間履歴等が深い影を落としている。何よりも、空間に刻まれた「拡大メガ都市圏（EMR）」[16]の特異な機能集積は、東京との類同性よりは差異を浮き彫りにさせている。そしてそのこと自体、東アジア都市回廊に布置する諸都市の間で繰り広げられている都市間競争の屈曲したあり様を射影している。

既述したように、東アジア都市回廊のなかにあって、シンガポールは一貫して媒介的位置を維持してきた。それにたいして、ジャカルタおよびデンパサールは「競争的行為者」としては遅れて登場した。つまり都市間競争から立ち後れていたのである。それが通貨危機を経て、東アジア都市回廊で急速に横並びに位置するようになった（もちろん、横一線にあるというのではない）。これにはさまざまな要因が考えられるが、やはり当該国家が「ワシントン経済コンセンサス」と「ワシントン安全保障アジェンダ」からなる「ワシントン・コンセンサンス」を受け入れたことが大きい。ヘルドは、それを次のように述べている。

〔「ワシントン・コンセンサス」は〕今や、グローバル化の固有の形態の駆動力と結びついている。両者は一体となって、市場規制から災害対策案に及ぶ社会経済の中心領域に政府は積極的に関与すべきでないと、また、国際的調整策や規制策を設けることは自由を阻害し、成長や発展に歯止めをかけ、利害を規制することになるとしている。これで現在のグローバル化の構造が明らかにされるわけではないが、グローバル化の政治環境の中心に位置している。(17)

まさに通貨危機→経済破綻を契機として「ワシントン・コンセンサス」にもとづく構造改革（それは事実上、ＩＭＦや世界銀行を通じた「世界標準化」の強制であった）→空間構造再編が遂行され、その結果、ジャカルタおよびデンパサールは東アジア都市回廊において明確な地歩を確保することになったのである。それは東アジア都市回廊そのものが「ワシントン・コンセンサンス」の枠組みに組み入れられたこと、そして本稿１節で一瞥したジェネリックシティの拡がりと国境を越えてみられるいわゆる都市間競争が一体であることを示すものでもあった。

ともあれ、東京、ジャカルタ、デンパサールで観取される世界性が高度に差異性をはらんだものから、いまや「自己否定」を通して同一化に向かっていることがわかる。世界性はもともと差異性と同一化の二つの契機をはらむものと考えられるが、「ワシントン・コンセンサス」の強制的導入以降、まぎれもなく後者の動きが目立つようになっている。むろんそうなればなるほど、それぞれの都市において同一化のもたらす新たな差異＝裂け目《デバイド》、たとえば、不平等と格差といわれる事態が芽を吹くことになる。もっとも、それは「フローの空間」の広域化にともなって、きわめて多様で分節化した形態をみせている。最後にこの点について言及しておこう。

4　互換性と創発性から立ち上がるもの

国境をものともしない「フローの空間」は、皮肉にも「競争国家」の行政介入のとどまることのない進展をもたらしている。そしてポスト・グローバルシティへの離陸《テイクオフ》の条件も、こうした行政介入↑↓「フローの空間」の放恣な拡がりによって形成されている。そうしたなかで育まれつつある新たな世界性の内実は、まさに情報都市（informational city）の作動形態とそこに底在する「両義的なもの《パラドクス》」によって説明することができる。情報都市は単なる情報の結節点ではない。それはヒト、モノ、情報、カネの集積の場＝容器《コンテナー》というよりは、むしろヒト、モノ、情報、カネのフローを節合《アーティキュレイト》し、管理する場＝整流器《レギュレイタ》である。[18] そして情報都市の〈いま〉は、ナショナルな次元での分権とかガヴァナンス（共治／協治）の進捗度合の差、さらにそうした次元で発現しているさまざまな形態の対抗軸の境目を呑み込んで存立している。先にみたような東アジア都市回廊に包含され、何らかの程度、上述の世界性を自分のものにしている都市は、そうした情報都市と重なり合っている。

とすれば、不可視化しているさまざまな境目や裂け目を可視的なものにするとともに、それらと指摘されるような世界性あるいは「世界性の反転」との関連を明らかにする必要がある。そうすることで、都市空間に写しとられた世界性の屈曲した形姿を多少とも浮き彫りにすることができるからだ。ただ、指摘されるような境目や裂け目の根をなす対抗軸は「一対一の連鎖」を中心に据える説明枠組みでは容易に解き明かせない。さまざまな対抗軸が複合的なネットワークを織りなす次元に立ってはじめて、上記の「世界性の反転」は可視的なものになる。たとえば、こんにち、底辺労働者としてデンパサールに流入するムスリムのかかえる諸困難は、東京やジャカルタにおいて分厚く形成されている極貧層や最弱者層のかかえるそれらと通底している。またバリにおいて広範囲にみられるようになっている日本からの「ライフスタイル移民」[19]のモビリティ志向は、まぎれもなく脱ナショナリティのはざまから生じており、そうした点でジャカルタの一部ミドルクラスの間でみられる、必ずしもナショナリティにこだわらない心性と響き合っている。しかし上述の「一対一の連鎖」で説明できるのは、せいぜいここまでで、それらが先に述べた都市間競争にどのように作用しているのか、あるいはその基層にどのような形で底在しているのかは明らかにできない。筆者の見解では、上述の事態は、基本的には、「競争国家」が「ワシントン・コンセンサス」に準拠してすすめた都市間競争の多様な帰結の一つ、それも社会的セグメント（分節）化の鋭意なあらわれである。

構造的重層性によって深く貫かれている世界性は、個々の問題事象の次元ではたしかに統合と分裂、あるいは包摂と排除といった二項図式による把握が成り立つかもしれない。しかしそうしたものが国家を超えて交錯し相互作用する地平では、世界性はさまざまな要素がぶつかりあって節合するといった、作動そのものの互換性と創発性がメルクマールとなる。そしてそうした互換性と創発性の機制は先の東アジア都市回廊に立ち返るなら、個々の都市を通底するとともに都市間競争の裾野にまで深く及んでいることがわかる。

さて最後に言及しておきたいのは、互換性と創発性の機制が作動する以上のような世界性の成立場において、ローカリティがどのような発現形態をとっているかという点である。ここで注目されるのは、ナショナリティの再鼓吹につながるようなローカルからのリアクションがもはや例外的で周辺的なものではないということである。そうした動きは程度の差こそあれ、どの都市空間にも立ちあらわれており、空間転回の一大契機を構成するまでになっている。もちろん、個々の都市のかかえる文化的、宗教的布置構成、さらに伝統構造そのものに由来するバリエーションは存在する。しかしそうしたバリエーションも個々のリアクションの間でみられる類同性までも否定するものではない。同時に、空間転回の契機という点では、上記のリアクションと背中合わせに一連の市民社会《シビル・ソサエティ》を創建しようとする試みが立ちあらわれていることに注目する必要がある。それはアジアの諸都市ではこれまで社会の前景にあまり表出することはなかったが、先の互換性と創発性の機制に深く根ざしている。こうした動きは都市間競争が社会のセグメント化と格差だけをもたらしているのではないということを示している点で興味深いが、他方で、そこには「競争国家」による上からのガヴァメント（統治）のしかけに嵌ってしまうといった危うさが底在している。

いずれにせよ、新たな世界性が自らの裡にはらむポスト・グローバルシティの境位はきわめて屈曲しており混沌に充ちている。そこに観取される両義性はさまざまなベクトルのせめぎあいの上にあり、容易に焦点をむすばない。しかし、同一化のなかの差異、差異化のなかの同一性がそうした両義性の、迂遠ではあるがより浸透力のあるメタファーとなっていることはたしかである。

付記：本稿は近刊の拙著[20]を要約的に再構成したものである。詳細はそちらを参照してほしい。

注

（1）岩永真治『グローバリゼーション、市民権、都市』春風社、二〇〇八年。
（2）J. Sigler, ed., *Small, Medium, Large, Extra-Large : Office for Metropolitan Architecture*, New York : Monacelli Press, 1995.
（3）拙著『都市とモダニティの理論』東京大学出版会、二〇〇二年、二五五頁。
（4）D. Savage, and A. Warde, *Urban Sociology, Capitalism and Modernity*, Hampshire : Macmillan, 1993.
（5）町村敬志『「世界都市」東京の構造転換』東京大学出版会、一九九四年。
（6）杉浦章介『都市経済論』岩波書店、二〇〇三年。
（7）田坂敏雄「東アジア都市間競争論の枠組み」、田坂敏雄編『東アジア都市論の構想――東アジアの都市間競争とシビル・ソサイエティ構想』御茶の水書房、二〇〇五年、一一頁。
（8）D. Harvey, *The Condition of Postmodernity*, Oxford : Blackwell, 1989（デヴィッド・ハーヴェイ『ポストモダニティの条件』吉原直樹監訳、青木書店、二〇〇二年、第一七章）.

（9） M. Poster, *The Mode of Information*, Cambridge : Polity, 1990（M・ポスター『情報様式論』室井尚・吉岡洋訳、岩波書店、二〇〇一年、三〇頁）.

（10） 吉見俊哉・姜尚中『グローバル化の遠近法』岩波書店、二〇〇一年、一〇二―一〇三頁。

（11） I. M. Young, *Justice and the Politics of Difference*, Princeton : Princeton University Press, 1990.

（12） J. Hirsch, *Der nationale Wettbewerbsstaat : Staat, Demokratie und Politik im globalen Kapitalismus*, Berlin : Edition ID-Archiv, 1996（ヒルシュ『国民的競争国家――グローバル時代の国家とオルタナティブ』木原滋哉・中村健吾訳、ミネルヴァ書房、一九九八年）.

（13） 田坂敏雄「まえがき」田坂編前掲書、vi頁。

（14） 同右、iii頁。

（15） 田坂敏雄「東アジア都市間競争論の枠組み」前掲書、七頁。

（16） 同右。

（17） D・ヘルド「グローバル・ガヴァナンスの再構築」中谷義和編『グローバル化理論の視座――プロブレマティーク&パースペクティブ』法律文化社、二〇〇七年、八六―八七頁。

（18） 拙著、前掲書。

（19） 山下晋司「ロングステイ、あるいは暮らすように旅すること」『アジア遊学』一〇四号、二〇〇七年。

（20） 拙著『モビリティと場所――21世紀都市空間の転回の位相』東京大学出版会、二〇〇八年。

【レポート】

グローバル化における上海の文化発展

郭　潔敏

「グローバル化」は、資本の自由化、外資系企業の進出、インターネットや携帯電話の普及（IT革命）、移民や外国人労働者の増加などを意味するが、上海は国際大都市として、このグローバル化の波に巻きこまれ、その社会は著しく変貌している。その特徴をいくつかあげてみよう。

第一は、都市情報化レベルの向上、世界との瞬間連結能力。グローバル化の大勢に応じようとして、上海市政府は世界との瞬間連結レベルを重要視し、力強く科学技術を発展させ、都市情報化を推し進めてきた。中国インターネット情報センター（CNNIC）および上海市インターネット協会の『二〇〇五年中国インターネット発展情況統計報告（上海報告）』によれば、二〇〇四年末までに、上海市のネット人口は四四一万人、上海市総人口の二五・八％に達する。すなわち、上海人の四分の一は即時に外部世界と接触・コミュニケーションしているのである。しかも、このようなネット人口はますます増加する傾向にある。

第二に、外来人口の比率が拡大し、社会構造が変化している。上海は以前から移民都市として知られていたが、一九四九年の新中国誕生以来、厳しい戸籍管理制度によって他の国内からの人口移動は全面的に制限されていた。一九八〇年代に入ると、グローバル化を背景に、中国は改革開放の政策をとりはじめ、上海に流入した地方出身者は年々増加して、上海は再び移民時代を迎えることになる。統計によると、二〇〇五年の上海の流動人口は五八一万であり、そのうち就労者は三七五万九〇〇人に達する。この数は上海の労働者全体の三九・五％を占めており、五人に二人は上海以外の出身者となっている。

第三に、グローバル化時代の「国境越え」行動により、上海に長期滞在する外国人も増加の一途をたどっている。たとえば、二〇〇五年には約四五〇〇社の日系企業が進出し、約三万四〇〇〇人の日本人が住んでおり、中国最大の日本人コミュニティーが形成されている。短期滞在者も同様に増加し、二〇〇六年九月、中国ビジネス旅行フォーラム予告会において上海市観光委員会が明らかにしたところによると、二〇〇七年の一月〜八月で、上海への入国者数は三九一万五三〇〇人となり、そのうちビジネスマンが六〇％を占めている。大量の外資系企業が中国に進出したことで、中国ビジネス旅行市場が急速に成長したのである。

このような持続的発展は、いうまでもなく上海の都市文化に大きな影響をもたらした。インターネットの普及や大量の人口移動に伴い、外来文化が上海に猛進したために、その文化は次第に変容され、地域的な特性が失われかねない状況を生みだしていることが、最大の問題としてあげられる。

現在進行中のグローバル化は、世界を均質にする力をもって作用し、上海は国際的な都市として発展し、他の都市よりいち早くしかも多く海外の文化を吸収して、西洋文化移入の窓口となった一方で、歴史上華やかな都市風貌や豊富な人文資源で「海派文化」（上海流文化）を育んできたこの都市は、その文化的特色を失う危険に直面しているといえよう。

具体的にはまず、建造物の西洋化があげられる。上海には四五〇〇ほどの高層ビルあるいは超高層ビルが林立し、上海特有の石庫門建築の一戸建て——一九二〇年代から一九三〇年代に西洋建築の影響を受けて作られた「中西（中国と西洋）合壁」のものだが、時の流れとともに上海独特の代表的な民居になった——の影が薄くなっている。第二に、上海語の「弱化」。外来人口の増加にともなって、上海方言の使用範囲が徐々に縮小し、特に上海方言を駆使する児童の数は激減している。第三に、西洋風俗の定着。たとえばクリスマスやバレンタインデーは、多くの上海人、特に若者に熱心に受けられてきているが、七夕のような中国の伝統的祭りの人気は低下している。上海文化に深く染みこんだ「中国味」あるいは「上海味」がますます薄らいでいくことが予想される。

上海特有の石庫門民家

前述のとおり上海では外来人口の比率が急速に拡大しているが、その中には周辺からの出稼ぎ労働者がいれば、「国境越え」行動をするビジネスマン（あるいは資本家）

や旅行者もいる。このようにそれぞれ違う文化背景をもつ人々は、民族や言語、生活習慣、消費要求が異なり、上海に「多種類文化生態（集団）」が形成されることになり、この都市構造の重要な要素になっている。また、外資系企業や民間企業の多くは、都市中心部の高層ビルではなく、郊外に居を構えている。それゆえ、その地域では外来人口がかなりの比重を占め、たとえば上海市郊外に位置する人口一〇万人の馬陸鎮では外来人口の数（六万人）が地元民を上まわった。長年にわたり民間住宅や工場が提供する粗末な作業宿舎に寝泊するなど、衛生・居住条件は悪く、管理も行き届かなかったところにすんでいた多くの出稼ぎ労働者は、辺境からやってきた少数民族も含めて、高給を取得している「ホワイトカラー労働者」とは異なる「文化集団」となっている。

歴史をふり返るならば、上海は絶えず外来文化を吸収・融合し、「海派文化」と称された文化潮流を形成してきた。つまり、外来文化の進入によって上海の地元の文化は弱体化されたと同時に、新しい上海文化が育成されることで文化の特色が維持されてきたのである。しかし、グローバル化における激しい都市競争の中では文化の発信力などのような「文化力」がきわめて重要であり、それは一流の世界都市になるための条件である。したがって、世界の人々に対して上海の魅力を発信しなければならず、それゆえに上海の地元文化の保持に全力をあげなければならない。「世界都市競争力レポート（二〇〇五〜二〇〇六年）」が最近中国や米国、カナダ、英国など八カ国の学者により編纂され、四川省成都で発表されたが、「世界都市総合競争力　トップ一一〇」のうちトップ3は、ニューヨーク、ダブリン、ロンドンで、中国の香港や台湾、北京、上海はそれぞれ第一九位、第四八位、第六九位、第七〇位であることが明らかになった。中国本土都市の競争力はまだ弱く、国際大都市との格差が存在しているのである。

このため、上海の「ソフトパワー」を叫ぶ声は大きい。改革開放以来、上海は今までにない速いスピードで変化してきたが、国際大都市にふさわしい個性的魅力をもっているとはもはやいえない。「文化力」によって上海の地位を向上させること、つまり上海を独特性、開放性、多元性、創造性に満ちさせることによって、文化の香り高い、魅力にあふれる文化都市にすることが求められている。

また、アメリカを中心とする西洋文化はその強さを利用し、グローバル化において世界の文化を均質化しようとする傾向があることも、ここで指摘しておかなければならない。これに対し、多くの国から「文化帝国主義」や「文化侵略」(新植民地主義の一つといえよう)など批判の声が聞かれるが、大きく異なる文化の相互理解や尊重を提唱し、多文化主義を主張することは重要である。グローバル化の時代においては、様々な矛盾を孕む都市文化の諸相を歴史的視野の中で検討し、都市の個性を活用し、その輝きと伝統を誇る、品位と活気あふれる「魅力ある」国際文化都市の再構築へ向けることによってこそ、国際大都市は都市文化および多元世界に貢献することができるといえよう。

実際に上海では次のような都市の文化発展が推し進められている。

① 伝統文化の振興

上海市政府は、多彩で内容豊富な上海観光祭および上海中国国際芸術祭などの祭事を催して、国内外の数多くの観光客を魅了し続け、上海の特色を高揚する各種の特色商店街を約五〇カ所も作るなど、盛んに伝統文化を振興しようとしている。こうして美食街、娯楽街、商店街、文化街などが形成され、近年ではモノを売るより、意匠や体験、サービスが売り物とされるようになっている。たとえば、大連路にある全長四〇〇メートルの「海上海特色街」には、海上講堂、海上劇場、海上会館などあり、多くの意匠デザイナーたちがここに滞在して仕事をし、盧湾区の泰康路文化街には、約五〇名の中国芸術家と二三名のデンマーク、フランスなどの国から芸術家が進出して、ギャラリーと芸術品の店舗を開いている。

また、かつての児童遊戯も再開発され、「上海民族ゲーム決勝大会」が催されている。

② 多元文化の共存

これまで上海は多文化共生社会作りに努めてきた。たとえば、少数民族が平等の立場に立って行政に参加し、上海市で選ばれた「市人民代表」において少数民族代表が全代表の一～二・九％を占めることが市政府によって決定されている。また、一九九四年一二月に上海市第一〇回人民代表大会は、民族の権利の平等を強調し、少数民族の宗教および風俗習慣を尊敬すべきこと、出版物やテレビや映画などでは少数民族への差別や侮辱などを絶対禁止するという「上海市少数民族権益保障条例」を可決した。

とはいえ、上海の多元的文化政策は、社会の現実に対してはまだまだ十分ではない。今後、外来人口の社会保障や子どもの入学などに適当な措置がとられるようだが、特に、今年九月一三日に中国政府は『「第一一次五カ年計画」期の文化発展計画要綱』を公表し、具体的に低収入者及び特殊な層の人々のために「文化特別保障」を提供している。つまり国立博物館、美術館などの公共文化施設が、体が不自由な人たち、年寄りの人たちに無料や優遇入場料で開放されることになる。中央と省クラスのテレビ番組では手話番組を設ける措置などがとられている。

③ 文化システム改革および産業文化の発展

この十数年来、上海は東方明珠タワー、上海博物館、上海大劇場、上海科学技術館、上海新天地、上海サーカスセンターなど、近代的な息吹に満ち溢れた新景観を創出したばかりでなく、「二つの祭典と四つの賞典」（上海観光祭、中国上海国際芸術祭、上海国際陸上、F1中国グランプリ、上海テニス選手権大会、上海国際マラソン）を催して、都市のソフトパワー作りに力を尽くしている。また、上海では文化システム改革および文化産業の発展を積極的に推し進めており、文化事業と文化産業の限界を区分して、文化の輸入と輸出のバランスを取り、国のコンテンツ商品を輸出することにより、対外的に文化面での影響力を向上しようとしている。

以上述べてきたように、近年、上海では新興産業とされる創意産業は急激な勢いで発展を遂げてきた。上海は二〇〇三年に三年間の文化産業発展計画を作りあげ、文化サービス業を上海の近代サービス業における新たな成長分野と位置づけることで、創意産業は世間に注目されはじめた。開発・デザイン、建築設計、メディア産業、コンサルティング、ファッション消費が五大重点分野となり、そのなかでも開発・デザイン、メディア産業、コンサルティングの創意産業は急速に成長してきた。現在、上海文化サービス業の構成は、国家と上海産業の構造調整、技術と業態革新の方向と合致し、各部分がいっそう協調とバランスをとることによって、都市化の産業特徴をより良く表現できるものとなっている。創意産業の年間付加価値は五四九億四〇〇〇万人民元に達しており、同年上海市GDP（域内総生産）の六％を占めた。

二〇〇六年、上海創意産業の発展を推進するために、上海市政府は六カ条にわたる措置をとって、産業の健全な発展を保障している。この六カ条の措置は主に、政府の産業誘導の役割を改善して、各地区の創意産業の歩調を合わせて発展を推進すること、創意産業園の建設を引き続き進めて、産業集積の形成を加速すること、各種の専門プラットフォーム建設の促進を加速して、産業サービス体系を構築すること、創意産業知的所有権の保護を完備し、産業発展環境を最適化すること、創意産業の人材育成と導入を加速して、人材集積高地を形成すること、国内外の創意産業の交流を強めて、上海創意産業の影響力などを拡大することを目指している。

上海は二〇一〇年の上海万博に向けて、さらなる変貌を遂げようとしている。二〇〇六年一〇月、上海市委員会代理書記、市長の韓正氏はデル社総裁兼最高経営責任者のケビン・ロリンズ（Kevin Rollins）氏一行と会見した際、「今後、上海は開放をさらに拡大し、その拡大を通して上海の発展はさらに促進されることになっている」と語った。上海が都市文化の発展のためにつかんだチャンスはますます大きくなり、それを生かしていくチャレンジは今後も続いていくだろう。

【レポート】

国際大都市をめざす上海の発展と課題

王　貽志
（王虎訳）

上海はかつて国際大都市として長い歴史をもち、一九二〇～三〇年代には東アジア地域で重要な金融貿易の中心であった。戦争と制度変遷を経て、一九五〇～七〇年代の上海は中国で最も重要な商工業の中心となった。一九八〇年代半ば、中国の都市経済体制改革と対外開放政策が推進されるとともに、上海経済学界の有識者たちは上海都市機能に対して戦略的な調整を行う必要性を訴え、その具体的な構想を提出した。上海市政府はこの構想にもとづいて、上海経済構造調整に関する発展戦略を策定し、上海第三次産業の発展を進めてきたのである。九〇年代初め頃に開始した上海浦東開放、および「一九八五年戦略」が実施された一〇年後の一九九五年には、上海は発展戦略をさらに明確化し、「国際経済、金融と貿易の中心」となって二一世紀を迎えるという発展目標を打ちだした。

このような「商工業経済中心」から「国際大都市」への転換は、複雑な都市経済構造の調整と都市機能変化の過程をともなう。この調整を行うにあたって非常に多くの戦略的な選択肢が考えられ、外部要因の複雑性と不確実性のために、その選択はますます困難になっている。例えば、経済のグローバル化と中国都市化の発展にともない、長江下流地域に都市が集積し、上海と周辺都市との経済的繋がりがいっそう緊密になった。そのため、投資と貿易流動を制限しようとする行政区の影響力が弱まり、資源配置の地域範囲も拡大しつつある。したがって、上海都市発展の問題は「上海都市圏(Metropolis)[1]」、あるいはもっと広い「長江デルタ地域[2]」を範囲にして検討する必要がある。

これから、一九九〇年代以来の上海経済構造調整の過程を分析し、今後の発展の際に直面する問題と選択肢を検討してみよう。

上海の都市類型転換

上海が国際大都市へと変貌していくには、都市類型の転換を次の三つの意味で遂行する必要がある。第一が、経済構造の調整であり、「工業主導型経済」から「サービス業主導型経済」への転換、第二が、グローバル化経済の循環活動の中で競争力をもち、その重要な結節点になること、第三が、そのような結節点としての標準に達しうる都市のインフラストラクチャー整備である。

一九五〇~七〇年代には、中国が計画経済制度を実施し、上海は中国での製造業と商業の最も重要な中心地となった。農業の占める割合は約二%であって、第三次産業は主に商業と公共サービスからなったが、一九九〇年時点にその部門が占める割合は約三〇%であり、経済の国際化レベルはまだ低いものであった。しかし九〇年代、浦東開発を機に対外開放に力を入れて以降、経済構造の調整に拍車がかかり、国際大都市への進行のテンポを速めたのである。

表１　上海全社会固定資産投資構成　（単位：％）

年　次	投資総額（億人民元）	二次産業投資比重	三次産業投資比重	そのうち：不動産投資比重
1990	227.1	54.3	44.6	3.6
1995	1601.1	32.2	67.1	29.1
2000	1869.7	32.9	66.6	30.3
2005	3542.6	30.6	69.3	35.2

（『上海市統計年鑑』各年次データより算出）

上海サービス業の発展について

ニューヨーク、ロンドンなどの国際大都市では、ＦＩＲＥ（金融、保険、不動産）産業の比重が非常に高い。それは主に保険、銀行、金融サービス、不動産、法律サービス、会計などから構成されている。

一九九〇年代は上海都市発展にとって重要な時期だと思われる。浦東の開発開放にともない、国際資本が直接投資の形で大量に流入し、投資額が大幅に増加した。一九九〇～九五年の間に上海の固定資産投資の年平均増長率は四八％に達している。この数字は、同時期の全国投資額の年平均増長率より四〇％も高い。上海経済のストック量の年平均増長率もこの時期に二六％に到達した。第三次産業の発展を促進する政策の指導のもとで、投資構造にも顕著な変化が出てきた。一九九〇～九五年、上海における第二次産業の投資比重は二二％下がったが、同時期第三次産業の投資比重は二二％上昇したのである（表1参照）。このような投資構造の変化によって、経済構造も大きく変化した。二次産業と三次産業の比例関係は（付加価値の算出方法で）一九九〇年の二・一対一から一九九五年の一・四対一に転換したのである。

この時期に上海証券取引所、上海先物取引所、インターバンク市場などの全国的な金融市場が続々と発足した。それによって、金融や保険な

表2　上海市産業別就業構造

（単位：％）

	1997年	2000年	2001年	2002年	2003年	2004年	2005年
一次産業	12.7	10.8	11.6	10.6	9.1	8.0	7.1
二次産業	49.1	44.3	41.2	40.4	39.0	38.8	37.3
工　業	43.7	39.7	36.7	36.4	34.6	33.2	32.5
三次産業	38.2	44.9	47.2	48.9	51.9	54.2	55.6
運　輸[1]	4.8	4.4	4.3	5.7	5.6	5.7	5.6
金　融[2]	0.8	1.2	1.5	1.9	2.1	1.9	2.1
不動産	0.9	1.1	1.2	3.3	3.6	3.5	3.6
商　業[3]	12.5	11.4	12.1	13.7	14.0	15.0	15.2

注1：交通運輸，倉庫保管，郵政業。注2：金融，保険業。注3：卸売り，小売業。
（『上海市統計年鑑』各年次データより算出）

どサービス業の発展が促進され、産業構造調整を推し進める主要な原動力になったのである。

しかし、一九九六年以後、上海の固定資産投資の増長率はつねに全国平均増長率より低くなり、二次産業と三次産業の投資構造はほとんど変わっていない。さらに注目すべきなのは、二〇〇〇～二〇〇五年における上海の二次産業と三次産業との比例関係（付加価値の算出方法で）が二〇〇〇年の八八対一〇〇から二〇〇五年の九六対一〇〇へと変化し、第三次産業付加価値の比重はかえって一ポイント下がった。三次産業の内部構造を観察すると、二〇〇〇年以来、上海三次産業の投資増長は主に不動産業界とインフラ整備への投資であること、そして経済構造における金融、保険業界の比重は終始停滞の状態にあることが明らかになっている。

このように上海の金融業発展のテンポが緩まった原因は二つがあると思われる。第一が一九九七年のアジア金融危機と二〇〇〇年以来の国内証券市場の持続的低迷である。第二は制度的な問題であり、中国の金融改革と開

表３　上海市製造業構造変化

（単位：％）

業　　種	1991年	1997年		2003年集中度[1]	業種類別[2]
交通運輸設備製造業	6.3	11.9	+5.6	14.1	Ⅲ
電気機械及び機材製造業	5.5	7.6	+2.1	7.6	Ⅲ
電子及び通信設備製造業	4.7	6.6	+1.9	12.2	Ⅲ
服装及び繊維製品製造業	3.5	5.0	+1.5	8.2	Ⅰ
金属製品業	3.1	4.2	+1.1	9.4	Ⅱ
プラスチック製品業	1.6	2.2	+0.6	7.0	
非金属鉱物製品業	2.1	2.5	+0.4	4.0	Ⅱ
食品製造業	3.8	3.6	−0.2	7.4	Ⅰ
教育体育用品製造業	1.7	1.4	−0.3		
製紙及び紙製品業	1.4	1.1	−0.3	3.6	Ⅰ
化学繊維製造業	3.3	2.6	−0.7	4.0	
石油・石炭加工業	3.1	2.4	−0.7	8.4	Ⅱ
鉄鋼製錬業	12.3	10.0	−2.3	8.0	Ⅱ
機械製造業	11.7	9.3	−2.4		
紡　績　業	12.3	5.5	−6.8	3.6	Ⅰ

注１．集中度は上海の一業種が全国の同一業種に占める比重である。

注２．業種類別は発展経済学者センナリ氏の製造業分類にもとづいて仕分けされたのである。第Ⅰ類は工業化初期の製造業で，第Ⅱ類は工業化中期の代表産業で，第Ⅲ類は工業化後期の代表産業である。

（王贻志等，“长江三角洲地区产业整合研究”，《学术季刊》，2000年第３期第９页表３；当代上海研究所，《经济增长与城市化进程》，第11页表１－９）

放の歩みが漸進的だったことである。上海市政府はこの状況に対して、一連の地方政策を打ち出して（例えば、住宅を購買する金額から個人所得税を差し引くこと、商業銀行の住宅ローンの制限緩和など）、不動産市場の需要を刺激した。そして、不動産の発展を通じて、金融業の停滞により出来た「穴」は埋められたのである（表3参照）。

上海二次産業のアップグレードと構造調整

一九九〇年代初期、浦東の開発開放にともなって、上海が立地の優位性と製造業基盤をもって、多くの国際工業資本を直接投資（ＦＤＩ）の形で吸収した。これらの資本とそれにともなう先進技術（管理のノウハウも含まれる）は上海製造業の産業をアップグレードし、輸出の増加、さらに上海経済成長の促進など、産業構造の調整において重要な役割を果たした。

上海市政府は国有企業改革を推し進めると同時に、製造業発展における主導産業を明確にした。政府は第二次産業系の企業のとった「関、停、併、転」（関は企業閉鎖、停は一部生産ラインの停止、併は企業の合併、転は産業の転換）の措置を支援し、低付加価値、労働集約型の製造業（例えば紡績業）に対して構造調整を求めた。同時に、企業の技術開発を支援し、なるべく早く製造業のアップグレードを実現するよう要求した。

これにより、九〇年代以来、上海の製造業の構造に変化が出てきた。表3が示しているように工業化初期の代表的製造業の比重が下がり、工業化後期の代表的産業の比重が上がりつつある。資本と技術集約型の製造業（交通運送設備製造業、電子及び通信設備製造業、金属製品業、鉄鋼製錬業、専用設備製造業等）の上海への集中度が増し、二次産業の業績が三次産業を上まわった。これはある意味で上海の工業構造調整の成果を示しているが、上海の高付加価値の専門サービス業の発展がまだ不十分であることも明らかになったのである。

知識が経済に大きな役割を果たしている現代、技術革新活動でもたらされた技術進歩が経済成長と社会繁栄を促進する重要な源泉になる。その活動のなかでは、研究開発（Reseach & Development；R＆D）の活動が最も肝心である。上海は製造業の発展において長い歴史を持ち、かつそこには国内一流の高等学府と科学研究機関が集中している（数と質はわずかの差で北京に少々遅れているが）。現在、上海は製造業類型の転換をめざして「新ハイテク産業の生産と開発」を目標に掲げている。

上海市政府は、財政と税制政策を通じて、企業のR＆Dも支援している。この支援はプラスの影響を与えているが、この効果はまだ限られたものである。現在、上海製造業成長は主に非R＆D資本への支援に由来しており、〝研究開発人的資本〟が上海の製造業の技術進歩を制約する要因であることを示している。

上海都市化のめざす方向

資本の大規模な集積、経済の持続的成長にともなって、上海のビジネスコストも上昇する趨勢を示している。問題は労働生産率も相対的に引き上げることができるかどうかにあり、もし、労働生産率の向上がコストの上昇を解消できなかったなら、資本の移転、あるいは、市場から経済構造の調整を迫られる局面が出てくる。

今世紀に入ってから、上海周辺都市の工業化の発展が急速に進行し、上海でのビジネスコストが上昇する一方で、長江デルタ地域に国際工業資本が進出する動きが顕著に出てきた。二〇〇四年において、地理的には上海のすぐ隣の蘇州市への海外直接投資額がすでに上海をこえた。一部の業種において、蘇州や寧波など周辺工業都市の優位性が急速に上昇し、生産効率も上海に接近、あるいは上海をこえる状態になった。このことは上海の産業構造の調整にさらなる圧力をかけた。

一九八〇年代半ば以後、上海は商工業中心都市から国際大都市への転換をめざして進んでおり、絶えず経済構造調整の選択を模索してきた。九〇年代初めには「第三次産業の優先発展」が提唱されたが、九〇年代後期には「第三次産業を発展すると同時に先進製造業の発展も兼ねる」ことが唱えられ、重点業種も決められた（電子通信、自動車、製鉄などの製造業）。最近では再び「サービス業（高付加価値の専門サービス業）と物流業の発展」が強調されている。一つの都市が国際大都市まで発展するには長い道のりが必要である。

それでも、上海の国際化レベルは徐々に上昇し、都市インフラ整備が国際標準に近づきつつある。都市環境は改善され、外国の専門人材を含めたハイレベルな人材に対する吸引力が高まり、進出する多国籍企業や機関も増えた（二〇〇六年九月まで、一四九社の多国籍企業支社、一四四社の国際的投資機関、一九一社の研究開発センターが上海で設立された）。これも二〇年途切れなく経済構造調整を推し進めた結果である。

都市化進展中に出現した都市分化の問題

上海はこの一五年の間に、経済が急速に成長しており、収入増加が中国で最も速い地域になった。一方「二元経済」ともいえる発展パターンがとられたために、地域間の経済発展がアンバランスな状態になり、人口流動が避けられないようになった。人口流動をコントロールする都市戸籍管理制度の緩和にともなって、九〇年代以来、中国の人口流動規模がますます大きくなってきた（現在流動人口の規模は約二～三億人）。北京、上海、広州などの収入増加が著しい都市は、流動人口を吸引する力が最も強い。二〇〇〇年一一月第五回全国人口調査のデータによれば、上海の人口流動率は二四％となり、長江デルタ一六都市の中でトップとなった。未登録の流動人口を含めれば、上海にいる外来人口がすでに上海総人口の三分の一を占めているという(3)。

この外省戸籍（非上海戸籍）の上海人口の大部分はブルーカラーであり、高技能をもつ専門人材の割合は少ない。この人口の大幅な増加は都市特有の社会問題をもたらしている。低技能の仕事に従事しているこの人口の平均収入は上海の平均収入より顕著に低く、上海の実際の物価指数は彼らにとっては非常に高いともいえる。こうして上海には「闇経済」（無許可販売、無許可経営など）が出現し、ぼろアパートに多数が共同で借りて住む「群租現象」や、郊外にあり安価に住むことのできる「外来居住区」も問題になっている。外来労働者たちと上海市民との間には社会福祉や子供の教育などで大きな格差があり、文化の差も歴然としている。これらの現象は「都市分化の問題」の元凶になりかねない。さらに、上海で仕事が見つからない流動人口も存在し、失業問題に拍車をかけている。これらの問題は、都市化の進展では不可避的な生みの苦しみなのかもしれないが、真剣に取り組むべき課題であることはいうまでもない。

注

（1）この都市圏の範囲に関しては現在のところは統一された認識はないが、一般的には上海を核として蘇州、無錫、嘉興等の都市を含める。

（2）長江デルタ地域は江蘇省の南京、鎮江、常州、蘇州、無錫、揚州、泰州、南通の八都市地域、浙江省の杭州、嘉興、湖州、紹興、寧波、舟山、台州の七都市地域、および直轄市の上海市である。

（3）『東方早報』二〇〇六年一〇月三〇日。

【解題】

グローバル・シティと植民地都市
——中国大連市の場合

佐藤　量

大連の一〇〇年

近年の中国経済の成長を支えている沿岸部の都市。なかでも大連は中国東北部唯一の経済開発区として、近隣諸国のみならず世界各国の注目を集めている。三方を海に囲まれた大連は中国大陸と海外を結ぶ貿易中継地として発展してきたが、その背景には日本とロシアによる植民地統治の歴史がある。大連は一八九五年から一九四五年までの半世紀にわたって帝国の植民地統治を受けた。本稿では、先の王貽志氏、郭潔敏氏の上海をめぐる論考をふまえながら、植民地都市でありグローバル・シティである大連の変遷と現状について述べてゆきたい。

日本から飛行機で二時間半ほどで到着する大連市は、遼東半島の先端に位置する遼寧省の都市である。日露戦争の激戦地であった旅順は同じ大連市内だ。大連は一九〇四年から一九四五年までのおよそ五〇年間、帝政ロシアと日本国の統治を受けた。ロシアは一寒村だったこの地に港を築港し、日本は国策会社である南満州鉄道株式会社が中心となって都市建設を進めた。二つの宗主国は港と鉄道を建設することから植民地統治をはじめたのである。太平洋戦争終結後の一九四五年からは日本にかわってソ連軍が大連を統治し、一九四九年に中華人民共和国が成立したことによって大連は中国の都市となる。

一九九九年に市制誕生一〇〇周年を迎えたが、他の中国の都市とくらべて大連の都市の歴史は短かい。しかもその半分は植民地統治の歴史である。その短い間に大連を統治する主体はめまぐるしく変わり、ロシア人や日本人だけでなく、朝鮮人、ユダヤ人、モンゴル人、欧米人など様々な出自を持つ人びとがこの地に暮らしてきた。

一九八〇年代以降、鄧小平による改革開放政策によって中国全土で急速な経済成長が進んだが、大連でも大連港を中心とした経済産業都市として発展が見こまれ、大規模な都市改造が始まった。中国中央政府の後押しもあり、一九八四年には「沿海開放都市」[1]に指定され、これにより大連市は経済・産業都市として再開発が始まり、中国でも有数の港湾都市として中国東北部の経済をリードするようになる。

これら沿海開放都市には「経済技術開発区」という別個の都市とも見える巨大なゾーンが既存の都市に隣接して作られたが、ここは世界中の企業が集まり、会社や事務所だけでなく、マンションやショッピングモール、学校、公園が設置された人工都市である。開発区は、中心部からおよそ二七キロ離れた沿海部に設置され、大連中心部までおよそ二〇分の距離である。二〇〇三年現在[2]、この開発区には一五〇〇社の外資系企業が誘致されている。近年ではＩＴ関連企業が開発区以外にも製造拠点を求め、インテルやデルなどが工場を設立している。

このように大連は、ロシア・日本によって建設された植民地都市から、中国東北部の経済産業の中心地である沿海開放都市として発展してきた。かつては植民地都市として、現在は沿海開放都市として、港と鉄道を中心に発展してきた大連は、都市を統治する国家こそ幾度か変わりながらも、今も昔もグローバルな都市である。

移住とすみ分け

王貽志氏は、改革開放以降、上海が発展してゆく過程でどのような問題に直面し、今後どのように取り組むべきかを経済学の観点から述べるなかで、現在上海が直面しているグローバル・シティの問題として、地域間格差の拡大による「人口流動」を挙げている。農村から都市部への人口移動は上海のような大都市に顕著な問題だが、大連も同じである。大連には近隣の中国東北部各地や、山東省、河北省などから多くの労働者がやってきて、大連市郊外の開発区などで住み込みで働いている。かつての大連のように、現在の大連でもすみ分けの構図が現れてきた。

植民地統治下の大連では、だれもが自由に好きな場所に住むことができたわけではない。民族によるすみ分け構造が存在し、すみ分けの境界には広い街路や公園が設けられ、宗主国側にとって機能的で有利に計画されていた。

表1は、植民地大連の発展が安定していた昭和一一年（一九三六年）当時の大連市内の町名ごとの人口分布をしめす表である。各町ごとに住民構成が異なることがうかがえる。なおこの表は原文のままデータベース化したため、日本人の欄に「内地人」と「朝鮮人」と記述し、中国人の欄を「満洲人」と記述した。

この表を見ると、全体的に日本人と「満洲人」の分布は反比例している。たとえば「大和町」「楓町」には「満洲人」がほとんど住んでおらず、日本人と外国人がほとんどである。一方で「満洲人」がもっとも多く住んでいた「汐見町」「千代田町」「寺児溝」などの町には日本人がほとんど住んでいない。これらは隔離された中国人街であった。それ以外の町では「満洲人」が隔離されているわけではなく日本人と混在しているが、やはり片寄がある。日本人街に住む「満洲人」には裕福な人びともいれば、日本人のもとで働く人びともおり、日本人の学校に通う人びともいた。

当時の大連住人の日本人に話をうかがうと、「日本人街からあまり出たことはなかった」「中国人

表１　大連町名別人口表　昭和11年度

	日本人				満洲人		外国人		計		総計
	内地人		朝鮮人								
	男	女	男	女	男	女	男	女	男	女	
大連駅	1,280	939	35	22	1,417	605	5	—	2,687	1,596	4,283
北公園	1,921	1,543	209	71	1,079	317	—	—	3,209	1,931	5,140
濱町	715	457	21	15	440	293	—	—	1,176	795	1,971
日本橋	1,052	1,080	15	5	1,725	482	4	12	2,796	1,589	4,385
浪速町	1,583	1,181	14	4	3,554	481	9	13	5,160	1,679	6,839
美濃町	1,193	1,700	6	2	649	81	—	—	1,853	1,786	3,639
常盤橋	2,119	2,000	36	5	1,771	133	7	8	3,933	2,148	6,081
西公園町	1,790	1,554	21	11	1,551	537	1	—	3,363	2,102	5,465
逢坂町	862	1,954	64	257	462	74	—	—	1,388	2,285	3,673
若狭町	2,004	1,635	57	20	2,503	560	1	—	4,565	2,215	6,780
近江町	792	633	47	32	4,794	1,420	3	2	5,636	2,140	7,776
西広場	2,488	2,014	30	17	1,886	228	10	6	4,414	2,265	6,679
播磨町	931	950	5	5	116	34	1	—	1,103	989	2,092
神明町	1,528	2,000	8	5	289	78	10	4	1,836	2,087	3,923
奥町	653	493	38	5	4,694	738	1	—	5,386	1,239	6,625
敷島広場	1,532	1,147	16	9	4,428	920	3	2	5,979	2,078	8,057
山縣通	1,622	1,231	17	4	857	116	71	63	2,567	1,434	4,001
寺内通	1,242	913	15	5	1,496	651	20	17	2,773	1,636	4,409
土佐町	2,082	1,771	13	6	2,300	841	14	12	4,409	2,630	7,039
大和町	2,535	2,303	5	11	184	79	1	1	2,725	2,394	5,119
楓町	1,774	1,773	3	3	263	127	281	202	2,321	2,105	4,426
山手町	2,512	2,275	5	5	1,805	1,058	—	—	4,322	3,338	7,660
千代田町	114	83	6	3	7,796	3,121	—	—	7,916	3,207	11,123
汐見町	31	39	17	18	20,787	7,070	—	—	20,835	7,127	27,962
寺兒溝	5	4	—	—	4,278	3,008	4	1	4,287	3,013	7,300
初音町	2,060	1,937	74	60	1,122	593	—	2	3,256	2,652	5,908
小波町	1,223	1,209	24	10	631	426	21	33	1,899	1,678	3,577
桃源臺	2,631	2,704	191	69	1,685	960	2	1	4,334	3,675	8,009
文化臺	2,515	2,128	16	10	1,232	648	57	36	4,025	2,881	6,906
石道街	80	53	98	92	6,086	4,405	—	—	6,182	4,471	10,653
老虎灘	401	359	10	4	3,005	2,057	70	58	3,574	2,566	6,140
周水子	834	607	7	—	5,606	4,034	—	—	6,450	4,645	11,095
海猫屯	68	29	—	—	2,845	2,141	—	—	2,918	2,170	5,088
傳家庄	7	13	—	—	950	722	—	—	957	735	1,692
柳樹屯	126	108	—	—	2,181	2,195	—	—	2,307	2,303	4,610
大房身	64	59	—	—	2,810	2,494	—	—	2,874	2,553	5,427
南関嶺	60	44	—	—	3,668	3,136	4	1	3,732	3,181	6,913
革鎮堡	4	5	—	—	2,307	2,158	—	—	2,311	2,163	4,474
甘井子	2,251	1,446	11	12	7,295	2,762	12	5	9,569	4,225	13,794
夏家河子	58	68	—	1	1,571	1,324	44	55	1,673	1,448	3,121
大辛寨	9	6	—	—	3,501	3,155	—	—	3,510	3,161	6,671
総計	46,785	42,711	1,150	808	117,619	56,262	656	534	166,210	100,315	266,525
昭和10年末	45,198	41,284	817	666	116,887	54,235	532	470	163,434	96,655	260,089
昭和９年末	42,384	38,946	704	590	108,206	50,262	401	322	151,695	90,120	241,815
昭和８年末	38,878	36,141	609	507	105,621	47,997	342	296	145,450	84,941	230,391
昭和７年末	34,644	32,880	481	443	100,219	45,881	265	256	135,609	79,460	215,069
昭和６年末	32,563	31,113	336	387	94,988	44,704	279	243	128,196	76,447	204,643

大連図書館所蔵『昭和11年度関東局第31統計書』をもとに筆者作成

街には行ったことがなかった」しかし、「日本人と中国人はいっしょに住んでいた」「中国人の友達とよく遊んだ」などとさまざまな話を聞くが、これらの証言は矛盾することではない。なぜならば、この日本人たちが一緒に遊ぶことができた近所に住んでいた中国人と、隔離された場所に住んでいた中国人とは異なる人びとだからである。

では隔離された中国人街にはどういう中国人が住んでいたのか。それは「苦力」と呼ばれる港湾労働に従事する低賃金労働者であった。当時の写真資料などを見ると、製油工場で働く苦力が大きな円盤状の豆粕を、いくつも重ねて背中で運ぶ姿が残されている。中島敦の『D市七月情景(一)』[3]という短編小説にはこうした苦力の生活の様子が描かれている。この苦力たちはほとんどが移住者であった。

大連と移住民の関係は密接で、大連は創設期から移民都市であった。帝政ロシア時代の一九〇二年当時の大連総人口は四万人強で、そのうちロシア人は約七%にすぎず九〇%以上が中国人であった。この中国人のほとんどが男性だったという[4]。多くが建設業や港湾労働に従事していたが、このことはほとんどの中国人が他の場所から移住してきたことを示している。

また現在大連で話される中国語には山東訛りがあるが、これは多くの山東半島出身者が大連に移り住んだ名残といわれている。さらに帝政ロシアと日本統治期には、ロシア人、日本人のみならず、朝鮮族、モンゴル人、ユダヤ人、欧米人などが住む国際移民都市であった。現在でも周辺からの出稼ぎ労働者に加え、外資系企業で働く日本人や韓国人、欧米人が住んでいる。

このように、すみ分け構造と人口流動は植民地都市には起こりうる現象だが、現在の大連でも似たような状況が見られることから、植民地都市とグローバル・シティの類似性を指摘できるかもしれない。

再開発と伝統保護

郭潔敏氏は、上海への「人口流動」がどんどん拡大する現在、「多種類文化生態の共存」と「都市文化の発展」をどのように進めてゆくかが問われていると指摘し、上海の推し進める都市文化の発展政策のひとつに「伝統文化の振興」を挙げている。

近年、「伝統」「文化」「歴史」という言葉は、上海をはじめ中国各地で注目されている。その発端ともいえるのが、中国中央政府による「歴史文化名城(5)」の指定だろう。歴史文化の豊かな都市を政府が主体的に保護してゆくこの政策は、先に述べた「沿海開放都市」の指定と同時期に行われた。一九八〇年以降中国全土で急速な経済成長が進み「沿海開放都市」の指定が進められる一方で、数多くの歴史的建造物や歴史文化的都市が再開発にさらされていた。中央政府は、数ある歴史都市のなかで特に歴史的重要性が高いとみなした都市を「歴史文化名城」として指定し、歴史文化の保護を命じた。現在では一〇二都市が「歴史文化名城」に指定されている。

近年大連市でも街を歩けば、「都市文化」や「都市文明化」といった言葉を目する。大連では高層ビルが林立する一方で、都市中心部の緑化も進められ、環境都市大連というイメージができつつある。けれども、もともと都市の歴史が短く移住民によって構成されてきた大連では、古くからの固有の大連伝統文化があるわけではない。大連市は「沿海開放都市」に指定されたが、「歴史文化名城」には指定されなかった。

けれども大連市は独自に歴史文化保護政策をはじめ、植民地統治時代の建造物を保存・再利用する事業を開始した。上海のバンドのように、植民地統治を象徴する建造物が積極的に保存され再利用されている。保存の形態は建物単体として保存するのではなく、町並み、景観として保存されている。代表的な地区は、中山広場、ロシア街、日本人街である。

大連でもっとも保護活動がさかんな中山広場は、ロシアが設計し、日本が建設した円形広場だ。

広場を取り囲むように大連市役所、大連警察署、ヤマトホテル、横浜正金銀行、朝鮮銀行、大清銀行、イギリス大使館、大連逓信局、東洋拓殖会社といった日本統治時代の旧建造物が建ち並ぶ。建物の側面には帝国の植民地統治を示すプレートが取り付けられており、記憶が刻まれている。しかし単に博物館としてではなく当時と同じように利用されている建物もある。たとえば、ヤマトホテルは大連賓館としてホテル経営をしているし、横浜正金銀行は中国銀行となっている。いずれも欧風建築であり、日本を連想させるような様式ではないことからか、これらの建物は夜になるとライトアップされて幻想的な雰囲気となり、建物の前の広場では人びとが憩う。

中山広場

中山広場の保護活動からは「屈辱の歴史を忘れない」というメッセージと同時に、「異国情緒」を示すような「文化資源」としてもとらえるような二重の価値観が見てとれる。つまりこの場所は、植民地主義批判の装置としても、大連の文化資源装置としても機能しており、状況に応じてどちらも要素も主張できるような場所として保存されているといえる。中山広場からは、植民地体験すらも固有の自文化として取りこんでしまうような強さも感じる。

ロシア人街と日本人街は、ロシア人、日本人が多く住んでいた地区で、現在観光地として保存・再利用されており、「異国情緒」を演出している。ロシア人街は、ロシア風建築が林立するストリートで、街路はきれいに舗装され、ロシア民芸品を売る土産屋や、ロシア料

旧連鎖街路地裏

理をふるまう店が軒を連ねる。

しかし一本路地を入るとそこには古いロシア人住宅街が広がっている。道はでこぼこで大きな水溜りがあちこちにあり、強烈な生活臭が鼻をつく。もちろん現在の住人は中国人だが、もともとロシア人住宅は大きなお屋敷だったので、一階と二階では異なる家族が住んでいることがよくある。この地区に住んでいるのはおもに低所得者層だ。大連から日本人がいなくなった一九四七年以降に古い建物を大連市政府が接収して、それを低所得者層に分配したからである。表通りの華やかな観光地化されたロシア人街とは対照的に、古びた旧住宅は現在でも生活の場として機能している。

日本人街でも同様のことがいえる。かつて大連駅前に連鎖街という商店街があった。一九三〇年に設立されたこの商店街は三階建ての集合建築で、鎖のように商店が連なっていることからこの名前が付けられた。概観はモダンで随所にアールデコ様式の装飾が施されている。二〇〇ほどの店舗には、ブティックや雑貨、食堂のほかにも、映画館、ホテル、共同浴場、郵便局、銀行などがあり、いわば駅前ショッピングモールである。連鎖街の一角にあった「スター写真館」という写真館は三船敏郎の実家であった。

現在では青泥橋街に町名がかわったが、あいかわらず小さな露店がたくさん並んでいる。外観はそのままで当時をしのばせる佇まいだが、建物の劣化は激しく道にはごみも放置されあまり清潔ではない。二〇〇八年二月に筆者が大連を訪れた際、知人の中国人に旧連鎖街を案内してもらった。この知人は今年五八歳で、日本人が引き揚げたあと家族で連鎖街に住み始めた。友人は今でも連鎖街に暮らしている。その友人の家に連れていってくれた。

「むかしはもっときれいだったよ」。知人は旧連鎖街を歩きながらそう呟いていた。建物の入口は狭く、玄関からすぐに急勾配の階段が伸びている。外装は鉄筋コンクリートだが、内装は木造であった。内部は暗くて、小さな白熱灯だけでは足元がよく見えない。しかし日本語で書かれた配電盤は印象的だった。みしみしときしむ階段を上ると、部屋の入口がいくつも並ぶ。そのひとつが友人の家であった。

リビング兼ベッドルームの部屋と台所の二部屋で、とても狭い。ベッドはオンドルになっておりここで食事もとる。天井は高く壁は分厚い。大連の冬は厳しいため窓も分厚い。窓ガラスは当時のままである。ここに孫と二人で暮らしている。孫は今年小学校に入ったばかりの一年生だ。学校は歩いて一〇分ほどだという。

旧連鎖街部屋内部

「仕事場が駅前商店街だし、買い物をするにもこの場所はとても便利だよ。でも来年立ち退かなければいけないんだ」。友人はそう語ってくれた。再開発はこの旧連鎖街にも及んでいた。友人によると立ち退き料は一㎡あたり七〇〇〇〜一万元ほどで、この部屋は二五㎡ほどだから、多くても二五万元程度である。そこからさらに税金等が引かれるという。大連駅周辺の家の相場は安くても七〇万元ほどらしく、二五万元ではとうてい足りない。

「だから開発区の向こうに引っ越さなければいけないんだ。あそこには安い家がある。でもここから遠くてとても不便だ。そりゃこの場所から離れたくないよ」。友人は淡々と語っていた。仕事場のこと、生活費のこと、孫の学校のこと、問題はたくさんある。「また来てね」と帰り際にほほ笑んでくれたが、次に来ることができるだろうか。彼女たちが立ち退いたあとの場所には、きれいで近代的な街が広がっていることだろう。

都市再開発と「伝統」「文化」の保護活動は都市生活者の隣で行われており、時として生活者を脅かす危険性をはらんでいる。誰が誰のために実施する都市再開発か、誰のための「伝統」「文化」の保護活動なのかを注視してゆくことが重要だろう。

グローバル化と植民地化

上海も大連もグローバル化のなかで、都市の様相が急速に変化している。国境を越えて人びとが交流し、独自な「伝統」や「文化」を再生産しながら新しい価値が生まれているが、一方で、生活を脅かされる人びともまた生まれている。きれいになっていく都市のなかで、そうした人びとの存在は一見しただけでは見えにくくされている。見えにくい状況は植民地都市の隔離された人びとの状況とも重なるだろう。植民地統治下で一方的な隔離を実施することと、グローバル化における都市再開発や環境美化と銘打った立ち退き政策は、はたして別の次元の出来事だろうか。グローバル化をめぐる問題は今後ますます顕在化するだろうが、外から眺めているだけでなく、現地に立って考察しつづけてゆくことが大切であるだろう。

注

(1)「沿海開放都市」とは、改革開放政策の一環として一九八四年に中国中央政府が指定した経済産業都市である。中国沿岸部の都市をいくつか指定して、経済技術開発区を建設し経済発展を優先的に実施した。全国で一四都市が指定された。大連、秦皇島、天津、煙台、青島、連雲港、南通、上海、寧波、温州、福州、広州、湛江、北海の一四都市である。

(2) 二〇〇四年度版大連市投資ガイドによる。

(3) 中島敦『D市七月情景(一)』は、『中島敦全集』(1～3、ちくま文庫、一九九三年)におさめられている。

(4) 西澤泰彦『大連都市物語』河出書房新社、一九九九年、三一頁参照。

(5) 一九八二年、一九八六年、一九九四年と三次にわたって公布され、二〇〇一年に二都市、二〇〇四年に一都市が追加された。現在この「歴史文化名城」には一〇二都市が指定されている。大西国太郎編『中国の歴史都市——これからの景観保存と町並みの再生へ』(鹿島出版会、二〇〇一年)によると、「歴史文化名城」の種類は以下の七つに分類されるという。①古都型—都城遺跡があり、古都にふさわしい風格がある都市。北京、西安など。②伝統風貌型—歴史的に蓄積された建築群を残す町並み。平遥、韓城など。③風景名勝型—自然環境に優れた特色がある都市。桂林、蘇州など。④地方民族特色型—地域的、民族的に独自の特色を有する都市。麗江、拉薩(ラサ)など。⑤近現代史跡型—歴史上の一大事件を反映する史跡がある都市。上海、遵義など。⑥特殊産業型—特定の産業で歴史的に突出する都市。自貢、景徳鎮など。⑦一般史跡型—全域に文物古跡が分布し、歴史的伝統を体言する都市。長沙、済南など。

Ⅳ　戦後と植民地以後

「難民入植」と「開発難民」のあいだ

——戦後開拓を考える

道場親信

1 戦後開拓——近年の研究動向から[1][2]

本稿では、第二次大戦後の特殊な「国内植民地」であった戦後開拓地について考察する。「植民地」の語を用いる含意は、次の通りである。

第一に、戦後開拓地は文字通りの「入植地」であり、少し後でふれるように「海外」からの「引揚者」、復員軍人、戦災者や失業者を入植させ、食糧増産とともに治安問題をも同時的に解決しようとしたことが挙げられる。後に開拓地はさまざまな解体圧力にさらされ、開拓地はいわば人口のプールとして取り崩されて、他地域・他産業部門に吸収されていった。政策上人工的に作り出され政策上淘汰されたこの生活空間は、人口政策という点では特殊な「植民地」であった。

第二に、戦後開拓を推進した人びとの政策的な発想における「植民地」との連続性、という問題がある。あとで見るように、「満洲開拓」を推進した農林官僚たちは、失った植民地の機能的代替物として国内の戦後開拓地を建設していくという考えを持っていた。

第三にこれと関連して、戦後開拓に入った人びとの「植民地」からの移動・入植の連続性という問題がある。

第四に、「開拓者」であったことはしばしばスティグマ化された表象を帯びることになった。[3] これは、とくに一九五〇年代から六〇年代初頭において、開拓地がしばしば「貧困」の表徴となったことや、開拓地を放棄して移住・転業した人びとを「失敗者」と見る視線などに原因するものと思われるが、この開拓者の表象を通じて、アイデンティティの境界というものについて考えることもできるだろう。

この戦後開拓を考えるためには、それ以前から続く戦時戦後の多様な人口移動との連続性を考慮に入れる必要がある（道場 二〇〇二）。この移動は、戦地や「植民地」から日本列島への「帰還」という、一回限りの・一方向的な物語として自己完結されるものではない。戦時から日本帝国崩壊後の流動状況の中で生じた人びとの帰属や生存をめぐり、のちに冷戦時代を通して「国民国家」としての境界と体制とを確立していく国家間／内でなされた線引きによる包摂と排除の過程が進行したが、開拓地はまさにそうした包摂と排除のせめぎ合う場であった（道場 二〇〇八）。

近年、この第二次世界大戦後の「引揚げ」に対する関心が高まっており、いくつかの新しい研究が提出されてきている。資料的な集大成としては加藤編『海外引揚関係史料集成』（二〇〇一、二〇〇二）があり、これと関連して阿部・加藤の論考「「引揚げ」という歴史の語り方」（二〇〇四）もある。成田（二〇〇三、二〇〇六）では文学作品や手記の分析を通じて「引揚げ」をめぐる表象史を読み解いている。また、浅野「折りたたまれた帝国」(二〇〇四)は戦後日本社会における「引揚者」をめぐる政治の構図を読み解いた重要論文である。浅野は国際関係論の立場から「引揚者」の軌跡を追い、引揚者団体がやがて保守政治の票田へと組織されていく過程を検証した上で、「今までの国際関係論研究は、動かない主体が作り出す国際関係が理論上の基軸に置かれてきたのに対し、植民地帝国自身は、動かないはずの主体である国家が膨張し、動き、その結果としてヒトと文化の大移動を発生させたものである。その逆に帝国の解体も、動かないはずの帝国という主体が植民地部分を本土部分の上に折りたたまれ圧縮された結果、動く個人とそれが構成する動く社会団体が、動かないはずの国際関係にも大きな影響を及ぼすようになったと考えられる。今までの国際関係理論が動かない主体としての国家を当然の前提としてきたが故に、実際の帝国の解体時に発生していた重要な新要素としてのヒトの移動は、敗戦と動員解除がもたらした単なる従属変数にすぎないものと見なされてきた」と述べているが(浅野前掲論文、三一二―三一三頁)、近年の研究の特徴は、帝国の崩壊と脱植民地化という東アジアレベルでの地域再編、その中での人の移動を一国史的な「帰還」の物語に封じ込めることなく、むしろそうした物語が生成する歴史的過程を追っている点で認識論的に重要な進展を記していると評価できる。

そのような視点から振り返れば、若槻(一九九五)の作業は先行的研究ながら、日本への「引揚者」のみならず東アジア近代における戦争難民の流れをトランスナショナルにおさえていて示唆的である。そう考えたとき、戦後日本への「引揚げ」の終了とほぼ入れ替わりに始まった北朝鮮への「帰国事業」をめぐるモーリス‐スズキの研究(二〇〇七)もここで論じられている問題圏に接続して考えることができるだろう。

大戦後、六六〇万人と見込まれた復員軍人・「引揚者」を受け入れ、国内の戦災者・失業者を吸収するものとして期待された国家事業、「戦後開拓」は、まさに浅野のいう「折りたたまれた帝国」と表現するにふさわしいプロジェクトであった。敗戦から間もない一九四五年八月末、軍用地を中心とした国有地を開墾して「戦後ニ於ケル食糧増産」を図ることを閣議決定、一一月九日には「緊急開拓実施要領」を閣議決定して、五年間に一五五万町歩の開墾、六年間に一〇万町歩の干拓を計画、これらの開拓地・干拓地に一〇〇万戸を入植させ、食糧の増産・自給化をはかるとともに、軍需産業失業者・戦災者・復員軍人その他の帰農と民心の安定をめざした（戦後開拓史編纂委員会　一九六七：三〇八頁）。ここで策定された緊急開拓事業は、のちに農地改革政策と一本化されて民有地の「解放」による開拓も進められていくことになるが、当初は国有地を主体とした事業として出発した。

すでに当事者によっても語られているところではあるが（満洲開拓史刊行会　一九六六：寺山　一九七四）、戦時期の「満洲開拓」と戦後開拓との間には政策や政策立案者における連続性が存在するという点についての研究が、近年進展している（田中　一九九八：伊藤　二〇〇五など）。これに関連して永江（二〇〇二）は、戦後開拓政策と戦前来の自作農創設政策の間には明確な異質性が存在し、その点が戦後農政における不協和を生み出しているという点を指摘している。政策的連続性が存在する一方で、元「満洲開拓移民」たちが戦後開拓へと転身する人生経路については、いくつかのモノグラフとすぐれた記録文学が存在している（私自身が参照してきたものとしては、蘭　一九九四：鎌田　一九九七：佐藤　二〇〇五：永江　二〇〇七：野添　一九七六、一九七八a：一九七八b：原田　一九九八：船橋・長谷川・飯島 一九九八；満洲開拓史刊行会 一九六六；南日本新聞社 一九九九などがある）。

2 引揚げと「難民入植」——「外で失ったものを内でとりもどせ」

ここに見られるような戦中・戦後を貫く開拓政策の連続性を端的に象徴することばが「外で失ったものを内でとりもどせ」というものである。このことばは、当時農政局長（のち水産局長を経て開拓局長）の笹山茂太郎の回想によれば、内村鑑三の『大いなる遺産』中から取ったものであり、戦争でプロイセンに領土を奪われたデンマークの軍人が国内開拓を呼びかける際語ったことばであった（寺山一九七四）。農林省の官僚たちは、失われた植民地・勢力圏（とりわけ「満洲」）の機能的代替物として、国内の開拓を推進したのである。

戦後間もなくの時期に開始されたこの「戦後開拓」というプロジェクトは、「引揚者」や戦災者に生活の場をあてがうという構想に基づいていた。この戦後開拓を振り返った開拓農民自身の全国的な記録集として編纂された『戦後開拓史』（全国開拓農業協同組合連合会、一九六七年[4]）では、一九四五年一一月九日に閣議決定された「緊急開拓実施要領」が施行されていた四七年一〇月までの時期を「難民入植の時代」と表現している（同書、三八六頁）。生活の基盤を失い、事実上「難民」状態で開拓生活に入った人びとがいたことをこのことばは示している。

戦後の「緊急開拓」が「一〇〇万戸」の入植を目標としていたことには奇妙な数字の符合がある。一九三〇年代の「満洲移民」計画でも「一〇〇万戸」の移出が計画されていたが、このときは「一つは「満州国」の二〇年後人口を五〇〇〇万人と見込み、その一割（一〇〇万戸＝五〇〇万人）を占めようというのであり、もう一つは現在日本農家戸数五六〇万戸のうち、五反歩未満農家の半分を移民させようというのがその根拠であった。[5]「一〇〇万戸」の示す人口数が「五〇〇万人」であるとするなら、「引揚者」と国内戦災者・失業者の相当数をここに吸収しようという目算であったことがわかる。もちろん、その数字はとても実現されるものではなく、戦後開拓地に入ったのは、開拓農政の全期間――一九四六～七四年――を通算して二一万戸であった。[6]

国内開拓のプロジェクトがこうして推進される一方、「引揚げ」をめぐる政策の側からも開拓地への入植が推奨されていった。一九四六年三月一六日の「引揚に関する基本指令」（SCAPIN822）を受けて策定された「定着地における海外引揚者援護要綱」（一九四六年四月二五日、次官会議決定）では、「引揚げ」後の援護政策を住宅の確保、商工業支援、就農支援（開拓地への優先割り当て）、その他就業支援、教育支援などの形で具体化している。

若槻（一九九五）は、「終戦の年の秋から、政府は食糧自給を目ざして「緊急開拓事業」を実施し、復員した軍人とともに、引揚者には優先的に開墾地が割り当てられた。だがこの事業はほとんど失敗した」（二六七頁）と述べているが、この失敗した緊急開拓事業に関し、野添（一九七六）は「社会政策」的性格が強かったことを指摘している。それは人口問題と食糧問題を同時的に解決するというばかりでなく、都市に滞留するはずの人びとを農村へと分散させ、不穏なエネルギーを拡散させるという効果ももっていたからである。こうした人口の分散は政府に時を稼ぐ余地をも与えたことだろう。

開拓地には「引揚者」（復員軍人と民間人）や戦災者ばかりでなく、農家次三男、地元増反者などがそれぞれの思惑と生存への意思をもって入植した。また、緊急開拓期において戦後開拓が終了するわけではなく、一九五〇年代後半以降も新規開拓者は続いていた。一九四六年一〇月以降は、開拓政策は自作農創設政策の中に統合されるが[7]、農業経験のない者たちが従来農耕不適地として放置されてきたような土地へ入植するケースがしばしばであり、わずかの期間の間に離農者が続出する結果となった。そのため四七年一〇月以降は農業経験者を優先し支援策を具体化するなどの重大な修正が加えられたが、一九五〇年の段階での残存戸数／入植戸数を計算すると六八％、三割の人びとが離脱していた（これは累計戸数であるため、初期の入植者の離脱率はもっと高い[8]）。

「引揚者」たちのうちどれだけの人びとが開拓地に吸収されたかという点について、尾高は、一九五〇年段階での引揚者・非引揚者の産業別人口分布が、「農業」への従事者は引揚者の二八・七％、非引揚者の四六・八％となっており、「引揚者のうち相対的に多数が非農業的職業に生活の糧を求めざるを得なかった〔……〕つまり、農村が引揚者を吸引するにはおのずから限界があった」と指摘している[9]。そもそも、浅野が指摘するとおり、「民間人」の「引揚者」といってもその内実は旧植民地官僚その他の公務員の比率が高く（浅野前掲論文）、しばしば軍人三五〇万に対して「民間人」三一〇万といわれるときの「民間人」とは、「文民」＝civilian の意であったと解する方が適切であろう。元植民地官僚たちが「開拓」を選択しなかったのはさほど不思議ではない。だが、元「満洲開拓農民」の入植率は高かった。『満洲開拓史』には「引揚開拓民の入植戸数三二、〇〇〇戸、七五、〇〇〇人に達し、引揚開拓民の概ね半数の入植を見るにいたった」とあり（満洲開拓史刊行会　一九九六：八三九）、こうした特殊性は、「戦後開拓」を考えるときに大きな意味を持つことになると考えられる。

先にも述べたように、元来農耕不適地を多く含んだ土地への入植は、膨大な人力と時間を浪費した揚句、崩壊に向かうことがしばしばであった。一九五〇年代後半以降農工間格差が増大し、開拓農業への予算投下に関し合理化が推進されて、営農継続可能な開拓農家とそうでない農家との選別が進んでいった[10]。営農継続が困難な農家は離農を奨励され、借入金の軽減や転業奨励金などを受け取ることができた(戦後開拓史編纂委員会　一九六七；野添　一九七六)。

「外で失ったものを内でとりもどす」プロジェクトは、「(入)植民」の再開という農林省的ビジョンから、海外市場の獲得と産業の高度化という通産省的ビジョンに切り換えられた。「国策」としての戦後開拓の重要性は、こうして戦後わずか一〇年のうちに後景化していったのであった。

3　開拓地の表象と「残酷物語」

開拓地は、戦後の日本社会において、しばしば「貧困」の典型的な場として表象された。とりわけ営農に失敗した開拓地は、戦後日本における「農地改革」の不徹底と失敗の端的な現われとして五〇年代前半の日本共産党系の政治運動の中で大きな意味をもった。日本共産党は「農地改革」に対し、山林の解放に進めなかったという点で農村の地主支配の基盤を温存した不徹底な改革であると批判していた[11]。こうしたビジョンに、一九四九年以降の占領軍との対立、五〇年初頭のコミンフォルム批判以後明確化される「民族解放民主革命」路線の下での反米・反植民地闘争の方針が加味されて、「山林解放」が「日本革命」にとって重大なポイントとなってくるのである。不徹底な「農地改革」の下で苦しみ窮乏化する農民像の具体的な現われが「開拓農民」なのであった。この政治路線の中では後半期に属する文献ではあるが、岩波書店から刊行された『日本資本主義講座』（全十巻・別巻一、一九五三年九月～五五年二月）では、開拓農民について異口同音の形で同一のイメージが繰り返し語られている。次に掲げるのは、その代表的なものである。

以上のように、農業の荒廃を系統的に押し進めるものとして、軍事基地や電源開発の直接的な破壊作用だけではなく、災害さえも人災であること、そしてそれはすべて経済の軍事化によって生み出されるものであることが理解された。さらに、それらは、地主制の復活強化によって阻止される開拓の停滞と相俟って、食糧増産を益々掛け声だけの見せかけに過ぎないものにしていることを暴露し、かくして、アメリカ農業恐慌の恰好の緩衝地域としての日本の役割を固めるという植民地的性格を明確にして行くものである。(12)

つまり、開拓地は、不徹底であるばかりか本来的にはアメリカ占領者による日本の従属化・植民地化という目的に沿った形での農村再編でしかなかった「農地改革」の矛盾が可視化している場であり、開拓農民の窮乏化は政策的に作り出されたものだという理解が示されている。また、一九五〇年六月に勃発した朝鮮戦争と、同戦争休戦以後の東アジア大の軍事的再編の中で、米軍基地・演習場の拡張・新設や警察予備隊以降の日本の再軍備の中での基地建設に際し、旧軍用地であった開拓地が再び接収されるという問題が五〇年代を通して繰り返しあらわれた。(13)例えば、一九五一年に警察予備隊が新設基地三〇カ所の発表をしたとき、実にそのうちの二一カ所が開拓地であった[14]。一九五二年四月には開拓農民によって「軍事基地対策全国代表者会議」が開かれ、「軍事基地による開拓地、農地の接収反対、被害の完全補償」が掲げられているし[15]、『戦後開拓史』でも接収問題をめぐって開拓者たちが何度も接収反対の動きを作り出したことを記している[16]。軍事基地の建設による民衆生活の困窮という問題は、左翼にとって日本の「植民地化」の一つの現われであった。同時代には、土地接収に抵抗する農漁民たちに対して大きなシンパシーが寄せられ、それは勃興しつつある総評労働運動の支援を受け、「国民総抵抗」の大衆運動として広がりをもった[17]。

そうした矛盾の集約点としての開拓地と、軍事基地に抵抗する開拓民の姿を描いたこの時期の代表的な文学作品として、岩倉政治「大野ガ原開拓団」がある[18]。旧陸軍演習場に入植した富山県の大野ガ原開拓地に、米軍の演習場設置計画が持ち上がるが、開拓団員の団結によってはねかえす、というのが正編の主なあらすじである。続編では、今度は予備隊の基地として大野ガ原の接収計画が持ち上がり、これに対しても反対運動が盛り上がる、というものである。主要人物カワイ・マツキチの息子マツオが予備隊員として入隊するところから始まるこの物語は、続編の末尾でマツオが満期退職ののち家業に従事する意思が示されることで終わる。その間、開拓の暮らしの回想があり、接収によって利益を得ようとする地元政治家や開拓民、さらに農村工作に入る共産党員などが配置されて物語が進み、続編では若き共産党員と地元の少女との恋愛まで描かれるが、この党員が新たな――おそらくは地下の任務――に派遣され、二人が離別するというシーンに頁を割き、そのまま終わっていく。「土着」の大衆的立ち上がりに対して党はどのように関わるべきかという議論も登場してくるが、党員たちの模索を書き込むことで開拓団が後景化してしまい、最後にはテーマが混乱したまま断ち切られてしまった、という印象の強い小説である。生活に困った開拓民の息子が予備隊に入隊する、というモチーフもこの時期珍しいものではなく、共産党「五一年綱領」を具体的に小説化してみた、という感の強い作品であるが、押しつけがましい情勢分析や方針提起などがあるわけでもなく、いちおう読める作品にはなっている。[19]

こうした、「五一年綱領」的世界像[20]の中に開拓地をはめ込み、反植民地闘争の象徴的な場として描き出すという表現の形式は、この世界像が政治的に清算されていく過程で失われていくが、これと入れ替わりに五〇年代末~六〇年代初めにかけては、高度経済成長の陰に隠された貧困を示す場として開拓地が取り上げられていった。この時期、平凡社から刊行された『日本残酷物語』(全七巻、一九五九~六一年)では、「現代編2　不幸な若者たち」において、貧農の次三男が自衛隊に入隊する、というモチーフを踏襲した「自衛隊の明暗」という文章が掲載されており、さらに「荒野に消える声」という章では「引揚者たちの開拓」「新しい土地の紛争」という二つの文章で戦後開拓が取り上げられている。ただし、これらは開拓の労苦や開拓団維持をめぐる諸問題が中心で、貧困はテーマとなっていない。[21]

これよりも、よりいっそう貧困に注目した取り上げ方をしているのが、三一書房から刊行された『恐るべき労働』(全四巻、一九六一年)の「第四巻　農山村の底辺」である。本書の第三章は「開拓農民」と題され、開拓民の窮状が記述されている。冒頭、「棄民政策のいけにえ」という見出しのついた部分では、開拓生活に見切りをつけてブラジルやパラグアイに移民した家族のことが取り上げられている。

秋田県藤里地区で開拓組合長もした佃さん一家も、他の三家族とともに三五年二月、中南米パラグァイに移住して行った。佃さんは二四歳で満洲に渡り、戦後ハダカ一貫で帰郷し藤里村の院内岳に入植した。そして血のでる苦しみの一〇年間を頑張りぬき、耕地の完工検査もおえ電燈もやっとつき、念願の道路も完成したというのに、やはり開拓に見切りをつけたのである。(22)

文章の書き手の名は明示されていないが、この書き手に「佃さん」のことを伝えたのは「同地の野添憲治君」という青年であった。のちに著名なノンフィクション作家となる野添は、このとき南米に移住したこの叔父一家のことに関心を寄せ続け、一九七〇年代になってからこの一家を含む開拓農民と戦後移民の流れを追跡していくことになる。(23)この「佃さん」一家の軌跡には、戦時の「満洲移民」から戦後開拓、戦後移民までの絶えざる移動の過程が刻みつけられている。同書ではこれら戦後移民とともに開拓地の不振がデータとともに示されているが、最後は農業の「共同化」の先進地域としての開拓地が希望とともに示され、多難な労苦とともに開拓地ならではの可能性を示す、という、ある意味で〝典型的〟ともいえる開拓地像が語られていた。

このような「貧困」に彩られた開拓地の像は、決して絵空事ではないのだが、それがどのような文脈の中で提示されたかについては留意が必要である。平凡社の「日本残酷物語」はこの時期大ヒット企画となり、大量に売れた出版物であったが、(24)これに目をつけた他社も類似の企画を投入していた。

「残酷物語」とほぼ同時に投入されたのが、三一書房の『現代日本の底辺』（全四巻、一九六〇年）であり、ここでは開拓民は取り上げられていなかったが、同シリーズのヒットを追って、後続企画として出版された『恐るべき労働』[25]において大きく取りあげられたのである。これら出版物の隆盛は当時「底辺ブーム」と総称された。[26]

他方、「底辺」ものとまったく同時代に書かれながら、これらとはフォーカスの異なるやり方で開拓地を取り上げた文学作品も存在する。開高健の「ロビンソンの末裔」である。[27]この作品では、戦争最末期に東京都庁の職員が家族を連れて都市戦災者の北海道入植――拓北農兵隊――に加わり（主人公本人の住宅は戦災に遭ってはいないのだが）、事前に約束された開拓の条件が何も果たされていないことを徐々に知りながら、「不可耕土」に入植して生活を続けるというストーリーが語られている。もちろん、生活の苦労や度重なる離脱なども示されるのだが、どこか間延びした時間の中に投げ出され、開拓地を離れるでもなく暮らしていく主人公の姿が遠景から淡々と語られている、そういう小説である。最後は次の三行で結ばれているのだが、開拓の無意味さについて繰り返し明らかにしながら、それでも意味を求めない、そういう場所が指示されている。

冬と夏と石ころだけの土があるきりです。
死にはしないがまったく生きていません。
来年はジャガイモを少し植えてみようかと思っています。[28]

このような表現の中には、「貧困」に対する社会経済的な意味づけ、あるいは「リアリティ（リアリズム）」を求め、またそうすることで政治的にか文学的にか開拓地を消費してしまう同時代の表象に対する批判が含まれているといえるかもしれない。だが「残酷物語」も開高の試みも含めて、いずれにしろ開拓地という存在は高度経済成長のただ中で一般には忘却されていく過程をたどる。開拓地が農業研究のようなプロパーの領域ではない形で再び取り上げられるようになるのは、先にふれた野添憲治の七〇年代の作業を待たなければならない。ちょうど高度成長の入り口と出口で開拓地は想起され、いわば「豊かさ」のネガとしての位置を歴史的には与えられたということができるのではないだろうか。

もちろん現実にはすべての開拓地が貧困にあえいでいたわけでも解体したわけでもなく、営農の確立に成功した開拓地も多数存在するし、そうした成功した開拓農民によって『戦後開拓史』が編纂されている（全国的な動静としては、開拓農政がすべて一般農政と統合されることになった七四年を前後して、都道府県レベルや個別開拓地レベルの回想録や記録集が出版されている）。そのことによって私たちは現在、各地の開拓の歩みを知ることができるのである。

だが、開拓者たちの労苦は、営農確立の困難ばかりではなかった。「満洲開拓」から戦後開拓へと転身していった人びとについて、永江雅和は「緊急開拓によって全国各地に入植した開拓農家は、戦後長期に渡って農村社会におけるマイノリティであり続けた。満州開拓からの復員者の多くは、地元の農村では受け入れられず、他県の入植地に入植していったのである。しかし、受け入れ先の農村においても、「よそもの」に対する感情的反発に加え、解放未墾地の分配を巡って入植者への反発が各地で表面化した」と述べている。[29]また、玉野井麻利子は次のように述べている。

私たちは一九四五年を境にして、満洲にいた海外日本人たちにとっての「故郷」の意味が劇的に変化したことを理解する必要がある。それまで彼らは満洲に自らの故郷を築こうとしていたが、日本の降伏後、日本の外地に住む日本人ではなく、再度内地人になるために、日本政府の保護を求めて本土に帰らなくてはならなくなった。そして一九六〇年代までに、日本が自らを単一の民族と見なすようになるにつれ、外地と内地の区分（意識）は薄れていったのである。[30]

このような周縁性は擬似エスニック的な性質を帯びたものと理解することができよう。「異者」としての開拓民は、営農の労苦とともに、「マイノリティ」としての周縁性をも甘受しなければならなかった。冒頭でふれたスティグマ性は、こうした入植と離農の双方から喚起されているもの（もちろん開拓者はつねにスティグマ化されるわけではない）といえるかもしれない。

4　開発と抵抗――「開発難民」化に抗して

すでに述べたように、戦後に入植した開拓民の過半数は開拓農政が終焉する以前の段階で離農していた。その理由はいくつか考えることができるが、[31]初期においては、営農困難な土地に農業経験の乏しい開拓者が、しかも過剰に入植したこと、さらには天候にも恵まれなかったことや政策的支援が途中で削減されたことなど、経済外的な要因に求められるのに対し、五〇年代中盤以降は、これらの試練を耐え残った開拓者に対し、経済復興に伴う経済の「自由化」によって農業が競争的に再編されていったことと、農業外の産業へのプル要因が強く働いたことという二つの経済的要因が大きく意味を持っているといえるだろう(32)。

吉川は「高度成長の前期には農村を中心に人が余っていた〔……〕。新規学卒についてはすでに五〇年代の終わりから、求職者を企業による求人が上回るようになった。しかしそれ以外の労働者では求職者が求人の二～三倍も存在した。こうした「人余り」は、新規学卒も含めた労働市場全体でみると、一九六一～二年にほぼ解消している」と述べている(33)。これに加え、経済格差の問題もあった。佐藤(粒来)によれば、「都市部と農村部の経済的優位性は一九五二(昭和二七)年から一九五七(昭和三二)年の五年間で逆転した。世帯当り所得でみても消費水準でみても、都市部が農村部を上回るようになった。世帯当り所得では、勤労者世帯が二五万円から三九万円と五九%増であるのに対して、農家世帯では二八万円から三四万円の二〇%増にすぎなかった。実質消費水準では、勤労者世帯の三〇%増に対し、農家世帯は一五%増であった」ということである(34)。開拓農家の多くは一般農家以上に経済状況が苦しかったことを考えれば、この経済格差と労働力需要の喚起が、両者相まって開拓地の労働力を吸引する要因となったことは想像に難くない。当時経済学・社会学・法社会学などにおいて盛んであった農村研究において主要トピックスとなった「農民層分解」も、開拓地ではより熾烈であった。

戦後に作られたおよそ二〇万戸の開拓農家の過半は、このようにして消えていった。それは農村部に一時的に人口を預け、やがて取り崩していく「貯金」のようなものだったのかもしれない。開拓地以外の農村部人口も、このようにしてしばらくの間増大し、やがて取り崩されていった。

また、高度経済成長の進展とともに、開拓地に対する開発圧力が加わってくる。開拓地は営農基盤が弱く借金を抱える農民が多いことから、補償交渉に応じやすいだろうという見込みが開発を進める官庁やデベロッパーの側には共有されていた。またそればかりでなく、まとまった土地が手に入りやすいということも開発側にとって魅力であった。かくして、都市近郊の開拓地は宅地として買収され、数々の「ニュータウン」や分譲住宅地と化していった。また、各地の開拓地は六〇年代以降の「全国総合開発」の下で工業団地や公共事業用地として買収されていった。もっとも、山中の小規模な開拓地は以上のいかなる（再）開発の動きからも取り残され、離農を余儀なくされた。生き延びたのは、畜産などで大規模化に成功したところか（ここでも八〇年代から危機に直面している）、特定の高付加価値産品に特化できた開拓地のみである。

こうして生涯に何度も「（再）定住」や「開拓」を繰り返した人びとがいる。鎌田慧は青森県六ヶ所村のある開拓者について記している。彼女は「満洲開拓移民」として中国に渡り、戦後六ヶ所村に入植した。一九六〇年代末に石油コンビナート開発が計画された同村で移転に反対した彼女は「三度目の開拓はしたくない」と語ったという[35]。六ヶ所村には、戦前の国有林を解放して入植した人びとが多数在住していた。開発に反対した六ヶ所村長寺下力三郎は戦時期に朝鮮窒素株式会社で働いたことがあり、工場拡張のために漁民が暴力で立ち退かされていく場面を目撃していた。自分の村が開発に直面したときにこのことを思い出したと語っている。六ヶ所村の開発問題で衆議院建設委員会公聴会が行われたとき、彼はこう公述している。

地震か津波のように、何の前ぶれもなく突如として私どもの村を襲ったこの巨大開発は、村ぐるみ人ぐるみ、のみ込もうとしているわけでございます。私どもはいま、この波にのまれてその罹災者とならないために、あるいはまた開発難民になりたくないために必死の努力をしているわけでございます。／世間ではこれを反対運動だといっておられるようでございますけれども、それは村外の方々から見た表面上のことでございまして、私たち住民にとっては、これは生きるための努力であるわけでございます。(36)

彼は開発によって土地を失い、コミュニティと生活の基盤を失っていく人びとを「開発難民」と名づけ、開発賛成派によって村長の職を追われたのちも、「開発難民」を生み出さないために自分は反対するのだと主張し続けた。(37)

「難民入植」から始まって「開発難民」へと連なっていくこの戦後開拓の軌跡には、「戦後日本」の矛盾が凝縮されている。それは単なる高度成長の〝陰〟にとどまるものではなく、「折りたたまれた帝国」の矛盾が露わとなる場なのである。

注

（1）本稿は立命館大学「植民地主義研究会」における報告（二〇〇八年三月三一日）にもとづく。内容的に既存の拙稿（道場親信「戦後開拓と農民闘争——社会運動の中の「難民」体験」『現代思想』第三〇巻一三号、二〇〇二年、同「「復興日本」の境界——戦後開拓から見えてくるもの」中野敏男・波平恒男・屋嘉比収・李孝徳編『沖縄の占領と日本の復興——植民地主義はいかに継続したか』青弓社、二〇〇六年）および本稿と並行して書かれた拙稿（道場親信「「戦後開拓」再考——「引揚げ」以後の「非／国民」」『歴史学研究』第八四六号、二〇〇八年）との間に一部重複する部分があることをお断りしておく。なお、二〇〇八年度歴史学研究会大会報告論文として描かれた拙稿（二〇〇八）では、戦後開拓と三里塚闘争の関わりについて、ごくあらまし的ながら考察を試みているので参照されたい。

（2）以下、本節で言及する文献については、前掲注（1）および下記の文献表を参照されたい。

浅野豊美「折りたたまれた帝国——戦後日本における「引揚」の記憶と戦後的価値」細谷千博・入江昭・大芝亮編『記憶としてのパールハーバー』ミネルヴァ書房、二〇〇四年

阿部安成・加藤聖文「「引揚げ」という歴史の問い方」上・下、『彦根論叢』第三四八ー三四九号、二〇〇四年

蘭　信三『「満州移民」の歴史社会学』行路社、一九九四年

伊藤淳史「農村青年対策としての青年隊組織——食糧増産隊・産業開発青年隊・青年海外協力隊」『経済史研究』第九号、二〇〇五年

加藤聖文編『海外引揚関係史料集成　国内編』全一六巻、ゆまに書房、二〇〇一年

加藤聖文編『海外引揚関係史料集成　国外編・補遺編』全二一巻、ゆまに書房、二〇〇二年

鎌田　慧『六ヶ所村の記録——核燃料サイクル基地の素顔』講談社文庫、一九九七年

佐藤晃之輔『秋田・消えた開拓村の記録』無明舎出版、二〇〇五年

戦後開拓史編纂委員会編『戦後開拓史』全国開拓農業協同組合連合会、一九六七年
田中　淳「農村経済更生運動の再検討――戦後開拓史への序論として」『駒沢史学』第五三号、一九九八年
寺山義雄『対談集・生きている農政史』家の光協会、一九七四年
永江雅和「戦後開拓政策に関する一考察――もうひとつの農地改革」『専修経済学論集』第三七巻二号、二〇〇二年
永江雅和「戦後共同経営と協同主義――茨城県における農業経営協同化の事例を中心として」『歴史学研究』一〇月増刊号、二〇〇七年
成田龍一「「引揚げ」に関する序章」『思想』九五五号、二〇〇三年
成田龍一「「引揚げ」と「抑留」」倉沢愛子・杉原達・成田龍一・テッサ・モーリス‐スズキ・油井大三郎・吉田裕編『岩波講座アジア・太平洋戦争4　帝国の戦争経験』岩波書店、二〇〇六年
野添憲治『開拓農民の記録――農政のひずみを負って』日本放送出版協会、一九七六年
野添憲治『原始林の中の日本人農民――南米・パラグアイ紀行』たいまつ社、一九七八年a
野添憲治『海を渡った開拓農民』日本放送出版協会、一九七八年b
原田由起乃「戦後開拓地における集団の組織化と変容――岩手県前森山集団農場を事例として」『人文地理』第五〇巻二号、一九九八年
満洲開拓史刊行会編『満洲開拓史』開拓自興会、一九六六年
南日本新聞社編『鹿児島戦後開拓史』南方新社、一九九九年
テッサ・モーリス‐スズキ『北朝鮮へのエクソダス――「帰国事業」の影をたどる』田代泰子訳、朝日新聞社、二〇〇七年
若槻泰雄『新版　戦後引揚げの記録』時事通信社、一九九五年

（3）　桙池レイ『知床開拓スピリット』（柏艪舎、二〇〇七年）では、一九四九年に入植が開始され六六年に記録上全戸離村した（戦前にも数度開拓が行われている）北海道知床の岩尾別開拓地を取材したが、「どんどん名前を出してくれ」と胸を張る方も多くいる一方、「わしはいいが、子供たちのために名前が知られてはいかん」、「親戚の恥さらしと言われる」、「友人たちから蔑まれるから」、隣人の名が記事に出るだけで怯える方など、開拓者の方々が過ごした離農後の四十年については根深くはかり知れないものがある」とし、関係者はすべてイニシャルで表記することにしたと述べられている（一二頁）。

（4）　『戦後開拓史』本編（一九六七年）のあと、『同（資料編）』（一九六八年）および『同（完結編）』（一九七七年）が出版されている。

（5）　高橋泰隆『昭和戦前期の農村と満州移民』吉川弘文館、一九九七年、一一七頁。

（6）　野添『開拓農民の記録』二〇八―二〇九頁。

（7）　農地の配分がエスニック・バウンダリーの線引きと再定義を伴うものであったという点については、拙稿（道場　二〇〇六）および農地改革記録委員会編『農地改革顛末概要』（農政調査会、一九五一年）参照。

（8）　農林省農地局管理部入植課『開拓事業集団開拓地入植状況調査（入植状況第六集・昭和二十四年度末現在）』農林省農地局管理部入植課、一九五〇年？。

（9）　尾高煌之助「引揚者と戦争直後の労働力」『社会科学研究』第四八巻一号、一九九六年、一三九―一四〇頁。

（10）　この点については、4節で述べる。また拙稿（道場　二〇〇二、二〇〇八）参照。とくに後者では開拓地の解体圧力について検討している。

（11）　五味健吉「戦後日本農民運動の推移と論調」五味健吉編『昭和後期農業問題論集22　農民運動論』農山漁村文化協会、一九八五年。

（12）　山田勝次郎・井上晴丸・井野隆一「農民収奪と農業危機」井上晴丸責任編集『日本資本主義講座第六巻

経済危機の深化と恐慌』岩波書店、一九五四年五月、五一頁。この部分の執筆者は中川哲夫である。同様の記述は、小椋広勝責任編集『同講座第二巻　講和からＭＳＡへ』（一九五三年一〇月）所収の木村禧八郎・神野璋一郎・堀江忠男・久川喜久雄「朝鮮戦争と日本経済の軍事化」（――「戦後の食糧増産計画の性格は、アメリカのための再軍備、軍国主義復活にたいする国民の不満をそらしつつ、巧みに地主・富農を財政的支援を通じて復活強化させ、大土木事業者に莫大な利潤をあたえるものといえる」二五〇頁、執筆は牧村譲）、井上晴丸責任編集『同講座第六巻　経済危機の深化と恐慌』（一九五四年五月）所収の山田勝次郎・井上晴丸・井野隆一「農地改革と半封建制」（――「二千五百余万町歩にのぼる山林原野（原野は約その一割）のなかに、現在の耕地面積に匹敵する以上の開墾適地や放牧適地があると推計されているのは、今日の常識であって、これらの適地を効果的に開墾利用するためには、歴代の反動政府のやってきたようなケチな補助金政策では駄目であって、資金的にも技術的にも徹底した国家の援助が必要であるのはいうまでもない。ところが、アメリカ占領者の指図にしたがって軍国主義の復活と再軍備（国民経済の軍事化）に狂奔してきた植民地的・従属的政権は、国民食糧の増産・自給計画のかわりに恐慌小麦やＭＳＡ小麦の輸入計画を、同時に、豊な生産力と楽しい生活を農民大衆に保障する代りに、農民大衆をアメリカ帝国主義者のたくらむ侵略戦争用の傭兵的肉弾と植民地的低賃金で酷使できる臨時工的労働力との給源に没落転化させる政策を、がむしゃらにおしすすめてきた。したがって、このような農政の観点からみれば、農民のための山林解放は有害であって、山林解放にむかう一切の農民の要求をさえぎり抑えなければならない」一三四頁、執筆は山田勝次郎）など、各所に見られる。

(13) 拙著『抵抗の同時代史――軍事化とネオリベラリズムに抗して』人文書院、二〇〇八年参照。

(14) 古関彰一『基地百里――開拓農民と百里基地闘争』汐文社、一九七七年、一六六頁。

(15) 基地問題調査委員会編『軍事基地の実態と分析』三一書房、一九五四年、八七頁。

(16) 前掲『戦後開拓史』一二八―一三三、四五三―四五五頁。

(17) 前掲拙著『抵抗の同時代史』および「革新国民運動と知識人――『革新ナショナリズム』についてのノー

ト」『現代思想』第三四巻一四号、二〇〇七年一月、一九六―二一三頁。

(18)同作品は、正編が『人民文学』一九五二年二月号と三月号に分載され、続編が同誌一九五二年八―一〇月号と五三年一月号に分載された。途中、五二年五月号に読者の榎本春吉「大野ガ原開拓団をよんで」も掲載されている。「大野ガ原開拓団」には「モデル」は存在するが、その存在はフィクションである。

(19)注(11)に引用した山田勝次郎の文章を参照。同時期の『人民文学』誌には、五二年八月号に山岸外史のルポルタージュ「富士よ怒れ――富士山麓現地調査報告として」が掲載されている。同作品は、米軍演習場として接収にさらされた富士山麓の開拓村に取材したものであり、山梨県の上九一色村富士ヶ嶺開拓団(富士豊茂開拓団)と中野村梨ガ原開拓団をとりあげている。上九一色村の接収(西富士演習場計画)は反対運動の結果撤回された(この点については、拙稿(二〇〇二)および『戦後開拓史』一三〇―一三一頁参照)。また、梨ガ原は「忍草母の会」で有名な忍野村と接しており、こちらの北富士演習場は今日も自衛隊の演習場として存続している。同時期、上九一色村には「農村問題研究会」と名乗る学生の調査班も入っており、『占領下日本の農村調査報告』(農村問題研究会、一九五二年八月?)というガリ刷りの報告書では「開拓村」の代表として同村を取り上げ、開拓の経過や村落の政治経済構造の分析などを詳しく記述している。この時期接収問題はコミュニストの政治方針にとってだけでなく、前述したように開拓民自身にとっても切実な問題だった。『戦後開拓史』には次のような記述がある。

「軍用施設の設定は、その基地の運用如何によつて、著るしい影響を地元関例者《ママ》におよぼすこととなる。昭和三〇年頃までは、地元発展策の一つとして部隊兵舎等の誘致を図る市町村が多かつた。このような誘致運動に対し、部隊側は演習場等の近くにあることを条件としたため、力の弱い開拓地がその候補としてねらわれることが多く、このような一方的な地元有力者の誘致運動に対し、常日頃その恩恵または種々の問題についで手数を煩わすことの多い開拓者は、立場が弱く、反対意見を申し述べる機会が少なく泣寝入りを強いられることが多かつた。／このような事態に対し、救済のために活動したのが全日本開拓連盟である。連盟はその組織を通じ、または現地の調査を自主的に行なう等の措置によつて、詳細な実態を農林省に知らせ、農林省と防衛庁との折衝を容易ならしめ、補償等の問題についても有利に解決した事例の多いことは、連盟の非常な功績といわなければならない。／このように自衛隊による用地の取得は、昭和三〇年頃をピークとして減少しつつある。」（一三二―一三三頁）

この項目を執筆している和栗博は、開拓農民ではなく官僚である。戦時は大東亜省満洲事務局で「満洲移民」を担当した。戦後、和栗は外務省管理局開拓民課長となり、さらに「課長以下職員は農林省に入り、もっぱら引揚開拓民の再入植斡旋とに当たった」と『満洲開拓史』（八二二頁）にはある。戦時との連続性という点は、農林省サイドは開拓地の接収問題について防衛庁とは異なる利害を持っていたことを示唆している。

(20) 「五一年綱領」的世界像については前掲拙著『抵抗の同時代史』参照。

(21) 宮本常一・山本周五郎・楫西光速・山代巴監修『日本残酷物語現代編2　不幸な若者たち』平凡社、一九六一年。

(22) 「開拓農民」秋山健二郎・森秀人編『恐るべき労働第四巻　農山村の底辺』三一書房、一九六一年、一四〇頁。

(23) 注(2)記載の野添の文献を参照。このしばらくあとに、野添は『思想の科学』（一九六三年五月号）に「開拓地の表情」というルポを寄せ、「佃さん一家」をとりあげたほか、政府の失政によって困窮する秋田の開拓地の実情を明らかにしている。開拓民の子どもたちが村を出てゆき、営農を継続する者はいない、という現実に対し、「開拓地という東北の最底辺からようやくのがれていった彼らを待ちうけているのは、結局都市の最底辺でしかなかった」としている（二七頁）。同じころ、炭鉱をリストラされた鉱夫たちも南米に移民していった。元鉱夫「農業移民」を追った上野英信の『出ニッポン記』（潮出版社、一九七八年）は七〇年代中盤の取材に基づくものであり、野添とほぼ同時期に、同じ南米開拓地を回っていたことになる。

(24) 大江修編『魂の民俗学――谷川健一の思想』冨山房インターナショナル、二〇〇六年。
(25) 森秀人『実録・我が草莽伝――知識人たちの終宴』東京白川書院、一九八二年。
(26) 谷川雁「底辺ブームと典型の不可視性」『サークル村』一九六〇年一〇月号。これら「底辺」ものをめぐる出版状況については、道場親信「倉庫の精神史7・上野英信『日本陥没期』その3」『未來』第四八六号、二〇〇七年三月も参照。
(27) 開高健「ロビンソンの末裔」(一九六〇年)、『開高健全集』第三巻、新潮社、一九九二年。この作品について詳しくは、鳥羽耕史「紙の中の不可耕土――開高健『ロビンソンの末裔』」『昭和文学研究』第五六集、二〇〇八年を参照。
(28) 『開高健全集』第三巻、五一一頁。
(29) 永江雅和「戦後共同経営と協同主義――茨城県における農業経営協同化の事例を中心として」『歴史学研究』二〇〇七年一〇月増刊号、一三九頁。
(30) 玉野井麻利子「帝国時代の『海外日本人』、帝国崩壊後の『海外日本人』」足立伸子編『ジャパニーズ・ディアスポラ――埋もれた過去、闘争の現在、不確かな未来』吉田正紀・伊藤雅俊訳、新泉社、二〇〇八年、三一七頁。
(31) 前掲拙稿「『戦後開拓』再考」の第2節を参照。
(32) 天間征編『離農――その後、かれらはどうなったか』(日本放送出版協会、一九八〇年)は、北海道十勝地区における農家の離農を追跡した研究であるが、なかでも「離農の最も激しい地域は、戦後拓かれた開拓地である」と指摘されている(同書、一七九頁)。
(33) 吉川洋『高度成長――日本を変えた六〇〇〇日』読売新聞社、一九九七年、一一八頁。
(34) 佐藤(粒来)香『社会移動の歴史社会学――生業・職業・学校』東洋館出版、二〇〇四年、一九七頁。
(35) 鎌田前掲書、二八七頁。

（36）北方新社編『対談集　むつ小川原開発反対の論理』北方新社、一九七三年、一九五―一九六頁。

（37）鎌田前掲書。

現在に抗する戦後へ向けて

花森重行

1　戦後を語ることの困難

ある渦中を生きているものにとって、変容する事態そのものについて語っていくということは極めて難しい。事態がすでに終焉した、ある程度の距離を持って語ることのできる位置からではなく、複雑に錯綜する事態、自らも一部をなす状況が、刻一刻と変化していくなかで、その状況について語っていくことは、大きな困難を伴う。そもそも、言葉が存在しないのである。変容しつつある事態を、適切に表現できる言葉は存在せず、自分たちの目の前にあるのは、使い古された旧世代の言葉しかない。事態の変容を通じて語ろうとする自らも変容しつつある以上、客観的な観察者としての立ち位置も不可能である。このような、幾重にも折り重なった困難こそ、現在において戦後を語ることの困難であるといえよう。

戦後を一つの時代として語ることは、例えば奈良時代や元禄時代を語るのと同じようにはできない。

時間的な距離の近さという問題もあるのだが、戦後という言葉には、擁護する側にも批判する側にもある種の強い念願が込められており、何らかの念願がないなかで語られる戦後とは、意味の盛られていない空の器でしかない。そもそもある時代について語ることは、いまを生きる自分とその時代との葛藤であるはずなのだが、先行研究により意味が厚く盛られた奈良時代や元禄時代は、そうした葛藤を経ることなく見ることができるようになってしまっている。戦後を語ることとは、つまるところ、こうした研究を支えている通俗的な歴史主義の虚偽を暴いていくということでもあるはずなのだ。

戦後の終わりを宣言したとされる一九五六年の経済企画庁の経済白書の「もはや戦後ではない」[1]との言葉が単なる事実の指摘ではなく、不安と願望の入り交じったものであったように、戦後をめぐる議論は五〇年前にも様々な言論の抗争のなかにあったのである。そしてそうした状況は今なお変わりない。いやむしろ、戦後をめぐる抗争は、現在さらに激しさを増しつつあるともいえる。

戦後をめぐる言論空間の配置が、日本において一九九〇年代以降大きく変化してきたことは周知のことであろう。冷戦体制の持続によってその意味の問い直しを宙づりにされてきた、第二次世界大戦後、アジア・太平洋戦争後としての戦後の再審が、一九八九年のベルリンの壁崩壊と九一年末のソ連崩壊によって本格的に始まることとなったからである。同時にこの時期から世界に押し寄せた新自由主義「改革」の波のなかで、福祉国家に象徴される戦後の国民国家のあり方や、そのなかで創りだされた様々な制度や価値は、克服されるべき障碍物として再定義され、強烈な攻撃にあうこととなった。かつて抱かれた可能性としての戦後というイメージはもはや風前の灯火である。そしてそうしたイメージに最後の一撃を加えているものこそ、新たに生まれつつある戦後研究なのである。

戦後を歴史研究の方法によって対象化しようとするのが現在の戦後研究の主流であるが、それは戦後を生きられた現実から切り離し、歴史的存在として対象化する態度を必然的にともなう。だが歴史年表上の一こまとして位置づけられることで戦後は、使い勝手のよい単なる研究対象と化してしまうのもまた事実である。重層的な意味合いをもった戦後を平面的な歴史的事実へと変え、通史的叙述を補完するための一構成要素としていくことは、本当に戦後に向き合ったといえるのだろうか。それはむしろ、生きられた戦後の死というべき事態といえないだろうか。

2　戦後を語ること／戦後を殺すこと

このような戦後の歴史化の典型を、私たちは小熊英二の大著『〈民主〉と〈愛国〉――戦後日本のナショナリズムと公共性』（新曜社、二〇〇二年）に見ることができる。小熊は戦後を、民主主義という概念が重みをもっていた「第一の戦後」と、高度経済成長の中でこれらの概念が力を失っていった「第二の戦後」に区分する(2)（一三頁）。そのうえで、敗戦から一九六〇年代を中心とした「第一の戦後」の時期を主要な対象に、「集団」の「心情」の表現や「言説構造の変動」を追求しようとするのである。

一九四〇年代から六〇年代までの思想的歩みを扱い、数多くの個人が登場しながらも、『〈民主〉と〈愛国〉』のめざすのは、日本人の「集団的な心情を検証すること」にある。それゆえ戦後の思想家や文学者のなかでも「当該社会の心情と連続」し、「同時代の人びとに共有されている心情を、もっとも巧みに表現した」もののみが、小熊の対象となるのである（二〇頁）。そうした態度は必然的に、清水幾多郎のような扱いにくい思想家や「谷川雁などをはじめとした「辺境」の思想や、在日韓国・朝鮮人などの思想」（二五頁）を排除することにつながっていくこととなる。

思想を意のままに裁断し、思想から個別性を切り離すことの問題性について、小熊自身は何の痛痒も感じてはいない。様々な思想を自分の歴史叙述とのための資料として裁断していくことにまったく痛みを感じない、確固たる分析者小熊の姿がそこからは浮かび上がってくる。[3] 小熊の著作において個別の思想家の著作は、複雑さを併せ持つテクストとしてではなく、意味のみが読みとられる平面的な資料として裁断され、小熊の構想する「集団」＝国民の思想の歩み、つまりは戦後国民思想史の一材料となっていくのである。

もちろん小熊にとっても戦後とは決して全面肯定されるべきものとしては捉えられていない。多くの問題性を有する戦後を乗り越えることこそが小熊の最終的な目的なのである。とはいえ小熊は、戦後を超克した後の、これまでとは異なる未来のあり方を示そうとはしない。『〈民主〉と〈愛国〉』の終章で示されているのは、多文化主義的な色彩を装った新たな一国史的社会像への回帰でしかない。

小熊の姿勢を批判しつつ、また異なる戦後思想史像を描きだそうとしている人物として中野敏男をあげることができる。『前夜』創刊号（二〇〇四年一〇月）の「どこから出発したのか　小熊英二『〈民主〉と〈愛国〉』を批判する」で中野は、小熊が戦後思想から「日本人の心情を救済する物語」を抜き出していると批判を行う。まさに妥当な批判であるが、その文の末尾が「それら〔戦後思想―引用者〕はいったい、どこまで行けていたのであろうか」と閉じられた瞬間、中野は小熊と同じく、戦後思想の限界を語ることによって自らの立場を正当化する地平に立ってしまうのである。思想の裁断者としての小熊と、思想の裁判官たる中野の距離は、本人たちが思うほどには遠くない。そして両者の通った後には、無残に裁断された戦後思想の糟が残ることとなる。

自らの戦後思想史研究の主著である『大塚久雄と丸山眞男——動員、主体、戦争責任』（青土社、二〇〇一年）で中野は、研究の目的を〈戦後的地平〉の乗り越えを思考するためだとする。「丸山眞男を批判するという営みは、この〈戦後的地平〉を超えていくプロジェクトの一階梯でなければならない」というのである（二四八頁）。こう断言する中野がその超克の一つの鍵として設定するのが、「戦後啓蒙」として一括される戦後思想が総力戦期に見いだした「「自己同一的な主体」という罠からの離脱」であり、その鍵概念を中心として、「自己同一的な主体」に固執する「戦後啓蒙」の中心人物たる丸山と大塚への批判が行われることとなる。中野の執拗な批判は自身の論理のなかでは成功しているように見えるが、果たして「戦後啓蒙」の批判は〈戦後的地平〉を超えることを可能にするのか。

中野の提示する東アジアのなかで問い直される戦後という視点、戦後を戦前戦中の植民地帝国と冷戦体制とのつながりのなかで見る視点の有効性についてはまったくそのとおりである。とはいえ中野の著作からは〈戦後的地平〉の具体的な姿、そして〈戦後的地平〉の後に目指すべき社会のあり方を見ることができない。唯一わかるのは、ポスト〈戦後的地平〉を目指すためには〈戦後的地平〉は超克されなければならないとの中野の強い意志である。

『大塚久雄と丸山眞男』の冒頭部には沖縄の問題や朝鮮半島の問題、従軍慰安婦問題が引かれ、そのあとに戦後批判の議論が展開されている。[4] 様々な地域の被害者によって日本の戦後が問われるというのだが、同時にそこで動員された人々は、被害者と名指しされることによって、その生を多様さ切り縮められてしまってはいないであろうか。あたかも、中野によって戦後が丸山眞男と大塚久雄の一部のテクストへと切り縮められてしまっているのと同じように。そうした切り縮めの先に、果たして豊かなポスト〈戦後的地平〉は姿を現わすのだろうか。

3　戦後の国民史化に抗して

中野によって語られる被害者が「モデル被害者」(5)となってしまっているように、歴史を裁こうとするなかで被害者にはより〝被害者〟らしい姿が求められることとなる。金大中政権以降に顕彰活動が行われるようになった光州事件について、事件が再評価されるのはよいことだと思いながら、思わず違和感を吐露してしまった文富軾(6)にならうならば、「モデル被害者」の記憶や体験は、国民的記憶のなかに容易に取りこまれてしまうのである。だが体験者の生は、体験が行われた時点以後も続いており、その生においては、様々な失敗や市民的モラルからの逸脱があるのかもしれない。そこには、多文化主義的で寛容な市民社会という、現在の批判的精神をもった研究者が理想とする方向性からは逸脱するものが多く含まれるかもしれないのである。

体験に即しつつ国民史を批判するという作業が一直線に〝正しい〟歴史像の構築へと向かわないということは、例えば保苅実『ラディカル・オーラル・ヒストリー』（二〇〇四年）に収められたテッサ・モーリス＝スズキの解説における軋みからも読み解くことができる。オーストラリアの先住民であるアボリジニの伝説を、一つの「事実」として受けとめようとする保苅に対してテッサは、単純には割り切ることのできない不安を吐露する。「rainbow snake のパワーにかかわるアボリジニの人々の「非合理的」な説明を、もしその言葉通りの真実として受け入れるとすれば、神はほんとうに世界を七日間で創造した、と主張するキリスト教原理主義者たちに、どのようにして反論できるというのか」[7]と。

保苅とテッサの言葉の軋みから明らかになるのは、戦争や植民地主義に関わる体験に寄り添うということは、そのなかにある反市民主義的な危険性に対しても向き合わなければならないということである。だが現在の戦争体験をめぐる議論は、そうした危険性に目をつぶり、体験を国民史の枠組みのなかに再定置することをめざしているかのようである。体験について考えるとは、体験者にとって触れられないままにしてほしかったかもしれない体験に土足で足を踏み入れるものでもある。だとしたらその体験を社会を変えるために有効に使っていくことが必要なはずなのだが、研究者のナイーブなポリティカル・コレクトネスは体験を、研究の領域へと閉じこめがちである。

現在の歴史研究においては、被害者の体験をもとにして加害責任の問題を問うという方法が、一定の位置を占めつつある。加害責任とは、自らの問題意識を真摯に問い直そうとする近現代史研究者にとって、最後の賭け金となっている[8]。だが高橋哲哉による加藤典洋の「敗戦後論」への批判が、真摯さゆえに国民史の物語に取りこまれてしまっているというテッサの指摘[9]を参考にするならば、加害の問題を真摯に問おうとする歴史研究ほど、その真摯さゆえに国民史の枠組みに囚われる可能性が強いといえよう。

加害責任を中心とする近現代史研究の再編とは、九〇年代以降に歴史研究へ向けられた様々な批判への反動でもある。九〇年代以降の新自由主義「改革」は、旧来の国民主義的な文化概念が変容させられることで、歴史学を含む人文・社会科学の基盤を切り崩していくこととなった。時を同じくして、国民国家論による批判や、従軍慰安婦問題をめぐって交わされた上野千鶴子と吉見義明の間での歴史学の実証についての論争、高橋哲哉と加藤典洋の歴史主体論争、さらには歴史物語論や構築主義との論争を含めた様々な批判や論争が行われ、歴史学がそれまで前提としてきた様々な概念が再検討を迫られることとなった(10)。そのなかで、何のために歴史を研究するのかという、それまでは〝国民のため〟という概念によって代補されていた問題が、改めてクローズアップされることとなったのである。そして国民主義的な戦後学知の典型として様々な批判に晒されることとなった歴史学の反批判の一つの結実が、近年盛んに行われている学史の再検討なのである(11)(12)。だが歴史学のあるべき姿を学史上に求めようとする学史の再検討という方法は、歴史学の存在する現実の複雑さに目をつぶることになっていないだろうか。

この疑問は、歴史研究とその周辺から一歩足を踏み外したとき、歴史がどのように扱われているかをみることで、より明瞭となる。例えば新自由主義下のポストフォーディズム的労働市場のなかで、労働者に求められているのは知識と技術を実行に移す身体と慣習化された動作である。実際の労働現場において求められているのは、単に上からの命令を聞くだけの受動的な存在ではなく、その身体を自ら律し行動に移す人材であるのだが、そのような行為の連関のなかに人文科学的な意味での歴史の占める位置はない。歴史などの人文科学的な知は、迅速かつ柔軟に動くべき身体の障碍物としてイメージされてしまうこととなる。[13]

同時に歴史が、消費される対象となっているというのも否めない事実である。楽しみとしての歴史小説という形式だけでなく、自らの人生を省察するための手がかりとして歴史上の様々な人物の事跡が扱われる啓発書やTV番組においても、歴史は単に消費される存在となっている。そこには、近代的市民の自己形成のために必要な教養としての歴史という、古典的な枠組みは存在しない。エリートに求められる教養としての歴史にしても、消費者としてアトム化された個人によってつまみ食い的に消費される消費財でしかない。歴史とは、個人としての消費者に消費される消費財と化しているのであり、ボードリヤールが三〇年以上前に直面した「上等な食料品と画廊、『プレイボーイ』誌と『古生物学概論』との間にもはや何の違いもないような文化[14]」状況が、歴史の需要―供給の形態においても出現しているのである。

ネットの言論と結びつくことで加速度的に進展している歴史の消費財化。この問題を無視して、歴史の現在を考えることはできない。もちろん小中高の歴史教育などがいまでも大きな意味をもっていることは間違いないにしても、それらがネット上の言論と結びつくことで、大きく変容しているのも事実である。歴史を語る言葉を変容させているネット上の言論の担い手たちのほうが、国民国家を超えた新たなツールを有効に利用しているのに比べ[15]、それを苦々しく眺める歴史研究者は、逆に国民国家の枠組みに深く囚われてしまっているのである。

では、歴史学に限らず学知の語り方自体が大きな変容を迫られている状況で、戦後を考えることに一体どのような意味があるのか。戦後に様々な問題や失敗の体験があったことは間違いない。そのうえで、様々な問題や失敗を含みこんだ戦後の広義の「歴史化」[16]が必要となってくるだろう。そうした「歴史化」とは、単に当時の状況を明らかにすることだけで結実するのではなく、自らと切り離された過去の罪悪を裁くことでもない。むしろそうした作業を通じて、分析者自らの言葉の内実や、学知と社会との関係が変わっていく過程なのである。そして戦後の様々なテクストや体験には、歴史の語り方そのものを変えていくための契機がちりばめられているのである。

4　現代に抗する戦後に向けて

先ほど述べたように、戦後とは単なる年表上の一こまではない。それゆえ戦後について語ることとは、単に戦後という時代について語ることを意味しない。むしろそれは、歴史を語るということを現在との軋みのなかで模索していくことと同義であり、通俗的な歴史主義に抗しながら歴史についての新たな語りの方法を模索していくことであると私は考える。同時にそうした模索とは、グローバル化のなかでの新たな批判理論として、戦後の様々なテクストや体験を捉え直していくことでもあるだろう。

この場合の批判理論とは、大学の教科書に載せられているような、単に客体としての社会を分析するための使い勝手のよい道具のようなものではない。ここでの理論とは、実践と理論、そして理論の適用される分析対象としての社会と理論を使う分析主体という二項対立的な図式を揺るがし、従来の学知の分析枠組みを崩していくための入口となるべきものであるといえよう。

現在問題化されるべき最大の標的を「ネットワークとしての帝国」とすることはそれほど異論がないであろう。とはいえその場合の帝国とは、私たち自身と切り離された客体としての「敵」なのではない。明確な中心のない、権力と資本の合作としての帝国は私たちの内部にすらそのくさびを打ちこんでいるのであり、そうした巧妙な権力と資本との合作の手中に私たちは生きているのである。

私たち自身が深く巻きこまれている帝国による巧妙な支配に抗していくためには、私たち自身がさらなる知恵と柔軟な戦術とを身につけていくことが必要となるが、そうした変化はうまく進展していない。権力や資本に抗しようとする運動の側は、目に見える結果をすぐに求めようとするため、分かりやすい敵－味方の二項対立図式を設定する傾向がある。こうした二項対立図式を通じて抵抗の側は自らの主体化を行うこととなるが、その過程で多様な人々の多様な生が、容易に国民主体と置き換え可能な主体のなかに押しこめられていくこととなる。昔ながらの国民主体を溶解しようとする帝国に抗する側がむしろ、国民主体に類似した主体へと回帰していくという奇妙な現象が現れてくるのである。

そのような主体のあり方に捕らわれることはまた、人々の行う実践のあり方についても制限を加えることとなっている。権力や資本に抗するための実践とは、能動的な主体による目に見える行動として捉えられることとなるからである。実践とは、デモやビラ撒き、集会への参加などの領域に限定されることとなり、それらと研究活動とが対置されるようになっていくのである。

同様の問題は、研究の側にも現れることになる。新自由主義「改革」以後の大学改革のなかで研究の側は、積極的に現実に関与しようとする側と、実践と切り離された人文科学の理想へ回帰する側という二方向のあり方をとりがちである。真逆な方向を向いているように思えるこれら二つの方向性も、実践とは政府や自治体の行うものであり目に見えるものであるとの固定観念にとらわれているのであり、違いはそこに関与するか否かでしかない。研究の側においても、研究と実践との関係性は極めて古い形をとっているのである。

研究と実践との関係を再構築できていないという現状を考えるとき、一つの導きの糸となるのがP・ヴィルノの次のような言葉である。

労働するものは饒舌であり、そうでなければならない。ハーバーマスによって設定された「道具的行為」と「コミュニケーション的行為」との（あるいは労働と相互行為との）有名な対立は、ポストフォーディズム的生産様式によって根底から覆されることになります。「コミュニケーション的行為」は、もはや、倫理的 - 文化的関係や政治のなかにだけ自分の領域を限定できません。[18]

労働を寡黙な身体的行為として言語的活動とを切り離してきたこれまでの社会理論を批判しつつヴィルノは、「言語活動は、戦場であると同時に、競馬レースの賭け金でもある[19]」と述べる。このヴィルノの、おそらくは多くの異論が提出されるだろう言葉をふまえるならば、運動と研究の側双方の現在を語る言葉の貧困こそ問題にされなければならないだろう。もちろん言われているのは言語活動の実践に対する優位ではなく[20]、実践と言語活動との関係を改めて考えていくことである。これまで述べてきたことと結びつけるならば、研究と実践との関係をもう一度考え直していくことであるともいえよう。

現在における研究実践のあり方を考えていくとき、戦後思想とはどのような遺産として私たちの前に姿を現わすのか。いや、戦後思想とは、現在に抗していくための資源として、どのように使うことができるのだろうか。

その一例を私は、安保闘争後の竹内好の試みのなかに見ることができる。安保闘争が最高潮に達していた一九六〇年、竹内はすでに安保以後のことを考えはじめていた。最高潮に達している安保反対のエネルギーはやがて冷めていくが、そのエネルギーをどのように遺産として受け継いでいくのか。そうした遺産としての「抵抗権」が確立できずに勝ってしまうぐらいならば「うまく負けるべき」[21]と言う辛辣な竹内がそこにはいる。やはり同じような暗い予感は丸山眞男[22]も抱いていたが、竹内はさらに踏みこんで、この安保のエネルギーを、どのように遺産としていくのかということを、そのために必要なプランとは何かということを考えはじめることとなる[23]。

「明治維新百年祭」の提起やアジア主義の再評価、等々。安保のエネルギーを受け継いでいくことをめざして竹内が行った試みは、豊かな可能性を胚胎しつつも、その可能性を未発のまま放置されることとなる。五〇年代後半から起動しつつあった高度経済成長のスピードを見誤ったという竹内自身の問題もあるだろうし、高度経済成長を直視できず後ろ向きになっていった論壇が竹内の問題提起を拒否したということもあっただろう。同時に身体的・精神的な衰えも実感するようになってきた竹内は、『竹内好著作ノート』(立間祥介編著、図書新聞社、一九六五年)に収められた「自画像」で「評論家稼業」の「廃業」を宣言する[24]。

新しい問題に向かうのではなく、いままでの自分が提出した「仮説を伝達可能な形に仕上げること」[25]をめざそうとする竹内。この一見後ろ向きな行為は、同時に竹内に新たな境地を開くことにもなる。竹内が『竹内好評論集』（全三巻、筑摩書房、一九六六年）以後に出す論集を編集者任せとしたことには、体調の悪化や思考能力の衰えという否定的な側面もあった。だが、埋もれたテクストを再発掘し新たな文脈のなかで再編成することを通じて新たな意味を発見してくれる、第一の読者として編集者の役割を改めて再認識し[26]、編集者との共同作業のなかで今まで自分が提出した「仮説」を次世代に伝わるものにしようとする竹内がそこにいる。「評論家」という立場を「廃業」した竹内としては、自身の言葉をどのように「遺産」としていくということを考えはじめていたのかもしれない。竹内は「自画像」の収められた『竹内好著作ノート』を自らの「遺産目録」と述べている。もちろんこの時点での竹内が自らの死を予感していたわけではないのだから、これは一種の皮肉であるといえるが、自分自身の都立大学辞職すらも状況を変えていく手段とした安保闘争における竹内の姿をふまえるならば、この言葉を単なる皮肉として受けとることはできない。それは自らのテクストから竹内好という固有名詞を引き剝がし、新たな読者のなかに投げ出していくなかで、新たな意味を再発見していくことをめざす行為であり、そのなかで竹内自身が文字通り遺産となっていたということができるからである。

「評論家稼業」の「廃業」を宣言した翌年、竹内は『展望』誌上で戦後の代表的なマルクス主義歴史学者である遠山茂樹を批判する。自身のアジア主義研究に対する遠山の批判を、「連帯と侵略の二分法を採用すべしという要請」にもとづくものと要約する竹内は、連帯と侵略とを二項対立的に捉えることのできる遠山自身の「党派性」に疑問を付す。そのうえで自らと遠山との根本的な違いを、人間観と歴史観の違いであるとして、次のように述べる。

たぶんこのことは、つきつめていくと、人間観および歴史観（または歴史像）のちがいに行きつくだろう。遠山氏において、人間は動機と手段の区別が明瞭な、他者によってまるごと把握できる透明な実体であるし、私にあっては流動的な、状況的にしか自他につかめぬものである。歴史もまた、遠山氏には重苦しい所与であるし、私には可塑的な、分解可能な構築物としてある、というちがいがあるように思う。(27)

遠山の歴史像は、前衛対権力・資本という、正義対悪の二項対立図式にもとづいている。革命という絶対の目的に向かう前衛と権力・資本との対立こそが歴史の主要な動力なのである。だが遠山の意図に反してその歴史像は、人間を絶対的に規定する「重苦しい所与」として機能し、人間を社会対立とその枠組みにもとづく歴史の受動的な構成要素に貶めてしまうことになる。

そもそも高度成長下の大衆社会化のなかで多様化する社会を、遠山のような図式で計測することはできない。そうした見方は、人びとがより巧妙に資本や権力との関係のなかに取りこまれようとしている現実の複雑さに目をつぶることにしかならない。また、単純化された現実にもとづく歴史からは、現実を変革するための資源としての価値が大きく損なわれてしまっている。現在と歴史との多様なつながりを発見し、現実を変えていくためには歴史を利用するには、古い「党派性」を超えて、正義と悪という明確に区分できない現実の複雑さにその基盤を置くべきというのが竹内の批判の要点といえよう。

四〇年前に竹内が批判したのと同様な事態が今なお存在していることはすでに見てきたとおりである。敵と見方という二項対立図式にもとづいて現実の複雑さを縮減する態度は、抵抗の側の実践のあり方を狭いものとしている。[28] だが、そうした狭い理解にもとづいては、個人や社会という概念そのものを変容させている権力・資本を批判することはできない。むしろ私たちは、歴史に抗する形で出現するマルチチュードを中心とする社会のあり方の上に、歴史の新たな語りの可能性を求めるべきなのではないだろうか。

このように見てきたとき現在とは無関係に見えるかもしれないこの竹内の六〇年代以降の試みは、現在の実践の意味を考え直す糸口となるのである。戦後の批判的言語の意味が失効していこうとするただ中で、改めて自らのテクストの、おそらくは著者自身も気づかなかったようなものを含めて再発見し、それを社会に投げ返していくこと。人間の多様な存在形態を主体主義的に押しこめ、受動的な存在として「所与」としての歴史のなかに配置していく考えを批判し、自らも一部をなす歴史を「可塑的な、分解可能な構築物」として捉え直すこと。それは単にテクストの読みや歴史概念を問い直すだけでなく、その問い直しの先に新たな公共性のあり方を探っていく試みであったといえよう。[29] 戦後思想を支えた前提の消滅という退却戦の渦中にあった竹内の試みからは、四〇年という時を越えてもなお伝わる遺産として私たちの前に存在している。小熊や中野によっては読み解かれなかったその豊かな実践のあり方は、新自由主義の下、先の見えない退却戦のなかを生きなければならない私たちにとって、貴重な遺産となるのではないだろうか。

そのために竹内を含めた、いまださまよいつづけている様々な戦後の遺産を有効に使っていくことが、求められているのである。

注

（1）武田晴人『高度成長』ⅳ—ⅴ頁、岩波書店、二〇〇八年。

（2）なお小熊を含めた戦後思想研究の問題性については、拙稿「歴史と反歴史との相克——五〇～六〇年代の上原専祿をめぐって」『日本思想史研究会会報』二二号、二〇〇四年、「棘の先端」『現代思想』二〇〇四年八月号において行った。

（3）思想を定義し、分類していく分析者としての自らへの小熊の批判的視点の欠如は、最初の著作『単一民族神話の起源——「日本人」の自画像の系譜』新曜社、一九九五年の書評で冨山一郎が指摘した問題が、未だに引き継がれていることを示している。この点については冨山「小熊英二著『単一民族神話の起源』」『日本史研究』一九九七年一月号を参照。また小熊の戦後思想史をめぐる議論の問題性については拙稿「戦後を論じるということ」『立命館大学言語文化研究』一九巻一号、二〇〇七年も参照。

（4）「沖縄に行ってタクシーに乗り、那覇の町の渋滞に巻き込まれて運転手氏と雑談をかわすうちに、「戦後」の話になった〔……〕朝鮮にとって「戦後」とはいつからのことだろう」（中野『大塚久雄と丸山眞男』八—九頁）。

（5）上野千鶴子「国民国家とジェンダー」『ナショナリズムとジェンダー』青土社、一九九八年、第一部。

（6）文富軾『失われた記憶を求めて——狂気の時代を考える』板垣竜太訳、現代企画室、二〇〇五年。

（7）テッサ・モーリス゠スズキ「ミノ・ホカリとの対話」、保苅実『ラディカル・オーラル・ヒストリー』所収、御茶の水書房、二〇〇四年。

（8）このような学史を通じての歴史学の再生への意志を、『昭和史』論争における加害責任の問題の不在を論じた戸邉秀明「昭和史が生まれる」（大門正克編著『昭和史論争を問う』日本経済評論社、二〇〇六年）に見ることができるだろう。

（9）テッサ・モーリス゠スズキ「不穏な墓標／「悼み」の政治学と「対抗」記念碑――加藤典洋『敗戦後論』を読む」『世界』別冊六五五号、一九九八年一〇月。

（10）これらの論争については高橋哲哉編『〈歴史認識〉論争』作品社、二〇〇二年を参照。

（11）小森陽一・高橋哲哉編『ナショナル・ヒストリーを超えて』東京大学出版会、一九九八年。

（12）成田龍一『歴史学のスタイル』（二〇〇一年）、『歴史学のポジショナリティ』（二〇〇六年、共に校倉書房）、大門正克編著『昭和史論争を問う』（日本経済評論社、二〇〇六年）が代表的なものである。

（13）ポストフォーディズム下の労働概念の変容については、渋谷望『魂の労働』第一章（青土社、二〇〇三年）を参照。

（14）ジャン・ボードリヤール『消費社会の神話と構造』（一九七〇）今村仁司・塚原史訳、紀伊國屋書店、一九九五年、一九頁。

（15）高原基彰『不安型ナショナリズムの時代』洋泉社、二〇〇六年。

（16）孫歌『竹内好という問い』岩波書店、二〇〇五年。

（17）アントニオ・ネグリ／マイケル・ハート『〈帝国〉――グローバル化の世界秩序とマルチチュードの可能性』（二〇〇〇）水島一憲・酒井隆史・浜邦彦・吉田俊実訳、以文社、二〇〇三年。

（18）パオロ・ヴィルノ『マルチチュードの文法――現代的な生活形式を分析するために』廣瀬純訳、月曜社、二〇〇四年、七頁。

(19) 同書、八頁。
(20) なお言語活動に身体を対置しようとするネグリとハートの批判に答える形でヴィルノは、「「言語活動」とは人間だけに特別な身体と生の謂い」(同書、九頁)であると述べている。
(21) 「四つの提案」(『思想の科学』一九六〇年七月号)、『竹内好全集』第九巻、一九八一年、一一八頁。なお初出時のタイトルは「戦いのための四つの条件」である。以下、竹内好の引用は『竹内好全集』全一七巻(筑摩書房、一九八〇—八二年)による。
(22) 「《討論》擬似プログラムからの脱却」(参加者は丸山眞男・竹内好・開高健)、『中央公論』一九六〇年七月号。詳しくは拙稿「複数の「憲法感覚」へ向けて——竹内好における「憲法感覚」の変容と安保体験」『現代思想』二〇〇四年一〇月号を参照。
(23) 註(22)拙稿を参照。
(24) 「年齢の制約からいって、私にはもう新しい問題の発見は期待できない。なによりも感受性のおとろえがはなはだしいのは自分でも驚くほどである。とすれば、問題発見に立ち向かうのでなくて、発見した問題を追跡すること、せめて仮説を伝達可能な形に仕上げることに、これからの自分の時間を使うのが自他を益するのではないか、と考えざるを得ない。中途ハンパな評論家稼業は、廃業するか、廃業しないまでもストックをさばくだけに止めて、新しい仕入れはやらぬ方がよい。これが、年貢の納め時の弁である。」(竹内好「自画像」、『竹内好全集』第一三巻所収、一五四頁)
(25) 竹内「自画像」一五四頁。
(26) 「〔……〕執筆者という可塑体からある価値を引き出してくる産婆役は、形はどうであれ、相互信頼によって結ばれた編集者でないと無理なのだ。〔……〕この本の真の著者は複数の編集者であって、彼らは匿名である。私のような気むずかしい役者を舞台にのせひと通りは穴をあけずに演技させたことによって、彼らがすぐれた演出者であることが証明される。願わくはこの編集者魂よ、健在なれ!」(竹内好「「状況的」序に

かえて」、『状況的　竹内好対談集』合同出版、一九七〇年。『竹内好全集』第一三巻所収、三七七—三七八頁)

(27) 竹内好「学者の責任について」『展望』一九六六年四月号。『竹内好全集』第八巻所収、二七三頁。

(28) 竹内と遠山の人間観の「ちがい」がいまだ過去のものとなっていないことは、たとえば、立岩真也が『弱くある自由へ』(岩波書店、二〇〇〇年)で展開している自己決定批判をみても明らかである。立岩の批判は運動の側にも鋭く向けられているのである。

(29) 六〇年代以降の竹内の試みについては、上野昂志「言葉へ」『現代文化の境界線』冬樹社、一九七八年から多くを学んだ。

植民地遺制を考える

――植民地の記憶をめぐる網引き

朴 美貞

植民地主義や植民地にかかわる諸問題（以下、「植民地問題」と略称）は、宗主国の規律権力の下で進行する一定の時間と空間においてよりも、むしろ、その進行が一度断絶された後に生じる諸現象の中で、その本質がより明確に映しだされるように思われる。とりわけ、解放後の韓国社会の公共の場では、植民地遺制である「皇国臣民化」の強化が、民族主義をモットーとした主権国家形成を支える基盤として用いられたのではないか。他方で、戦後の日本社会では、植民地問題に関する自らの行いを「隠蔽」する方向へと走り、その反面、日本の植民地主義・帝国主義的行為の主体を、過去の戦争物語の連続の中で「民族の英雄＝（戦）勝者」として表象し、帝国主義や植民地主義を賞賛してきたのではないか。

植民地後の日本と韓国社会で、「戦後」と「解放後」のもつ意味合いは何なのか。解放後の韓国社会は本当に「解放」されたのか。日本社会の「戦後」は、戦争との断絶と連続が見え隠れするなかで、帝国主義や植民地主義を抱懐しつつ養成していたのではないか。小論はこの疑問を解くことを目的とする。その際、日本と韓国社会における植民地主義や植民地問題を語る視点のズレを問題とし、それらが植民地後のそれぞれの空間の中で、いかに自国の民族主義を支えてきたのかを考察し、現在のグローバル化の中で植民地主義をめぐるどのような断絶と連続を生みだしているのかに焦点を当てることにする。

1　植民地の記憶をめぐる物語

かつての宗主国と旧植民地であった日本と韓国は、植民地問題をめぐってある側面においては加害者として、また別の側面においては被害者もしくは犠牲者というアンビバレントなポジションをとりながら、「記憶間の戦争」をくり広げてきた。たとえば、戦後と解放後のそれぞれの空間を横切っての歴史教科書問題をはじめ、靖国問題、従軍慰安婦問題、北朝鮮による拉致問題、近年著しくイシュー化される独島（竹島）問題、等々を通じてである。このような記憶間の戦争は、いうまでもなく、両者ともその根底に強い民族主義を孕んでいる。

戦後とりわけ近年の日本は、一方で戦争を起こす主体（人々を戦場へと送り出し、もしくは自らも戦場へと赴く側）を英雄化し、過去の戦争を積極的に肯定する「勝者」として、他方で、戦勝国（欧米列強・連合国側）へのつよい被害者もしくは犠牲者意識をもち、過去の戦争をつよく否定する「敗者」としてのイメージを生みだしてきた。つまりアジアの植民地において旧宗主国の日本は、かつての戦争主体を「英霊」として祀り、近代の植民地問題を「勝者」の歴史として記憶する。反面、旧植民地であった韓国は、植民地主義への抵抗者（ゲリラ）を民族の英雄として賞賛する一方、植民地下に置かされたことにたいし民族単位での被害の記憶だけを強調する「敗者」としての歴史を記憶に刻みこんでいる。日本においては「靖国神社」（一八六九年創建）と「広島原爆ドーム」（一九六七年、永久保存工事完了）を、韓国においては「独立記念館」（一九八七年開館）と「ナヌムの家」（一九九二年オープン）を、それぞれアンビバレントな記憶のためのモニュメントとしてあげることができる。そこには、植民地問題に関する両者の眼差しのズレが潜んでいることを見逃せない。

戦後の日本社会における植民地問題に関して、西川長夫は「植民地忘却」であると指摘し、次のように述べている。

> 戦後、私たちはなぜ植民地問題を私たちの考察の正面にすえて深く考えることができなかったのか。戦後、日本人が過去の歩みを深く反省してそれを未来につなげるつもりであれば、植民地問題こそまっさきに検討すべき問題であったのに、なぜそれができなかったのか。敗戦によって日本国がかつて領有していたすべての植民地を放棄したことと、占領軍の政策がそのことに深くかかわっている(1)〔……〕。

だが、私には、むしろ、「隠蔽」のほうがより適切ではないかと思われる。というのは、戦後の日本において、植民地問題は過去の戦争との連続性において位置づけられ、敗戦によって、戦争の被害者もしくは犠牲者であるポジションが堅持されることによって、自ら戦争主体でありアジアの植民地への加害者であった顔を覆い隠す方向に走ったのではないか、と思われるからである。

植民地問題は、植民地の放棄にともない、「植民地」の問題としては戦後しばらく取りあげられることがなかった。なかでも、植民者であった個人の語りは、戦災や引き揚げといった戦争物語へとすり替えられ、過去の戦争の記憶の連続の上に積み重ねられた。さらに、アメリカによって物理的に受諾させられた敗戦によって、戦争がいかに悲惨なものなのかが強調され、戦争被害者・犠牲者としての自己イメージが作りだされた。たとえば、多くの戦争体験や引き揚げ物語等々に鮮明に記されているのは、引き揚げや被爆の体験がいかに悲惨であったのかに焦点を合わせた戦争犠牲者の側面だけで、戦争主体としての植民者側の認識にもとづいた語りは少ない。しかし、戦争がいかに悲惨なのかをモットーとする物語は、むしろ、戦争それ自体の原因と是非を問うことより、戦争に負けてはいけないということのみを強調しているようにみえる。そして、敗北がいかに悲惨な結果をもたらすかを強調することによって、結局は戦勝者（戦争主体＝植民者）の歴史を讃えることへとつながったのではないか。それゆえ、再び戦争主体（植民地主義者や植民地行政官等々）を英雄（「殉国者」や「繁栄の礎」）として賞賛し、彼らの行いを顕彰することによって、植民地問題は（戦）勝者の歴史として位置づけられる。これこそ、戦後の日本において、植民地問題が過去の歴史から引き継ぐ「戦争物語」の連続としてすり替えられてゆく流れを促した証であろう。ここに、戦後日本における内面化された植民地主義の一断面をみることができるのではないか。

解放後の韓国社会で生まれ育った私が、日本社会の用いる「戦後」という言葉に多少の違和感を抱くのは、以上のような植民地問題をめぐるアンビバレントなポジションに起因するかもしれない。植民地問題をめぐっては、戦後の日本と解放後の韓国の双方において、戦勝者であり敗者もしくは被害者や犠牲者のイメージをそれぞれの歴史に刻みこむアンビバレントなポジションが堅持されている。

ところで、植民地の記憶をめぐる戦争は、戦後の日本と解放後の韓国社会で植民地問題をめぐって、アンビバレントなポジションと同時に「排除」と「強化」の体制をも生みだしてきた。排除の側面の事例としては、植民地からの「引き揚げ者」とされる植民者あるいは日本の植民地主義の協力者として「親日派」と呼ばれる人々、等々の個人史が一国史の中でどのように位置づけられてきたかに関するあり方があげられる。日本の近代史は、もっぱら、欧米との繋がりのみが強調され、それが日本の近代化の質として語られてきた。日本の近代がヨーロッパの歴史や文化との同一性を模索するなかで形成され（それによって、アジアで帝国の座を固めることが可能であったが）、同時に、アジアとのつながりを薄れさせてゆく。一方、解放後の韓国社会で「日本」が排除され、戦後の日本で植民地史が排除されていったのである。

また、先に述べたように、植民地問題に関してアンビバレントな姿勢を保つうえで有効であった戦争記憶は、やがて「平和」と「反戦」をモットーとする運動においても広がっていく。ゆえに私は、日本における平和主張や反戦運動がもっている、その意味と内実に関してつよい疑問をいだく。というのは、戦争の原因と同時にその帰結である自らの植民地主義に目を向けることなく、その是非を問うことはできないはずだからだ。日本は、朝鮮半島をはじめとするかつての植民地側にも真の理解ある目を向けるべきであると思う。解放後の朝鮮半島が現在もなお半ば戦争状態にあることの現実、また、かつて植民地であった国々がどのような植民地遺制のなかで脱植民地化をめざし、いかなる苦悩と努力を払っているのかなどの問題がもっと直視されるべきだろう。現在の朝鮮半島（特に北朝鮮）の現実は、日本の植民地支配がいかなるものであったのかを映しだしているのではないだろうか。もちろん、解放後の現実の責任は当事者にあるにしても、植民地体制が残した様々な問題を抱きかかえ、そのうえ、植民地遺制の偏った側面を強化してしまった結果からくる現実など、その根底は植民地問題に由来していることを否定できない。

2　重層的アイデンティティと植民地なき植民地主義

植民地後の韓国社会における「解放」は、日本の植民地支配の抑圧から解き放たれるという意味で用いられた言葉であった。しかし、主権国家の形成に全力を注いできた解放後の韓国は、真に植民地主義の束縛から解放された空間であったのだろうか。このような疑問をいだく根拠は、解放後の韓国社会のもつ日本型植民地遺制、アメリカ型の「新」植民地主義が重層的に存在する空間、いわば、西川長夫の指摘する「植民地なき植民地主義」の一原型にある。

私の生まれた一九六三年は、アメリカではケネディ大統領が暗殺される出来事があり、韓国では朴《パク》正熙《チョンヒ》政権による第三共和国がスタートしていた。この二つの歴史的出来事と、ケネディと朴正熙の存在は、解放後の韓国国民としての私のアイデンティティ形成にきわめて大きな影響を与えている。一方で、自由、民主、平等といった思考基準を左右するものとして、他方で、私の身体をとおして植えつけられた主権国家の一国民たるべき規律においてである。「軍部独裁」というレッテルが貼られた朴政権は、一九七九年における彼の死とともに表面上は「自由民主主義」政権へと変わる。彼の葬儀は、解放後の韓国社会で初めて全国民が共有の涙を流した出来事であった。「独裁者」が、多くの人に愛され支えられることによって生みだされることを、このことはまさに証明している。

記憶をたどれば、国民学校の時、私は「我々は民族中興の歴史的使命を帯びてこの地に生まれた……」と始まる「国民教育憲章」を暗唱、中学以後は白黒のコンビネーションの学生服を着用した。登下校時や国旗掲揚と下降の際に右手を左胸に当てて敬礼したし、高等学校では「学徒護国団」の「軍事教練」をしたりもした。農村振興運動の延長である「セマウル（新しい村）運動」の一方で、もちろん、軍隊組織の存在も指摘しなければならない。この二つの組織の目的は兵士型と農民（労働）型の国民を養成することであったといえるだろう。このような国民身体の規律化は、日本の「皇国臣民化」の遺制といわずして何といおう。

植民地遺制の本質を考えるとき、現体制の意図と現実との間に生じた矛盾を考えざるをえない。解放後の韓国社会は、脱植民地化のため「反日」を唱える反面、みずからの主権国家体制形成には日本型規律権力体制が用いられ、それが国民の身体にまとわされた。しかし、この事実に私が気づくのは、日本に留学してからであり、やがて日本の総力戦体制期にかかわる文献を調べるうちにより鮮明にそれを認識するようになった。

もうひとつ、解放後の韓国社会の国民アイデンティティ形成に影を落としているのは、自由・民主・平等主義思想をともなうアメリカの存在である。学校のテキストをはじめとする文字媒体と映画をはじめとする多様な非文字媒体がその際に大きな影響を与えた。たとえば、中学校から始まる第一外国語としての英語テキストには（植民地期の国語として強要された日本語は、解放後、英語に取って代わられた。日本語は学校のカリキュラムから排除され、一部の高校で第二外国語として用いられるのみである）、リンカーンの政治演説のセリフが取り上げられていた。「of the people, by the people, for the people」（人民の、人民による、人民のための政治）は、こみ上げる感動とともによく暗唱したフレーズである。人民（people）が国家の主体であることを強調するこのリンカーンの言葉は、ストウ夫人の『アンクルトムの小屋（*Uncle Tom's Cabin*）』とともに、自由と民主主義と平等が成り立つアメリカのイメージとして脳裡に刻まれた。

横文字でプリントされたTシャツや服を何の違和感なく着こなし、コーヒーを飲みアメリカンポップに自分の感情を委ねる青春……。毎週末の深夜に予定されているハリウッド映画、一年中ほとんどハリウット映画の新作で彩られている劇場の看板、ハリウッド俳優たちによる様々な広告宣伝。正義のシンボルとしてのマッチョで格好良いボディービルダー出身の俳優と、ミスワールド出身の美女が演じるヒロイン（《スーパーマン》と《ワンダーウーマン》）たちによって作りだされる、正義のため全世界の悪と戦う正義の国、超強大国としてのアメリカイメージは、韓国国民感情にアメリカンドリームを植えつけるのに十分な媒体であった。

そのような民主主義国家アメリカのイメージは、ちょうど、朝鮮半島を侵略し、抑圧、収奪、民族抹殺行為を行ったまったくの侵略者としての日本イメージとよき対照をなしていた。民族主義をモットーにして「植民地残滓の清算」を掲げ、「親日派」への非難をはじめとする「反日」運動が社会的イシューとして気まぐれに顔を出す韓国において、アメリカは実現すべき自由民主主義国家の模範として韓国の国民感情に水のように浸透していたのである。しかしそれこそ、まさにアメリカ式植民地主義の伝播であったといえるだろう。さらに、そこには、解放後の韓国社会で植民地主義をめぐる重層的ヒエラルキーが生みだされていたことも指摘できる。

解放後、実際に多くの韓国人がアメリカに移民を要請し海を渡った。その韓国系移民の多くは、アメリカで底辺の肉体労働に従事する。このような現象は、まさに西川長夫の指摘する「〈新〉植民地主義」の一原型につながる。

新しい植民地主義は、特定の領土を限定して政治的軍事的に統治する必要はない。戦争がくりかえされた移民と難民の世紀のあとで、情報が一瞬にして世界の隅々まで達し労働力の移動が日常的となったいま、植民地は世界の到る所に、旧宗主国や覇権国の内部においても形成されうるからである。新しい植民地の境界を示しているのは、もはや領土や国境ではなく、政治的経済的な構造の中での位置である。(2)

いわば、アメリカンドリームに装われたこの新しい植民地主義の抑圧は、やがて多くの人の認識するところとなった。二〇〇七年四月一六日にアメリカのヴァージニア工科大学（Virginia Tech）で起きた無差別銃撃事件（学生と教員を含め三二余の死者と二〇余の負傷者が出、犯人もその現場で自殺）は、全世界の人々に大きな衝撃を与えた。事件直後犯人として紹介されたのは、当学校の英文科に在学中の韓国系移民（当時二三歳の韓国系アメリカ永住者で、七歳で渡った移民一・五世代）であった。事件直後、マスコミは、彼が犯行に走った主たる原因として、うつ病を患う彼の異常性と、韓国系移民としてのアメリカ社会への不適応性をとりあげた。彼が犯行動機の宣言文としてNBC放送局に送った郵便物の中にあった動画と写真が公開され、彼の狂気と攻撃性がクローズアップされた。さらに、当時クリーニング屋を営みハードな労役に耐えながら（移民直後は、韓国レストランでの雑務に耐えて生活基盤を築いたとされる）子供の教育には熱心であったが、彼への充分な世話ができなかったとされる父母（韓国系移民者たち）の「アメリカンドリーム」への批判も付け加えられた。

　この事件によって、戦後、初めてアメリカ社会における移民たちが抱える問題、韓国系移民たちの「アメリカンドリーム」への警告が出されたのである。[3] なお、犯人が韓国系であることが知らされると、アメリカ永住の韓国人（社会）だけではなく、韓国国内においても、アメリカ（社会）に向けて国を挙げての大々的な謝罪を行い、その様子も大きく報道された。このような一連の騒動を韓国国内のリベラルな研究者の一人である林志弦《イムジヒョン》は、犯人が韓国系だということだけで、民族につながるその全体が罪意識を感じたり、自ら罪意識を強要する、いわば「集団的罪意識」の表明であると指摘した。[4] だが、一方では韓国社会の基調をなす「被害者もしくは犠牲者」意識に、「加害者」でもありうるということを気づかせたことでもある。ここには、アメリカ社会の韓国系移民という新植民地主義的観点からみえてくる「被害者もしくは犠牲者」像と、事件の「加害者」でもある、アンビバレントなポジション（解釈）を見てとれる。しかし、事件が起きた空間を異にすることで、解釈の温度差を感じざるをえない。例えば、日本社会で同じような事件が起きたとしたら、それを受け入れる状況はどうであっただろうか？　解放後の韓国社会における米・日を基調とする重層的アイデンティティを考慮すれば、おのずと見当がつくであろう。

ヴァージニア工科大学の事件から三カ月後（二〇〇七年七月）、韓国キリスト教会所属の韓国人二三名がアフガニスタンでタリバンの人質にされる事件が起きる。この事件は、まさにアメリカに忠実な解放後の韓国人の姿を映す。人質にされた四二日間に二名が殺され、残りの生存者二一名が釈放された。韓国政府（外交部）のアフガニスタンへの旅行自制警告があったにもかかわらず、彼らは宣教という目的でアフガニスタンへ向かったとされる。彼らの行動に関して、より正確な判断を下すには、韓国社会におけるキリスト教のあり方をはじめ、銭湯の煙突の数をはるかに上回る教会の存在、等々の問題を詳細に述べる必要があるが、それに関しては別稿に譲ることとする。

これら二つの事件をめぐる韓国政府の対応や韓国国内の人々のさまざまな反応などは、解放後の韓国社会における植民地なき植民地主義の存続を喚起させるに充分であった。宗主国の力の行使の際、その先頭に立たされる（あるいは、自ら申し出る）植民地出身者の悲哀を描きだす。少し時間をさかのぼると解放後の韓国でベトナムとイラクにアメリカ軍の兵士の代役として派遣された韓国人兵士の姿は、かつて日本の支配下で宗主国の戦争に日本軍兵士として動員され、命を落としていた朝鮮人兵士たちと重なってこないだろうか……。

だが、解放後の韓国社会も、単なる宗主国の入れ替わりであって植民地下の連続にすぎないとは決していえない。国民の身体に纏わされる日本式の規律と、韓国国民の感情を支配してきたアメリカ式植民地主義による重層的アイデンティティとヒエラルキーの共存が、解放後の韓国社会の公共性を特徴づけることとして、そこに新しい植民地主義の一断面をみることができる。しかし、この新しい植民地主義の内実をより詳細に記述するためには、韓国社会における反体制勢力を助長させた「左翼」の生成とその歩みに関する詳細な分析・検討が必要である。同時に、韓国とはなれ戦後の日本社会で、在日本朝鮮居留民団（「民団」）・在日本朝鮮人総連合会（「総連」）などの複数のアイデンティティを持ちながら生きる揺れ動く存在、「在日」による朝鮮半島や日本社会への力の行使を問題にしなければならない。グローバル化とともに、在日コリアンをはじめ、在米コリアンや朝鮮族といった、いわば「民族」と「境界」をさまよう「コリアン・ディアスポラ」の織りなす変貌にも新たなまなざしを向けるべきであろう。(5)

3　グローバル化と植民地主義をめぐる断絶と連続

かつての宗主国と被植民地であった日本と韓国の間に横たわる「植民地問題」をめぐる語りは、ある側面においては加害者として、また別の側面においては被害者もしくは犠牲者というアンビアレントなポジションをとる。すれ違う戦争の記憶が両者の歴史に刻まれていく。しかし、日韓における植民地の記憶問題は、近代に突然生成されたことではなく、むしろ過去の歴史の反復であり再現であるかもしれない。それは、豊臣秀吉による朝鮮出兵（日本では「文禄・慶長の役」として、韓国側では「朝鮮侵略」と称す）をめぐる日韓のそれぞれの戦争の物語（記憶）である。両者とも、それぞれの空間の中である側面では勝者であり、また別の側面では敗者として位置づけられる。その代表的な遺物が「豊国神社」と「耳塚」である。

「耳塚」は、豊臣秀吉の「朝鮮出兵」の際、戦功の「シルシ」として首のかわりに削ぎ取ってきた朝鮮人の鼻や耳を、京都の僧侶四〇〇名を動員して施餓鬼供養とともに一五九七年に築いた墳墓である。秀吉に対する韓国側の語りにおいて、彼の行いは「侵略」戦争として「壬辰倭乱」と記され、立ち向かった朝鮮側の将軍李舜臣は、その侵略から国を救った民族の英雄として語られる。要するに、韓国側によれば、秀吉の朝鮮侵略は失敗に終わり、この戦争は韓国側の勝利として刻まれている。一方、近代以降の日本における秀吉の位置づけは彼の朝鮮出兵は失敗に終わったと認識し、敗軍の将でありながら英雄であり歴史上の勝者として祀られている。

要するに、秀吉を英雄（戦勝者）として位置づけ、彼の植民地主義的行いを偉業とする戦勝物語が継承されたのは、「耳塚」の存在によって可能であった。哀れな朝鮮民衆の魂を、供養という人道的発揚をよそおいながら、見せしめにすることによって勝者としての表象が可能となったのだ。さらに、秀吉の戦争が近代の植民地主義にどのような影を落としていたのかに関して、北島万次は秀吉の朝鮮出兵の際に記された諸大名の戦記物（記録・日記）を整理した書物で、次のように述べている。

朝鮮侵略にともなう諸大名の戦記物は、日本の封建領主の一成員としてみずからを位置づけるためのものであった。言い換えれば、他民族を侵略し圧迫した軍事行動の「功名」を誇示し、諸大名たちそれぞれの武勇のほどを明らかにしておくところに戦記物の意味があった。それが国内支配のイデオロギーのなかに組み込まれていく。それだけではない。「朝鮮征伐」としてまとめられた戦記物は幕末・維新期の征韓論をつくりあげる素材ともなった。これはまさに秀吉の朝鮮侵略が残した大なる「遺産」であった。[6]

なかでも、「〈朝鮮征伐〉としてまとめられた戦記物は幕末・維新期の征韓論をつくりあげる素材ともなった」という指摘に注目したい。維新後、「尊皇の功臣」と見なされた秀吉の大陸進出の遺志を継ぐものとして征韓論が叫ばれたことは想像に難くない。だが、幕末・維新期の日本の国益のために韓国を侵略すべしという風潮は急に登場したことではなく、すでに「朝鮮蔑視観」が民間に広まり存続していたためである。そのことは秀吉の死後、徳川幕府と朝鮮通信使一行の江戸往還のなかで生じた「耳塚」における弔祭をめぐるもめごとの一端にうかがえる。仲尾宏は著書『朝鮮通信使と江戸時代の三都』（一九九三年）の中で、秀吉ゆかりの「都大仏殿」見物、「耳塚」弔祭をおしつけようとする幕府と通信使との間に生じた一連のもめごとをとりあげ、「巷間には朝鮮使節が弔祭するという伝聞がまことしやかに伝えられており、当時の日本の知識人の朝鮮蔑視史観が耳塚と使節との関わりをねつ造し、民衆に蔑視観を広めたこと」を指摘している。[7]大政奉還後は、明治天皇によって豊国社が再建されている。さらに、仲尾は別の論文で「耳塚」の位置づけを次のように述べている。

> 秀吉の朝鮮侵略は江戸時代のように単に「示威」を海外にのべたのではなく、「皇威」の宣揚であった〔……〕秀吉が天皇制の存続に力を尽くしたことを顕彰の主たる理由としている。「示威」

を〈皇威〉に変えたことは武家政権の否定＝天皇政権の正統性を打ち出し、将来の海外侵略の野望を秀吉の侵略に託したものに他ならない。〔……〕かくして近代天皇制と豊臣秀吉の海外侵略の美化が統合した。以後、一九四五年まで、国家神道としての庇護のもとに秀吉顕彰事業はたえず侵略の美化とかかわって勧められ「耳塚」もその役割の一翼をになう。(8)

そして、大正から昭和にかけての秀吉顕彰は「皇威」宣揚と軍国化がしだいに強調されるようになっていったことを付け加えている。(9)

以上のごとく、秀吉の「朝鮮征伐」をめぐる言説（表象）が、日本の植民地主義・帝国主義の正典として位置づけられ、日本近代の植民地主義を下支えしていたということができる。秀吉は、現実には戦争に失敗した敗者であるが、敵国の人々の「身体」の一部である鼻や耳をもって、「慈悲供養」という儀式と物語とモニュメントを刻むことによって、「勝者＝英雄」として再生（表象）する。まさに、「敗者と勝者」という日本のアンビバレントなポジションを示している。

このような「豊国神社」と「耳塚」の位置づけは、戦後の「靖国神社」にもみられ、そこには「勝者の歴史」の再現とともに日本社会における戦争物語の連続をみることができる。靖国神社に葬られている朝鮮人兵士は、韓国の遺族が分祀を要請するにもかかわらず、靖国側は、彼らが「日本人」として出征したとの理由で分祀を拒否しつづけている。韓国の遺族は靖国神社に赴き、彼らのために忠君戦士として弔祭しなければならないというのだろうか。それは、ちょうど、「耳塚」の建立の後、朝鮮使節が日本を訪問した際に、耳塚の前で弔祭を行うよう促したことと同じ流れに位置づけられる。

「耳塚」の存在は、秀吉の示威と朝鮮に対する民衆の蔑視観を形成することになったといわれる。[10]これは、まさに、靖国が宗主国の戦勝者を祀ると同時に、植民地の朝鮮人兵士をもともに葬ることによって、朝鮮の植民地化が「(戦)勝」物語として刻まれているからである。まさに、「耳塚」の論理として、そこに勝者物語の連続性をみる。

戦後、「耳塚」の位置づけは、〈示威〉と〈皇威〉から〈歴史的教訓〉へと転換する。一九七六年の京都精華短大の「アジア文学ゼミ」のメンバーを中心とする「〈耳塚〉を知る会」は、「耳塚」をめぐる一連の活動を行った。[11]彼らは、「耳塚」の存在を「悲惨な歴史を二度と繰り返してはいけない……」という戦争にまつわる歴史的教訓のモニュメントとして位置づけることになる。

その後、「耳塚」をめぐる活動は、在日のコリアンによる「壬辰戦争と〈耳塚〉を考える会有志」の結成とともに、「耳塚」の集いと供養のセレモニーとして展開していく。[12]一九九五年から毎年九月二八日に「耳塚」の前で、慰霊、供養、追悼が行われるようになった。日本国内外のコリアンだけではなく、日本人にもこのセレモニーへの参加が呼びかけられている。

「耳塚」築造四一一年を迎える二〇〇八年、この会の集いとセレモニーは、大阪の統国寺の住職の主導の下、日韓の仏教的儀式の混交によって行われた。住職崔無碍《チエムゲ》さんは、このセレモニーの趣旨をやはり「二度とこのようなことはあってはいけない」という歴史の教訓として広く知らせるためであるという。それは、記憶間の戦争をくり広げてきた両国に「和解の手」を差し伸べているともいえる。しかし私は、彼らの集いが、日韓に横たわる歴史的記憶のすれ違いを認識することやそれを問うことのないまま「勝者と敗者」のアンビバレントなポジションを強化していくのではないかと懸念する。

このような「耳塚」の集いのなかに、「民族」を介した「勝者」と「敗者」の表象が入り混じり、植民地主義の怨霊（加害と被害）が見え隠れするのを感じざるをえない。

最近、韓国の一人の研究者が、現実への鋭い洞察力と批判のまなざしをもって日韓に横たわる問題に解決の糸口を提示している。朴裕河の『和解のために』（二〇〇六年）は、日韓の民族主義的路線に新たなテーゼを投げだしたものであり、両者に発信する和解のためのメッセージでもある。著者はこの書物の中で、歴史教科書問題と歴史教育に関する提案として、次のようなコメントを書き記している。

韓日の「次世代」にともに必要なものは、嫌悪と敵愾心を養う教育だけではなく、歴史的「事実」を通して非難するのではなく、当時のさまざまな状況を客観的に見わたせるようにすることが必要だ。「なぜ」そのようなことが起こったのか、加害者のどのような思考がそのような状況を引き起こしたのかについて、複合的に考えさせるべきである。そのような教育こそが、子どもたちの思考能力を育み、精神的鎖国から脱し、いつの日か自国民のみならず他者の痛みにも敏感な「次世代」を育ててゆくことだろう。(13)

一方の国が正史としては敗者の歴史（物語）を刻んで被害者の地位に安住しつつ実際は植民地加害者を英霊として祀る「勝者（＝加害）の物語」を語りつづけ、他方の国が植民地抵抗者を民族英雄として祀る一方、被害意識ばかりを強調する「敗者の物語」を記憶していく。両者は、時間と空間を異にする流れの中で、ある側面においては「被害者もしくは犠牲者」意識を、ある側面においては、勝者の意識を強調する、アンビバレントなポジションを堅持する。もちろん、その根底にはつよい「民族主義」を孕んでいることはいうまでもない。戦争体験のない戦後の我々や次世代が、真の「友人」として、また、真のグローバルな個人としてともに生きるためには、一国家の国民たるべき物語の強い民族主義を取りはらわなければならない。

グローバル化の中で「国家」や「イデオロギー」が登場しない物語が時間と空間を超えて「韓流」と「日流」といううねりとともに世界に溶けこんでいる。「韓流」の中心媒体であった〈冬のソナタ〉のヒロインたちは、皮肉なことに、日本式植民地遺制が強化された空間の中で国民として育てられた世代である。愛すべき対象への「追憶」、「甘い感受性」などの戦後の韓国イメージが放たれる空間の中に、どこかコントロールされ、その中に揺れ動く植民地主義の姿が見え隠れするのを感じざるをえない。

注

（1）西川長夫「植民地主義私論」『〈新〉植民地主義論――グローバル化時代の植民地主義を問う』平凡社、二〇〇六年、九頁。

（2）西川長夫『戦争の世紀を越えて』平凡社、二〇〇二年、二七頁。引用は、西川前掲書、一一頁より。

(3) この事件に関しての韓国国内での様々なメディアを通じての報道は「粉々になったアメリカンドリーム」という見出しで韓国人のアメリカ移民への警鐘を鳴らしていた。
(4)「集団的罪意識症候群」『朝鮮日報』二〇〇七年四月二三日。
(5) 不思議な目撃は、在日のある研究者の行動である。彼は韓国から京都を訪れるお客さんには、そのお客さんが好むか好まないかにかかわらず、京都観光の真っ先に「耳塚」に案内する。また、日本人学生団体の韓国見学の際には、必ず「ナヌムの家」に連れて行く。そのような彼の行動を単なる「人権問題」に熱心な人とみなすだけでは、「在日」への十分な理解にはならないと考える。
(6) 北島万次「朝鮮侵略が残したもの」『朝鮮日々記・高麗日記――秀吉の朝鮮侵略とその歴史的告発』大日本法令印刷株式会社、一九八二年、三五七頁。
(7) 仲尾宏「朝鮮使節と京都大仏前招宴問題」『朝鮮通信使と江戸時代の三都』明石書店、一九九三年、四六頁。
(8) 仲尾宏「鼻塚から耳塚へ――秀吉の朝鮮侵略と秀吉顕彰」第二回定例研究会 テーマ「その後の耳塚と秀吉像」『KIECE 民族文化教育研究』通号一、京都民族文化教育研究所、一九九八年、五五頁。
(9) 同右、六〇頁。
(10)「朝鮮使節の日本訪問の際、耳塚前弔祭存在説」に関しては、仲尾宏「朝鮮使節と京都大仏殿前招宴問題」『朝鮮通信使と江戸時代の三都』明石書店、一九九三年、仲尾宏「洛中洛外図屏風にみる朝鮮使節と耳塚」『瓜生』二二号、一九九九年参照。
(11) 彼らの活動の詳細は、以下を参照。耳塚を知る会「耳塚と出会って……」『朝鮮研究』七四号、一九七八年。
(12) この会が発行している『豊臣秀吉の朝鮮侵略戦争と京都「耳塚」について』という小さな冊子には、壬辰戦争と「耳塚」の正しい歴史を人々に知らせる活動が記され、人々を彼らの集いに案内するものである。壬辰戦争と「耳塚」を考える会有志『豊臣秀吉の朝鮮侵略戦争と京都「耳塚」について』二〇〇二年。他、大阪国際理解教育センター「京都40番地、耳塚、京都国立博物館、清水寺コース古代、近代から現代のコリアの営みを知る（特集日本の中の朝鮮のゆかり――今と昔を訪ね歩く）」『季刊サイ』Vol. 45、二〇〇二年。

（13） 朴裕河「新しい教科書と記念館のために」『和解のために――教科書・慰安婦・靖国・独島』佐藤久訳、平凡社、二〇〇六年、五三頁。

占領・植民地化・セクシャリティ

――ドイツと日本

高橋秀寿

マンガ家の小林よしのりは、浜田幸一がテレビ番組で「この中で日本はアメリカの植民地でないと思っている者は手を挙げろ！」と叫んだあとに静寂が走ったことを紹介し、「もはやこのゴールデンタイムに放送される番組で「日本はアメリカの植民地、もしくは属国である」と公言してもかまわない時代になったのだ」と嘆いている。彼自身も日本がアメリカの属国であることを認識しているのだが、彼の嘆きは、多くの日本人がその事実を「しょうがない、そのとおりだろう」と認めてしまっていることにある。そこに彼は「主体性を失った日本人」を見ている。[1] 冷戦構造が解体したのちに、日本の戦後体制が植民地状態にあったことが右の政治勢力によっても認識されるようになったといえよう。「戦後レジームからの脱却」が国民の主体性を求めるスローガンとしても広範な市民の心に響いているようだ。

本稿では、日本と同じく第二次世界大戦の敗戦国であり、アメリカの影響力のもとで戦後体制を築いていった西ドイツを取りあげ、その国民が戦後の植民地状態を克服していったあり方を分析していくことにする。敗北したが、戦後に「先進国」としての地位を再び確保していった国家にとって、植民地化の経験とその克服は何を意味するのであろうか？

1　敗北体験

「敗北主義は帝国に広まっている。徹底抗戦の感情を示すものは見られなかった。住民の多数は戦争が即時に終結することを望んでいる。この人びとは連合軍の占領を、たとえ敗北の犠牲を払ってでも受け入れようとしている。[2]」

アメリカ軍の諜報部兵として従軍し、ドイツ人の心理状況を調査したS・パドーファーは、戦争末期のドイツ住民の心理状況をこのように伝えた。ナチスの住民意識調査によれば、「敗北主義」がおもに広がっていたのは市民層だったが、労働者層はまだ抗戦の意志をもっていたという[3]。このような状況の中で、戦争の終結をめざして能動的にナチ体制に抵抗する心理的余地をこの「敗北主義」は残してはいなかった。ともかく人びとは戦いながら、敗北という終戦を待っていたようである。問題は、敗北をもたらし、占領を行うのがいったい誰であるのかであった。

ドイツ住民が恐れていたのはロシア人による敗北と占領だった。この恐怖心はナチスのプロパガンダだけに由来していたわけではない。ユダヤ人の絶滅政策とは異なり、対ソ戦におけるドイツ軍の残虐行為は帰還した兵士などによって広くドイツ国内に知れわたっていた。そのため多くのドイツ人は報復を恐れ、プロパガンダで広められたロシア人の「野蛮・残虐性」のイメージは真実味を帯びてしまったのである。[4]

こうしてドイツ住民は、敗色が濃厚となった状況の中で、英米軍の進軍に救いを見出していた。とくに市民層は「群集支配」を恐れ、「アングロ・アメリカのドイツ占領によって私たちのところにボルシェヴィズムが来ないように希望[5]」していたという。この「希望」がアメリカ軍の占領によって叶えられたとき、多くのドイツ人がその「喜び」と感謝の気持ちを占領後のアメリカ人に伝えている。パドーファーはその声を幾度か聞いた。「ドイツ兵は銃を下ろし、喜んで降伏した。将校でさえ闘わなかった。ある将校は、私たちの歩兵隊を見たとき、声高に叫んだ。「ありがたいことに、アメリカ軍がそこにいた。[6]」

2　アメリカ人体験

ドイツ人はまず、アメリカ軍の軍事的物量に度肝を抜かれた。一九四五年三月のヘッセンにおける体験をR・ファルクは次のように記している。

「占領のこの最初の日々にドイツ住民は、今まで見たこともない巨大な戦車も含めて、あらゆる種類と型のアメリカ軍の数限りない武器が途切れることなく都市を縦走する姿を驚きながら見つめた。卓越し、きわめて充実した軍需品だった。兵士たちの制服、武器、装備は最高のもので、食料事情もすばらしかった。[7]」

ドイツ軍の敗北もこの物質的な優劣に帰せられた。諜報部兵のLt・D・レーナーによれば、軍事的物量に圧倒されて、連合軍の勝利が軍隊の優秀性によるものではないことをドイツ人は確信し、「ドイツの優秀性の神話」を捨て去ろうとしなかったという。[8]

そしてドイツでもアメリカ兵は菓子類をばら撒き、物資力を誇示した。その行為がとくに子供に強い印象を残したことは四〇年後の調査[9]が明らかにしている。一九四五年に五～一五歳だった子供の八割が一九八四年でもアメリカ軍に対する肯定的な記憶を保持しており、「甘い菓子類、チョコレート」、「食料品、援助物資」、「チューインガム」がその記憶の大半を占めている。大人もまた、占領軍を通してアメリカの豊かさを実感した。著作家のK・J・フィッシャーは四七年の手記のなかで、「アメリカ地区の象徴」として次の光景をあげている。それは、豊富な物量によるドイツ占領の姿である。

ＭＰの白い目印をつけピカピカとラッカーが塗られたオリーブ色の軽いヘルメット、警察隊の黄―青―黄の色、健康な顔に巻かれた派手なネッカチーフ、筋骨たくましく、太った身体ではちきれそうに膨らんだ制服、爆走するジープからかん高く鳴り響く緊急サイレン、ぶらぶら揺れ動くこん棒、「運転注意。死亡事故多発」。そして数え切れないほど大量の大小の自動車や巨大なトラック、形の美しい豪華リムジン。[10]

この豊かさにあふれる勝者に惹かれていったドイツ人女性たちがいた。両者の恋愛関係は「親交(Fraternisierung)」と呼ばれ、彼女たちには「アメ公のスケ(Ami-Liebchen)」という蔑称が張りつけられた。[11]アメリカ軍の算出では米軍関係者の五〇～九〇％がドイツ女性と「親交」していたという。

アメリカ兵との親交の動機は純粋な恋愛感情だけでなく、やはりその経済力にもあったようだ。親交した女性の家族が経済的に潤う姿を多くのドイツ人が目撃している。例えば、終戦後のベルリン市民の家族生活を調査したH・トゥルンヴァルトは、親交が闇市とコネ、菜園と並んで、食糧事情を改善するための重要な「補助資源」であったことを指摘している[12]。彼女自身は、親交が「喜び、親切心、食料改善が満たされたことへの感謝の念」、すなわち広義の「生きる渇望」だと解釈している[13]。おそらく適切な判断であろう。しかし、このような寛大な解釈にドイツ人は首肯しなかった。多くはそこにドイツ女性の道徳的頽廃と同時に、自らの敗北の姿を読みとったのである。

3　敗北とセクシャリティ

ベルリン市民R・アンドレアス＝フリードリヒは一九四五年四月二三日付の日記のなかで、雑踏の真ん中で首を吊り、その首から札を下げていた男性を目撃したことを記している。その札には「私、下士官のハインリヒ・レーマンは臆病のために女・子供を守ることができませんでした。だからここで私は首を吊ります」と書かれていた[14]。戦争において「女・子供」を守れないことが男にとって「敗北」であり、死に値するものであることをこの札は象徴的にあらわしている。ベルリンで終戦の日々を体験した匿名の女性は、祖国のための死という男の「特権」を敵軍の首都進攻によって女たちも享受してしまったために、男に対する「すべての女たち」の感情が変化したことを四五年四月二六日付の日記で綴っている。

私たちには気の毒に思うほど男たちはみすぼらしく、無力に見えた。弱き性なのだ。女たちのところで一種の集団的失望がいまにも噴出しようとくすぶっている。強き男を賛美する男支配のナチ世界がぐらついている――そしてそれとともに「男」神話も。…この戦争の終末に、男たちの男性としての敗北も多くの敗北の一つとなっている。[15]

そして「男性としての敗北」を見せつけられる出来事がドイツ国内で頻発した。敵国兵によるドイツ人女性のレイプである。ソ連軍がドイツ領土を占領する中で、約二〇〇万人のドイツ人女性がレイプの辱めを受けた。[16] 意図的にドイツ人男性の眼前でも行われたこのレイプは、ソ連兵の性欲を満たすだけではなく、ドイツそのものの征服と支配を示威する象徴的な行為でもあった。規模は異なるとはいえ、アメリカ兵からもドイツ人女性はレイプ被害を受けている。一九四五年一月から一二月にかけてアメリカ兵に一五〇〇件の訴えが出されている。[17]

生き残った兵士たちは敗者として占領下の故郷に帰ってきた。再会した女たちはかつてとは明らかに異なっていた。男手なしにこの苦難の日々を送っていた彼女たちは自立していて、疲弊・憔悴した男たちを支え、あるいは「扶養」することになる。

この主婦はまったく面倒見のいい母親であり、胃をひどく病み、食料不足で静穏が必要であるけれど、本当に家族の要になっている。夫は受身にふるまい、行動力ある敏捷なこの主婦とはまったく正反対である。以前、この夫は稼ぎがよく、家にみやげに食料を持ってきたが、今ではその悪化

する状況に気分を意気消沈し、ちょっとした手伝いでも何度も急き立てないと行動に移さない。(18)

これはベルリンのある家族の姿であるが、もちろんすべての家族、あるいは典型的な家族の姿でもないだろう。しかし、劣等感を抱いていた男たちの敗北の姿をこのようなジェンダー関係の逆転は映しだしていた。この時期は「女の時代《シュトゥンデ》」(19)と呼ばれることになる。シンボリックに表現するならば、男たちは「不能」となり、「勃起」していたのは勝者の兵士だった。男たちが戦場に赴き、戦死し、捕虜になったドイツの空間に、彼らを打ち破った勝者の「ペニス」が入りこんだのである。

敗者にとってレイプは、敗北の現実を見せつける屈辱的な行為であるだけではない。同意を前提としないこの暴力的な性行為は、自らの性的欲望を統御できない非文明的な人間の行為とみなされ、それを犯した国民と国家の野蛮・残虐性を象徴し、その占領が暴力にもとづいた同意なき征服であることを意味したからである。敗北した国民はその犠牲者となることで、敗北と占領の不当性を主張し、それに対して再び闘うことが可能になり、勝敗を少なくとも心理的にペンディングすることができる。これが、反共をいわば国是とした西ドイツが東側に対してとった戦略となった。ソ連軍による殺害と略奪、東部地区からのドイツ人の追放、捕虜への強制労働といったドイツ人の「犠牲」のリストに、この大量レイプも書き加えられたのである。女性だけが受けたレイプ被害は国民全体のものとされ、レトリックの上ではドイツ人全体がソ連兵によるレイプの犠牲者となったのである。そしてレイプの原因はロシア人の「アジア的」な野蛮性に帰せられた。

しかし、同意にもとづく親交にこのような戦略をとりうる余地はない。ここでは親交した女性も、その国民も犠牲者にはなりえず、それ自体が敗北と占領の不当性を根拠づけることはできないからである。この事態にドイツ人はどう反応したのだろうか?

4　親交とドイツ人

親交が敗北の屈辱を実感させたとすれば、その行為に対する攻撃の矛先は敵国の兵士ではなく、同意した女性に向かわざるをえなかった。その攻撃の大半は非難や中傷といった言葉のレベルにとどまったが、親交した女性の髪を切るような暴力行為に走る若者集団も存在した[20]。一九四六年に流布された次の中傷ビラには、親交した女性に対する認識と感情が凝縮して表現されている。

ドイツ女は淫らに外国人とやっている!/恥ずかしくないのか、おまえたち、ドイツ女よ?/おまえたちがわれわれ全員の顔に泥を塗りたくり、同時にドイツ女の名誉を汚していることはわかっているだろう。/ドイツ兵を打ち負かすまでに六年かかったが、ドイツ女を口説き落とすのに五分で十分だったのだ!/われわれはタバコも、バターもなく、外国人はコーヒーと砂糖をもっている。/おまえたちは、外国人が板チョコ一枚を差し出しさえすれば、その肌の色にはお構いなしだ。でもわれわれは、おまえたちが十二分に楽しんで、じきにロシア人のものになることを願っている。/そのときにおまえたちは自分のしてきたことをじっくり悟るだろう。そしておまえたちはドイツ男から見放されるだろう[21]。

第一に、親交は恋愛ではなく、一種の売春行為とみなされている。しかも、彼女たちが性と引き替えに獲得しているのは生活必需品ではなく、「コーヒーと砂糖」や「板チョコ」のような奢侈品とされているから、親交は困窮した女たちの選択肢のない経済活動ではなく、私利的な物欲行為ということになる。ナイロンの靴下はその象徴的な「交換商品」であった。この行為に対する怒りは、保守層や教養市民層に広がっていた伝統的なアメリカ像にも由来している。アメリカは「浅薄」な文化しかもたない物質主義的な社会とみなされたため、軍事的勝敗が物質主義的な優越に求められただけでなく、親交した女性も勝者の物質主義的な魅力に屈した非ドイツ的女性とみなされたのである。[22]

第二に、親交は「六年」間の男たちの戦いに「五分」で白旗を揚げた女たちの「敗北」として解釈されている。だから、たとえ同意の上であっても、親交はレイプと同じように勝者による性の略奪となる。そして勝者に身をゆだねるその同意こそが、「ドイツ女」だけでなく、「われわれ全員」にとっての恥辱として感じられている。当時二二歳のある女子学生は、敗者としての恥辱を抱えて帰還した兵士たちがこの敗北行為を目撃することを恐れ、彼らの声を次のように代弁した。

ドイツ民族にはもう名誉はないのですか。私たちの若い男たちが待ち望んだ自由の身になって、こんなドイツを見たなら、その精神は崩れてしまうにちがいありません。／戦争に負けることもあるでしょう、自尊心を傷つけられることもあるでしょうが、名誉を自ら汚す必要などないのです！[23]

第三に、「肌の色」と「ロシア人」の言及からは、「異人種」間の親交が最も恥辱的な行為であり、そのような親交がドイツ人共同体からの追放を意味することが暗示されている。ブレーメンの社会民主党のある女性党員は黒人兵との親交を「黒い汚辱」と呼び、「第一次大戦では若い娘が黒人の売春宿に強制的に連れて行かれたが、今日では若い娘が黒人を得ようと必死になっている」と非難した。[24]ナチスの人種主義的秩序のなかで最底辺に位置づけられていた黒人の兵士は占領軍の中で少数派であったにもかかわらず、その存在と彼らとの親交は、戦後の風景を深く刻印することになる。

ニグロのクラブの前に娘たちが押しかけている。若い女性、うわべの優雅さを装った一〇代半ばの少女、そして上品な身なりをした中年女性。彼女たちはニグロから品定めされる。これは一〇〇年前の奴隷売買に対する復讐のようだ。[25]

K・J・フィッシャーが四七年の手記のなかで描いたこの風景は、かつての「奴隷」がドイツ人女性を「奴隷」として売買しているという植民地的風景である。「黒い汚辱」とはこの現実に対する怒りの表現にほかならない。

5 「再男性化」と敗北の克服

多くのドイツ人が英米軍による敗北を待ち望んだとはいえ、この軍隊を「解放軍」とみなしていたわけではない。ナチス政権による被抑圧者にとって終戦は「解放」ではありえたとしても、ドイツ人の大多数を占めていたのはナチズムの信奉者や共感者、受益者であり、この多数にとって敗北は「崩壊」を意味したからである。その実感は、経済生活と食糧事情が四六〜四七年の冬に極度に悪化することによって強められた。経済的困窮はナチズムによってではなく、その崩壊と占領によってもたらされたように感じられたのである。親交に象徴された道徳的「頽廃」もまた、そのように理解された。

なんてこった、ドイツ人の娘が。こんなことになろうとは誰が思っていたことでしょう。道徳のこんな堕落を。国民感情のこんな欠落を。(26)

H・W・リヒターが拾い上げたこの床屋談義によれば、ナチスが支配していた時代にはこの「堕落」も、「欠落」も存在していなかったのである。世論調査も明らかにしているように、大半のドイツ人が「最悪の時代」として記憶したのは、第三帝国ではなく、その末期と占領期であった。(27)その記憶の中で「最悪の時代」の終わりを告げていたのが、四八年六月に西側占領地区で実施された「通貨改革」である。すでにドイツは冷戦の境界線に沿って東西に分岐しつつあったが、四九年に建国された西ドイツはこの改革以降、経済的に正常化の道を歩んでいるように感じられた。復興と「経済の奇跡」のなか、西ドイツ国家は西側の軍事的一員となるべく再軍備を一九五五年に決定する。軍隊を持つことになる国家と社会は、その「再男性化」(28)を課題とした。ジェンダー関係の逆転した「女の時代」は、「最悪の時代」の産物として克服されなければならならなかった。

興味深いことに、一般兵役義務の導入に際して西ドイツ人は、「防衛」よりも「若い男性の教育」

にその意味を見いだしていた。一九五六年の世論調査[29]では、軍事的課題（一四％）よりも、教育的課題（四三％）が優先され、六〇％の成人が「若者に秩序と礼儀を教える」ために軍隊が必要であると答えていたのである。その際に教育されるべき「若者」として想定されていたのは、ロックン・ロールに熱狂する「アメリカナイズ」された青年層であった。当時、「ハルプシュタルケ（不良、チンピラ）」と呼ばれた青年集団が街頭騒動を引き起こしていたが、この集団はアメリカ大衆文化の産物とみなされたのである。「アメ公のスケ」がアメリカの物質主義的な魅力に屈した非ドイツ的女性だったすれば、この青年たちは物質主義的な「浅薄」な大衆文化に汚染された「女々しい」男性だった。[30]

市民階級にとってアメリカ大衆文化は「浅薄」だったかもしれないが、労働者階級にとってアメリカは可能性の国でもありえた。そして、かつてベルリン市民の頭上に爆弾を降り注いでいた西側連合国は、ソ連のベルリン封鎖に対抗して大規模な空輸作戦を行い、いまやベルリン市民のために食料や燃料、日用品を運び届け、その封鎖を打ち砕いたのである。このような冷戦の過程のなかで、アメリカ的な生活スタイルは冷戦における西側の武器としての価値を認められ、親交した女性はその生活様式を身につけた先駆者となっていった。一九四七年五月三日付の『シュピーゲル』誌[31]は、ドイツ人の「ガール・フレンド」が「ジルバ」を踊る二枚の写真（黒人兵と踊る少女と、ダンスでスカートを捲り上げている少女）を並べ、「アメリカのテンポをアメリカ兵は輸入した」と解説している。この写真に対するドイツ人の反応はさまざまであろうが、ここでは少女たちは単なる敗者ではなく、同盟国との友好親善の担い手としても映しだされている。冷戦下の「再男性化」は同盟国の大衆文化をある程度まで許容せざるをえなかったのである。

こうして、軍事同盟を結ぶことによってアメリカによる敗北の記憶は薄められた。しかし、銃口を向けることになる東側の国家に対しては、「不能」となった過去をもつ男たちは火急に「再男性化」され、敗北が克服されなければならなかった。第二次世界大戦、とくに東部戦線を描いた「戦争映画」が五〇年代中ごろから盛んに製作されているが、今日の視点からこれらの映画を分析してみるならば、「再男性化」がその重要なテーマであることが理解できる。一例として、一九五八年に公開されたヒット作『スターリングラードの医師』を取り上げてみよう。

第二次世界大戦の敗北によって多くのドイツ兵がソ連下で捕虜になり、大量の死亡者を出したあとに、多くの生存者が「戦争犯罪人」の判決を受けてその地に取り残され、捕虜収容所で強制労働に服した。その収容所がこの映画の舞台であり、主人公は元大学教授で、脳外科の軍医ベーラーである。捕虜収容所の病棟で働きながら、彼はその冷静な判断力と利他的な行動から、捕虜たちの実質的な指導者になっていった。『スターリングラードの医師』は、ベーラーが収容所の非人道性と闘いながら、医師としての技能を駆使して捕虜たちの生命を守り、最終的にその解放に貢献していくという英雄物語である。

台詞のないまったくの脇役を除いて、この映画には二人のロシア人女性が登場する。その一人が、無慈悲な態度よって捕虜たちから嫌悪されていたが、その性的魅力のために彼らの欲望の対象となっていた女医のカザリンスカヤである。彼女が粗暴な司令官マルコフと性的関係を結んでいたことは知られていた。しかしベーラーの教え子でもあり、彼の医療を補佐していたがゆえに、つねにカザリンスカヤと衝突していたゼルノウは、次第に彼女に愛情を抱くようになり、彼女も最終的にその愛を受け入れ、肉体関係を持つ。その関係を知ったマルコフはゼルノウを射殺し、カザリンスカヤも逮捕した。

もう一人のロシア人女性は軍人の身分で事務労働に従事しているタマーラである。可憐な女性として演じられている彼女は、盲腸で病床に臥した捕虜のシュルタイスに恋心を抱き、その命を救うことに一役買う。その思いは実り、二人はプラトニックな恋愛関係を結ぶことになるが、この関係もシュルタイスの帰郷で終わることになる。

酒井直樹は「国籍、民族や人種の違う登場人物の間の国際恋愛を描いた商業映画の作品はほとんど例外なく、外交関係や国際政治のアレゴリーになっている」[32]と指摘しているが、このことは『スターリングラードの医師』の二つの恋愛関係にまったく当てはまる。まず、ゼルノウとカザリンスカヤとの関係においては、独ソの現実の支配―被支配関係は欲望の空想のなかで逆転され、敗北は心理的に克服されている。つまり、「不能」となったドイツ人の「ペニス」はふたたび「勃起」し、ロシア人女性を同胞男性から奪い、同意によって「征服」したのである。そしてその禁断の恋のために、射殺されたゼルノウと同様に、彼女も収容所体制の犠牲者となってしまった。かつて銃口を突きつけてドイツ人女性の性を奪ったロシア人は、ドイツ人が同意によってロシア人女性の性を獲得すると、ふたたび銃口を突きつけただけでなく、その奪われた女性も制裁したのである。こうしてソ連は、いまなお同意なき征服をめざす「野蛮」な体制として表象された。一方、シュルタイスとタマーラの恋愛は、アメリカ兵とドイツ人女性との同意にもとづく親交の写しとなっている。シュルタイスは病床で彼女の軍服姿とドレス姿の二枚の絵を描き、「軍服はよくない、こっちの方がいいよ」と言って、物資的欲望を満たしうる西の市民生活へと彼女を誘っている。冷戦下の再軍備の過程に製作された『スターリングラードの医師』ではまさに、セクシャリティの再軍備も実践されていたといえよう。

6　敗北を「抱きしめ」るということ

ジョン・ダワーは、「「白人の責務」という言葉で知られる植民地主義的なうぬぼれが厚かましくも実行された」アメリカ占領下の日本を描いた著作を、『敗北を抱きしめて（*Embracing Defeat*）』と命名した。[33]「パンパン」に関する彼の叙述を読むとき、この題名は不気味なほどリアリティをもってしまう。植民地主義とセクシズムの密接な関係をこの題名は適切に表現しているといえよう。

戦後のドイツで勝者を「抱きしめ」た女たちは、「異常な時代」の産物として戦後の風景の陰画となった。その陽画を飾り立てたのは「瓦礫の女たち」である。スカーフを頭に巻き、汗だくになりながら、男たちが起こした戦争によって積み上げられた瓦礫を甲斐甲斐しく運び出すその姿は、戦場に倒れ、疲弊して帰還した男たちに代わって未来の礎をいち早く築いていた女性像として、戦後復興のあり方を表象し、戦後の神話を構成した。[34]戦後の記憶のなかで、「抱きしめ」た女たちはこの「瓦礫の女たち」の引き立て役を演じることになる。

そして、「抱きしめ」た女性の行為に対する拒否反応は、日本と比較するならばずっと激しかった。その意味でドイツ人は、日本人のように敗北を「抱きしめ」ようとはしなかった。しかし問題は、敗北を「抱きしめ」ることの拒否反応がいったい何にもとづいているのかということである。それは、西欧人としての植民地主義的な優越感情にあるといわざるをえない。「抱きしめ」た男性がロシア人や黒人であったときに最も激しい拒否反応が生じたのは、多くのドイツ人がそこに植民地主義的な「秩序」の逆転を見たからである。黒人との親交は「混血」をもたらす「秩序」の侵犯行為だった。たしかにアメリカ白人は「洗練された」国民として認められ、この国民による敗北と占領は甘受されたが、「浅薄」な文化しかもたない物質主義的なアメリカ人というイメージが大きく揺らぐことはなかった。英米軍による敗北を待ち受けて、その支配を戦略的に受け入れたのはおもに市民層であったが、このようなアメリカ観を抱いていたのもおもに市民層であった。アメリカ人を「抱きしめ」る行為が物質主義的な誘惑に屈した道徳的「退廃」とみなされたとき、そこには下層階級に対する偏見も絡んでいたのである。

そして、「最悪の時代」からの脱出と「正常化」の過程は、「再男性化」であると同時に、植民地主義的な「秩序」の回復の道でもあった。敗北と占領は冷戦にもとづく戦略的思考のなかで受け入れられ、冷戦は西ドイツ人に敗者復活戦を準備し、ここでは物質主義的な大衆文化も武器として用いられた。こうして、かつて植民地主義的な侵略戦争を行なった東欧に対してふたたび植民地主義的な視線が注がれ[35]、敗北は心理的に忘れられることができた。

ここに日独の相違を確認することができよう。日本人は敗北とともに「白人」の植民地主義的な「秩序」を受け入れることで、アメリカの植民地主義的な「白人の責務」にも同意したが、西ドイツはこの「秩序」の頂点の一員に自らを位置づけ続けた。したがって、ドイツ人が敗北と占領による植民地化に抗したとすれば、それは反植民地主義ではなく、植民地主義的なナショナリズムによってなのである。一方、冷戦体制の西側陣営に帰属することによって、「東」に対しては植民地主義的な「秩序」を保持することができた点で、日独に相違はない。両国が「東」に対して行った植民地主義的な侵略行為を戦後長らく忘却しようとしたのはそのためである。

冒頭で述べたように、冷戦において自覚はされながらも、克服されようとはしなかった対米従属の政治・外交状況を打開しようとする動向が顕著となり、戦後の克服が叫ばれるようになった。こうして、日本の戦後体制を植民地化として認識する言説と、その状況を克服しようとする欲求は広がりつつある。そしてその克服を求めるあり方は、時代状況の相違をあえて無視するならば、戦後のドイツの状況と類似しているように思われる。つまり、植民地主義的なナショナリズムによる植民地化の克服である。

しかし私たちは、現在の植民地主義が国家主権を媒体にした領域支配として機能しているのかという問いを立てなければならない。もしそれがグローバルな主権を媒体としているのならば、「アメリカ帝国主義」に対する「独立運動」は敵を見誤っていることになる。もしそれがネットワーク状の支配をめざしているとするならば、国民国家を単位とした反植民地主義運動は戦術を誤っていることになる。したがって、いま求められている新しい植民地主義論は、植民地主義とナショナリズムの共犯関係を歴史的に解明し、反植民地主義とナショナリズムの結合を解き放つ論理と戦術を構築しなければならないであろう。

注

（1） 小林よしのり『沖縄論』小学館、二〇〇五年、二二七—二九九頁。

（2） Saul K. Padover, *Experiment in Germany : The Story an American Intelligence Officer*, New York, 1946, p. 18.

（3） Klaus-Jorg Ruhl, (Hg.), Deutschland 1945 : Alltag zwischen Krieg und Frieden in Berichten, Dokumenten und Bildern, 3. Aufl., Darmstadt, 1985, S. 52f.

（4） Padover, *Experiment*, p. 112.

（5） Günter Moltmann, Amerikaklischees der deutschen Kriegspropaganda 1941-1945, in ; Amerikastudien 31 (1986), S. 314.

（6） Padover, *Experiment*, p. 273.

（7） Ruhl, (Hg.), Deutschland 1945, S. 137.

（8） Ulrich Borsdorf, Lutz Niethammer, (Hg.), Zwischen Befreiung und Besatzung. Analysen des US-Geheimdienstes über Positionen und Strukturen deutscher Politik 1945, Wuppertal, 1976, S. 36.

（9） Jurgen Zinnecker, Jugendkultur, 1940-1985, Opladen 1987, S. 60f.

（10） Kurt J. Fischer, US-Zone 1947, in : Hans A. Rümelin, (Hg.), So lebten wir. . . Ein Querschnitt durch 1947, Stuttgart, 1997, S. 3.

（11） Johannes Kleinschmidt, “DO NOT FRATERNIZE.” Die schwierigen Anfänge deutsch-amerikanischer Freundschaft 1944-1949, Trier 1997, S. 155.

（12） Hilde Thurnwald, Gegenwartsprobleme Berliner Familien, Berlin 1948, S. 52.

（13） *Ibid.*, S. 146f.

（14） Ruhl, (Hg.), Deutschland 1945, S. 123f.

(15) Anonyma, Eine Frau in Berlin. Tagesbuchaufzeichnungen vom 20. April bis 22. Juni 1945, Frankfurt/M.., 2003, S. 51f.
(16) Norman M. Naimark, Die Russen in Deutschland. Die sowjetische Besatzungszone 1945 bis 1949, Berlin 1997.
(17) Kleinschmidt, "DO NOT FRATERNIZE," S. 104.
(18) Thurnwald, S. 191.
(19) Vgl., Elizabeth Heineman, The Hour of the Woman. Memories of Germany's "Crisis Years" and West German National Idenity, in: American Historical Review, April 1996. 拙稿「ドイツ「零時」の表象——瓦礫と廃墟の記憶」『立命館文学』第五九七号、二〇〇七年。
(20) Kleinschmidt, "DO NOT FRATERNIZE," S. 156f.
(21) Christoph Boyer, Hans Woller, Hat die deutsche Frau versagt? Die neue Freiheit der Frauen in der Truemmerzeit 1945-1949. in; Journal für Geschichte, 2/1983, S. 36.
(22) Vgl., Moltmann, Amerikaklischees der deutschen Kriegspropaganda. Kaspar Maase, BRAVO Amerika. Erkundungen zur Jugendkultur der Bundesrepublik in den fünfziger Jahren, Hamburg 1992.
(23) Thurnwald, S. 156.
(24) Kleinschmidt, "DO NOT FRATERNIZE," S. 182.
(25) Fischer, US-Zone 1947, S. 7f.
(26) Hans Werner Richter, Unterhaltungen am Schienenstrang, in: Der Ruf 1 (1.10.1946), S. 6.
(27) 一九五一年の世論調査で八〇%が四五年から四八年までを「ドイツが最悪だった時期」と見なし、戦前のナチス時代と戦中のナチス時代は二%および八%にすぎなかった。Noelle, Neumann, (hg.), Jahrbuch der Öffentlichen Meinung. 1947-1955, S. 125.

(28) Vgl., Ute G. Poiger, Krise der Männlichkeit. Remaskulinisierung in beiden deutschen Nachkriegsgesellschaften, in Klaus Neumann (Hg.), Nachkrieg in Deutschland, Hamburg, 2001 ; Robert G. Moeller, "The "Remasculinization" of Germany in the 1950's : Introduction", *Signs : Journal of Women in Culture and Society*, 1998, vol. 24. no. 1.

(29) Noelle, Neumann, (hg.), Jahrbuch der Θffentliche Mienung 1957, Allensbach, 1957, S. 308.

(30) Vgl., Kaspar Maase, BRAVO Amerika. Thomas Grotum, Die Halbstarken. Zur Geschichte einer Jugendkultur der 50er Jahre, Frankfurt am Main, 1994 ; Uta G. Poiger, *Jazz, Rock, and Rebels.* Berkeley, 2000.

(31) Der Spiegel, 3.5.1947, S. 2.

(32) 酒井直樹「映像とジェンダー――映画のなかの恋愛と自己同一性の流動性」岩崎稔・大川正彦・中野敏男・李孝徳編『継続する植民地主義』青弓社、二〇〇五年、二七六頁。

(33) ジョン・ダワー『敗北を抱きしめて』上、三浦陽一・高杉忠明・田代泰子訳、岩波書店、二〇〇一年、六頁。

(34) 拙稿「ドイツ「零時」の表象」前掲を参照。

(35) この点に関しては拙稿「戦後ドイツと植民地主義――四〇―五〇年代におけるロシア観と西ドイツ国民の形成」『歴史家協会年報』第三号、二〇〇七年を参照。

【コラム】

ＫＴＸ女性乗務員たちの闘い

山下英愛

二〇〇四年四月、韓国の新幹線、韓国高速鉄道（ＫＴＸ）が開通した。その乗務員として採用され、働いていた女性たちが、二〇〇六年三月にストライキを始めて三〇カ月が過ぎようとしている。私がこの問題について知るようになったのは、二〇〇六年の九月頃、梨花女子大学の女性学科の教員から、「鉄道公社が女性乗務員たちの要求を無視しているのは、日本の新幹線を根拠にしているらしい」という話を聞いたのがきっかけだった。私は労働問題の専門家でもなく、このストライキの裏にある諸事情について、それほど詳しいわけでもない。ただ、この問題はグローバリゼーションと大いに関係があり、しかも、この事件がどのように決着するのかは、非正規雇用や格差社会の問題という点で、日本社会の現実と密接につながりがあるのではないか、と思っている。また、ジェンダーの視点から見ても非常に深刻な問題を含んでいる。そこで、なるべく情報を提供し、日本での関心を促したいと思う。

ＫＴＸ女性乗務員

韓国の高速鉄道（ＫＴＸ）は、フランスのＴＧＶシステムを採用して、一二年の工事の末、二〇〇四年四月に開通した。その前年暮れに、韓国鉄道公社は「高速鉄道開通のための高速列車乗務員運営方案及び外注化の推進」という報告書を作成し、その中で、ＫＴＸ乗務員は女性に限定して外注化し、「容姿端麗、サービスマインド」の高さを採用基準と定めた。

マスコミもこぞって、ＫＴＸ女性乗務員を「地上のスチュワーデス」と賞賛し、大々的な募集が行われた。ＫＴＸ女性乗務員の身分は弘益会所属の契約職だったが、採用審査の過程でその点があいまいにされた。面接官には鉄道公社の幹部も加わり、「正式に鉄道公社化すれば正規職になり、定年まで勤められる、準公務員待遇だ」などと説明したという。そのため、十数倍の競争を勝ち抜いて採用された女性たちは（一期三五一名、二期五〇名）、非正規や契約社員であるという雇用形態について深刻に受けとめていなかった。一年後に韓国鉄道公社が設立されれば、自分たちも当然その社員になるものと考えていたのである。

ところが、鉄道公社が設立されると弘益会も株式会社韓国鉄道流通となり、女性乗務員たちはこの契約社員という形態に引き継がれた。しかも、労働強度は高くなる一方なのに、超過勤務手当てやボーナスなども充分支給されなかった。一本のＫＴＸには三人の女性乗務員とチーム長一名が配置されたが、女性乗務員たちはすべて派遣なのに対して、チーム長は鉄道公社の正社員で男性だった。

ストライキ突入

女性乗務員は「サービス業務」、チーム長は「安全業務」という建前とは違って、実際には女性乗務員たちも安全業務を担い、仕事の量はチーム長をはるかに上回るものだった。にもかかわらず、次第に労働条件は悪くなるばかりだった。

女性乗務員たちは、当初の期待とあまりに違う待遇の中で、二〇〇五年九月、組合を結成し、抗議行動を開始する。最初は話し合いや交渉によって問題解決を図ろうとしたが、まったく進展がなかった。二〇〇六年一月には鉄道流通側がＫＴＸ女性乗務員の委託事業を放棄し、ＫＴＸ観光レジャーにＫＴＸ乗務業務が引き継がれた。

ここで女性乗務員約三五〇名は、これまで抱えてきたすべての問題を解決するためには、鉄道公社の正規職となる以外に方法はないとの決意を固め、三月一日に全面ストライキに突入する。彼女たちの要求は、鉄道公社がＫＴＸ乗務員を観光レジャーに委託することを撤回し、公社が直接雇用すること、鉄道公社は労組との交渉に誠実に応じること、労組への弾圧を即刻中断することなどであった。しかし、五月にはストライキ参加者全員が解雇されてしまう。

国家人権委員会の勧告

女性乗務員側は、韓国鉄道公社が、ＫＴＸ女性乗務員の雇用に関連して乗務員の性別を女性に特定し、他の乗務業務については社員を直接雇用しながら、ＫＴＸ女性乗務員業務のみ外注して女性乗務員らを非正規職化し、賃金や賞与金など雇用条件を他の乗務員に比べて不当に差別したことが性差別であるという陳情を国家人権委員会に提出する。人権委員会は同年九月、この訴えを認め、鉄道公社側に性差別的雇用構造を改善することを勧告した。その過程で明らかになったのは、鉄道公社がＫＴＸ女性乗務員を子会社に委託外注したこと、また、女性だけを勤務させたのは、日本の新幹線のケースを参考にしているという事実であった。

日本の新幹線パーサー

日本の新幹線は一九六四年に開通し、一九八七年には国鉄が民営化された。民営化にともない、それまで車内食堂を経営していた日本食堂株式会社が「ジェイダイナー東海」を、また「株式会社パッセンジャーズ・サービス」も設立されている。韓国鉄道公社が女性乗務員をめぐって範としたのは、この二つの会社が合併して二〇〇二年に設立した「株式会社ジェイアール東海パッセンジャーズ」（以下、パッセンジャーズ）のようである。ＪＲ東海の連結子会社の一つで、東海道新幹線の車内販売と車掌業務を行っている。このパッセンジャーズは総合職と新幹線パーサー職を雇用している。募集要項には明記されていないが、少なくともパーサー職の正社員は女性のみのようである。

韓国鉄道公社は、こうした日本式の雇用形態を盾にして、ストライキに参加している女性たちに、韓国観光レジャー自社での正社員化を説得した。日本の場合は新幹線開通から四〇数年という長期にかけて新幹線パーサーの業務が女性に固定され、しかも、正社員でも子会社の特定サービス業として、さらにアルバイトなども利用して人件費を低くおさえる形でいつの間にか定着してしまった。この過程が韓国では最近二～三年の間に急激に行われようとしているということなのだろうか。ただし、韓国の場合は公社であり、完全に民営化されたわけではない。

人権委員会は勧告書の結論で次のように明言している。「女性労働者たちの劣悪な雇用条件は、女性集中職務という韓国社会の性差別的偏見と、その職務に対する低い価値評価の結果として現れている。本件、ＫＴＸ女性乗務員事件でも、乗務業務は鉄道サービス業務を構成している核心的な業務の一つであり、性別によってその業務を分離させる合理的な理由がなく、そのように分離された業務遂行者を女性に限定し、賃金をはじめ、その他の雇用条件を異にして差別する理由がない…」（p. 19）

各界の反響

この勧告を前後して、ＫＴＸ問題は社会的にクローズアップされるようになった。いち早く女性乗務員たちの闘いに支援を表明していた「民主社会のための弁護士会」に加えて、趙順慶《チョスンギョン》（梨花女子大学）ら大学教員七四名は、九月二七日、青瓦台（大統領府）と労働省に対して、ＫＴＸ女性乗務員の不法派遣に関する再調査を求める意見書を提出した。しかし、労働省側は、鉄道公社と鉄道流通は派遣労働者保護等に関する法律に違反していないと表明し、人権委員会の勧告も事実上、無視した。

「ＫＴＸ乗務員の直接雇用を求める教授たちの会」（以下、教授たちの会）は、女性乗務員たちがテントを張っているソウル駅前広場で何度も記者会見し、討論会、国際署名運動などを展開した。教授たちの会は、鉄道公社は、彼女たちの業務がＫＴＸ運行の安全性と関係のない単純接客サービスだと強弁するが、実際には女性乗務員たちが安全管理業務を担当してきたこと、また、鉄道安全法などの関連法律も、「列車乗客を相手とする乗務員」は鉄道安全関連業務をになう従事者と規定し、定期的な安全教育を義務化していることなどを挙げ、乗務業務を外注委託することは不法であると主張した（二〇〇六年一〇月二五日の声明）。

教授たちの会は女性国会議員らに働きかけて国会でもこの問題を追及するよう要求し、環境労働委員会の場で労働省にこの問題を問いただした。しかし、鉄道公社社長は、「業務上の混同があったことは事実」だが、乗務員を鉄道公社が雇用しないことは「原則の問題」であると一蹴した。

市民社会諸団体も鉄道公社に対して、国家人権委員会の勧告を受け入れ、女性乗務員の直接雇用を求める運動を展開しはじめた。とりわけ女性諸団体は、二〇〇六年一〇月に韓国が加入した国連の女性差別撤廃条約の選択議定書が二〇〇七年一月一八日に発効するのを受けて、ＫＴＸ問題を女性差別撤廃委員会に持ちこむことを議論した。

しかし、実際にはその後も何ら進展はない。二〇〇七年春の使用者側との交渉でも、結局、埒があかなかった。労働省長官が、公社によるＫＴＸ女性乗務員たちの直接雇用を、公共部門の非正規職対策に合わせて解決する、との発言をしていたにもかかわらず、六月二七日の政府発表ではＫＴ

X問題は除外された。そのため、女性乗務員たちは七月に入って無期限の断食闘争に突入した。八月には、韓国の女性労働者の非正規職問題を憂慮する内容を含む国連女性差別撤廃委員会の勧告を引き出したが、それも実際に事態を進展させる力にはなりえなかった。

公社側の裏切り

九月には、長期化するKTX問題の打開のために、労働省と民主労総が共同提案して、労働省長官、鉄道公社（Korail）社長、全国鉄道労組委員長、民主労総委員長の四者会談を行った。当初はここで何らかの仲裁案に合意する予定だったが、当事者である女性乗務員側の同意がなかったため不発に終わった。仲裁案の代わりに、労使公益協議体を設置し、一カ月間、女性乗務員雇用問題を議論するという合意書を発表するに至った。そして、大統領選挙を直前に控えた一一月中旬から労使間の交渉が行われた。Korail側の要請で交渉期間中は団体行動をせず、成り行きを見守った。女性乗務員側は、正規職ではなく、駅業務の契約職として雇用するというKorail側の提案も受け入れた。ところが、当初一二月一四日に予定されていた合意書の署名が、会社側の要求で大統領選挙（一二月一九日）後に延期され、二四日、Korail側が「労使交渉の実務者たちが先走った」として合意を取り消してしまった。

当時の政権は、一九九八年の金大中政権の流れをくむ民主化運動系の政権であり、韓国鉄道公社の李哲《イチョル》社長（在任期間二〇〇五年六月～二〇〇八年一月）も民主化運動系人士、労働省長官の李相洙《イサンス》（在任期間二〇〇六年二月～二〇〇八年二月）も、一九八六年の軍事政権下で起こった性拷問事件で活躍した人権弁護士だった。大統領選挙を前に、労働省長官は公社直接雇用化に向けた前向きな姿勢をマスコミなどを通して示したり、公社社長もこの問題を解決するための方法を「社会的な対話」によって切り開きたいとのメッセージを流したりしたが、事態は何も変わらなかった。

今後の展望

今のところ唯一の希望は、ＫＴＸ問題と関連して発生した刑事事件で、鉄道公社が事実上の使用者であることを認める判決をソウル中央地方裁判所が下したことである（二〇〇七年一二月二七日）。裁判所は、「ＫＴＸ女性乗務員たちが韓国鉄道流通と締結した労働契約は形式的で、名目的なものに過ぎ」ず、「韓国鉄道公社とＫＴＸ女性乗務員たちの間には、少なくとも黙示的な勤労契約関係が成立している」とし、「韓国鉄道公社はＫＴＸ女性乗務員たちに対する関係で、実質的に労働組合及び労働関係調整法上の「使用者」の地位にある」とした。つまり、ＫＴＸ女性乗務員の委託業務が「偽装請負」であると解釈したのである。また、今年（二〇〇八年）ソウル高等裁判所（民事部）が再び判決（四月八日）で、鉄道公社が乗務員たちの実質的な使用者であることを再び明らかにした。

しかし、状況は厳しい。二月に就任した李明博大統領の下で、鉄道公社の民営化も検討されている。この原稿を執筆中の二〇〇八年八月二七日には、ＫＴＸ女性乗務員たちがソウル駅付近の照明用鉄塔に登り、ここでストライキを始めたというニュースが飛びこんできた。高い鉄塔の上から、「正規職化の要求が受け入れられるまで、決してここを下りない」とのメッセージが届けられた。

参考文献

ユン・ソノク「ＫＴＸの夢は〝夢の速度〟で墜落するのか」〈討論会：鉄道公社の性差別とＫＴＸ女性乗務員問題〉二〇〇六年九月六日。
国家人権委員会全員委員会決定、事件：06진차116,06진차136 併合　韓国鉄道公社のＫＴＸ女性乗務員雇用差別、陳情人：1．金〇〇、2．関〇〇、被害者：ＫＴＸ女性乗務員、被陳情人：韓国鉄道公社社長、二〇〇六年九月一一日（正本二〇〇六年一〇月二日）国家人権委員会。

国連文書、CEDAW/C/KOR/CO/6, 10August 2007

また韓国の投稿型ニュースサイト OhmyNews 〈http://www.ohmynews.com/〉にて事態の進展を追うことができる。いずれも韓国語だが、例えば、以下の記事を参照。

「再び原点：ＫＴＸ女性乗務員問題〝解けない〟——労働省と鉄道公社・労組、初の4者会談開いたが、仲裁案〝不発〟」二〇〇七年九月二八日。

「二〇〇八年新年にＫＴＸ女性乗務員たちは笑えるだろうか？」二〇〇七年一二月二九日。

「ＫＴＸ女性乗務員、ソウル駅高空篭城中〝この社会に絶望〟——オ・ミソン代表〝正規職化受け入れられるまで無期限篭城する〟」二〇〇八年八月二七日

あとがき

「起きた／なんでちゃんと起きるんだろう／そのまま寝てれば楽なのに／なんだかんだ言って出勤にしている／頑張る理由もないのに出勤している／世紀末的な眠さ／イライラする／まだ何かに期待している自分にイライラする」（『ロスジェネ』別冊『秋葉原無差別テロ事件　「敵」は誰だったのか？』二〇〇八年より。以下の引用も）

このような「イライラ」感をネット掲示板に書き込んだ五日後の二〇〇八年六月八日に、派遣社員だった加藤智大は「時間です」と書き残して秋葉原の歩行者天国にトラックで突進し、タガーナイフで通行人を刺して、一七人を殺傷した。

派遣社員としての雇用の不安定がこの事件の背景であると報道されたが、実際に彼はその不安をネット掲示板につづっている。たしかに「クビ」は延期されたが、自分が必要とされたからではなく、「新人がいないからとりあえず延期」されたにすぎないのだと彼は思いこんだ。「誰が行くかよ／誰でもできる簡単な仕事だよ」と彼のプライドは深く傷ついたのである。しかし、ネット掲示板への書き込みから判断するかぎり、彼の最大の悩みは自分が「不細工」であるために恋人ができないことにあった。「彼女がいない、ただこの一点で人生崩壊」なのだ。

「努力して彼女ができるならみんな努力してるっつーの／顔だよ顔／すべて顔／とにかく顔／顔、顔、顔、顔、顔」

事件までの五日間の書き込みには、このように「努力」の文字が頻繁に登場するが、恋人ができない理由を自らの「不細工」な容姿に求めているため、努力は彼の悩みを解決してはくれない。安定した社会的地位と収入を確保すれば、その悩みの少なくとも一部は解決できそうなのだが、彼はそこに問題の本質を見ない。努力で解決できない事象にあえて問題の原因を求めているようにさえ思える。そして、「彼女」のいる「勝ち組」に対して彼は次のように怨恨を吐露している。

「ものすごい不安とか、お前らにはわからないだろうな／彼女がいる奴にもいない時期があったはずなのに、みんな忘れちゃってるんだよね／勝ち組はみんな死じまえ／そしたら、日本には俺しか残んないか／あはは〔……〕まあ、お前らは幸せだからな／なんで幸せかって、さぞかし努力されたんでしょうね／で、おれが努力してないって言うんだろう／はい、していません／これで満足かよリア充ども」

努力不足を開き直っているだけだと切り捨てることもできよう。しかし、努力自体に価値を認めていたかつての労働倫理がここではまったく通用していないことを私たちは確認しなければならない。努力しても成果を出せなければ、誰も「よく頑張ったね」と褒めてくれない。「最初からなにもしない奴なんていない／結果が出ないからなにもしなくなる／結果がでないのに続ける奴はバカ」なのである。

アイデンティティが生産者としての地位にもとづいて形成される社会を労働社会と呼ぶならば、労働そのものではなく、その「結果」としての購買力が価値を有する消費社会に彼は生きている。労働社会は、労働力としての潜在性を有するかぎり、規律化によって人間をその社会に統合しようとするが、消費社会は購買力のない地位にいる彼に敗残者としての役割しか割り当てない。このような「負け組」が、生産者としての身分に基づく労働運動ではなく、別の次元でプライドを満たしてくれるナショナリズムに共感を示したとしても不思議ではない。しかし彼はそこに希望や世界観を見出すこともなく、「オタク」社会のなかに居場所と生の意味を求めることもなかった。もちろん労働社会にも「負け組」はいた。しかしそこでは失業や貧困などの問題が社会構造上の問題として認識され、その解決は集団的に求められたが、消費社会の「負け組」はその問題の責任を自ら背負わざるをえない。誰かや、何かの所為にすることもできず、自分を責めることしかできなくなる。彼はまさにそうだった。彼にとって「勝ち組」は嫉妬の対象であったとしても、自分たちの支配者や搾取者ではない。

「希望がある奴にはわかるまい／で、また俺は人にせいにしていると言われるのか／悪いのは全部俺／いつも悪いのは全部俺／いつも悪いのは全部俺だけ／別にいいけど／実際全部俺が悪いんだろうし」

「つまり、俺が悪い／人生、何も起きない／起きても良い方向に向かうわけがない／今まですべての変化が悪い方向だったもの／悪いのは俺なんだろうけど／すべて、悪いのは、俺」

したがって彼の無差別殺害行為は、社会からの抹殺と死刑を覚悟した一種の自殺行為であったといえよう。彼は殺すべき相手に自らの問題の原因や「敵」を見出していなかったので、殺害の対象は「誰でもよかった」のである。殺す相手は「負け組」に属していてもかまわなかった。「誰でもよかった」のなら、なぜそれが自分の愛する人であったのか……。遺族にとって、このような不条理な死ほどつらいものはないだろう。

社会もまたこのような犯罪行為の原因を個人に求めようとして、そのような犯罪の予防と、犯罪者およびその予備軍の排除を要求する傾向にある。殺人事件件数は統計的に見て近年むしろ減少しているにもかかわらず、防犯カメラはいたるところに設置され、「安全」を求める声のボルテージは高まる一方だ。派遣労働者の切捨ての問題は失業・貧困問題としてよりも、社会不安の観点から語られている。

では、社会科学は？　社会科学も現在の社会問題を個人の問題として説明しようとしているのであろうか。これらの問題を歴史・構造的に解き明かす概念と論理を社会科学は駆使できているのであろうか。「秋葉原事件」をこの「あとがき」であえて長々と取りあげたのは、「グローバリゼーション」と「植民地主義」の二つの概念をタイトルとして並べたこの論文集が、この事件によって提起された問題に答えているのかを自問したかったからである。

本書の出発点は、二〇〇六年九月二〇日にソウルの漢陽大学「比較歴史・文化研究所」において『グローバル化と植民地主義』をめぐるシンポジウムにある。ここでは西川長夫が提案した「〈新〉植民地主義」の概念を中心に、日韓五人の研究者の報告にもとづいて議論が交わされ、その記録は韓国で『批評』誌の特集で、邦語では『立命館国際言語文化研究』二〇〇七年一八巻一号で公表されている。これを受けて、同年の一一月三日から一二月一日にかけて五回にわたる連続講座『グローバリゼーションと植民地主義』が国際言語文化研究所の主催によって立命館大学で行われ、さらに二〇〇七年一〇月一九日〜二一日の三日間にわたって立命館大学で開催されたシンポジウム『グローバリゼーション時代の植民地主義とナショナリズム』で韓国、中国、台湾の研究者六人と日本の研究者が議論を交わした。植民地主義論をめぐる国際的な交流は、二〇〇七年一一月一四日に漢陽大学で開催されたシンポジウム『グローバル化時代のナショナリズムとトランス・ナショナリズム』において継承され、今後もそのような催しが計画されている。

その意味で本書は、今後も続いていく植民地主義論をめぐる議論のいわば「中間報告」である。そして議論が展開されていくなかで、「秋葉原事件」や昨年の秋からの金融危機とそれによって引き起こされた雇用をめぐる問題が示しているように、世界情勢自体も大きく変化している。「グローバリゼーション」概念が「国際化」とほぼ同義語として用いられ、狭隘なナショナルな枠組みを突破する経済・政治・文化の新しい潮流をあらわす希望の言葉として用いられていた時代を、私たちはもう懐かしく感じているだろう。グローバリゼーションはいまや多くの人びとから「格差社会」、あるいは「二極化社会」を生み出し、激化させる元凶として認識されている。それにもかかわらず、私たちはその過程と、それが生み出した社会をあたかも自然現象のように受け入れてしまっている。この過程のなかで「負け組」にならないことが唯一の希望であるかのように。結局のところ「グローバリゼーション」は、「帝国主義」と同じように、勝者の歴史的過程＝「世界史」を正当化する概念なのである。ヘーゲル流に言えば、この概念はその過程のために「多くの無垢な花々を踏みにじり、行く手に横たわる多くのものを踏みつぶす」ことをためらわない。この過程で生じる犯罪を徹底して排除することが勝者の正義である。

しかし、敗者の視点からこの過程を把握しうる「植民地主義」概念で捉えなおしたときに、グローバリゼーションは異なる様相を私たちに見せはしないだろうか。これまでの歴史的過程は異なる視点から照らし出されるのではなかろうか。また、この概念はグローバリゼーションと国民国家が共犯関係にあった過去と現在を明らかにするのではないのだろうか。この共犯関係に関わる資本主義の恐ろしい権力が暴露されていくのではなかろうか。そのとき、社会問題は「負け組」自身の責任に還元されず、歴史・構造的な問題として見えてくるのではないだろうか。「負け組」はいわゆる先進国においてさえ多数派となりつつある。この歴史・構造的な問題の解明はますます切実な課題となっているはずだ。

もちろん本書はさまざまな視点から寄稿された論文から構成されており、同じ結論に到達するために編集されているわけではない。しかし、最近の世界情勢は——残念ながらというべきか——植民地主義の問題をますますアクチュアルなものにしてしまったようだ。「中間の報告」としての本書がこの情勢を考える一助となり、この情勢と植民地主義の関係を問う幅広い議論が展開されるきっかけとなることを願いたい。

最後になってしまったが、本書の刊行にあたって立命館大学の研究所支援予算の一部を出版助成にあてたことを伝えておかなければならない。また、私たちとともに粘り強く編集作業に取り組んでいただいた人文書院の伊藤桃子さんにも深く感謝申し上げたい。

二〇〇九年一月

高橋秀寿

執筆者略歴

執筆順。＊は編者

西川長夫（にしかわ・ながお）＊
1934年生。京都大学大学院文学研究科博士課程修了。文学博士。立命館大学大学院先端総合学術研究科名誉教授。比較文化論，フランス研究。『フランスの解体？　――もうひとつの国民国家論』（人文書院，1999年），『増補 国境の越え方――比較文化論序説』（平凡社ライブラリー，2001年），『〈新〉植民地主義論――グローバル化時代の植民地主義を問う』（平凡社，2006年），『日本回帰・再論――近代への問い，あるいはナショナルな表象をめぐる闘争』（人文書院，2008年）など。

水嶋一憲（みずしま・かずのり）
1960年生まれ。京都大学大学院経済学研究科博士課程単位取得退学。経済学修士。大阪産業大学経済学部教授。文化研究・社会思想。グローバル文化産業とエティカル・エコノミーの動向に関心がある。『アジアのメディア文化と社会変容』（共著，ナカニシヤ出版，2008年），「〈共〉の未来――『ミラノの奇蹟』とレントの技法への抵抗」（『現代思想』第36巻第５号，2008年５月）など。

崎山政毅（さきやま・まさき）
1961年生。京都大学大学院農学研究科博士課程中退。農学修士。立命館大学教授。ラテンアメリカ現代史，第三世界思想研究。『サバルタンと歴史』（青土社，2001年），『思考のフロンティア　資本』（岩波書店，2004年），『だれが世界を翻訳するのか――アジア・アフリカの未来から』（共著，2005年），『異郷の死』（共編著，2007年）（以上，人文書院）など。

中本真生子（なかもと・まおこ）
1968年京都生。奈良女子大学人間文化研究科博士課程単位取得退学。博士（文学）。立命館大学国際関係学部准教授。近現代アルザス史。『アルザスと国民国家』（晃洋書房，2008年），西川長夫他編『グローバル化を読み解く88のキーワード』（共著，平凡社，2003年），P・ノラ編『記憶の場Ⅰ』（共訳，岩波書店，2002年）など。

平野千果子（ひらの・ちかこ）
1958年生。上智大学大学院修士課程修了。国際学修士。武蔵大学人文学部教授。フランス帝国史。『フランス植民地主義の歴史――奴隷制廃止から植民地帝国の

崩壊まで』（人文書院，2002年），『帝国への新たな視座——歴史研究の地平から』（共著，青木書店，2005年），『アソシアシオンで読み解くフランス史』（共著，山川出版社，2006年），マルク・ブロック『奇妙な敗北——1940年の証言』（岩波書店，2006年），など。

今西　一（いまにし・はじめ）
1948年生。立命館大学大学院文学研究科修士課程修了。農学博士。小樽商科大学商学部教授。日本近代の経済史・社会史。差別問題や民衆史に関心がある。『近代日本の差別と性文化』（雄山閣出版，1978年），『遊女の社会史』（有志舎，2007年），『近代日本の地域社会』（日本経済評論社，2009年）など。

麓　慎一（ふもと・しんいち）
1964年生。北海道大学大学院文学研究科博士課程単位取得退学。博士（文学）。新潟大学人文社会・教育科学系（教育学部）准教授。日本近世・近代の北方史。『近代日本とアイヌ社会』（山川出版社，2002年），「北千島アイヌの改宗政策について——色丹島におけるアイヌの改宗政策と北千島への帰還問題を中心に」（『立命館言語文化研究』19巻１号，2007年）など。

石原　俊（いしはら・しゅん）
1974年生。京都大学大学院文学研究科博士後期課程修了。博士（文学）。明治学院大学社会学部准教授（2009年４月より）。歴史社会学・地域社会学。〈群島と海〉から見た近現代日本の社会史に関心がある。『近代日本と小笠原諸島——移動民の島々と帝国』（平凡社，2007年），『複数の沖縄——ディアスポラから希望へ』（共著，人文書院，2003年），『小笠原学ことはじめ』（共著，南方新社，2002年），「そこに社会があった——硫黄島地上戦と〈島民〉たち」（『未来心理』15号，2009年），「移動民と文明国のはざまから」（『思想』990号，2006年）など。

宮下敬志（みやした・たかし）
1976年生。立命館大学文学研究科博士後期課程修了。博士（文学）。立命館大学衣笠総合研究機構ポスドク研究員。アメリカ史，アメリカ先住民史。近年は，帝国主義列強の先住民教育政策全般に興味をもっている。「「アメリカ・インディアン改革」から「植民地改革」へ——人種マイノリティ「改革」者のハワイ・フィリピン・プエルトリコ「改革」への関与，1900～1910」（『立命館文学』597号，2007年２月），「米国先住民「文明化」教育——ハンプトン農業師範学校における教育実践とその影響」（『立命館文学』561号，2008年３月）など。

倉田昌紀（くらた・まさのり）
1952年生。立命館大学文学部中退。元小学教員。現在フリーのパート労働者。詩

集『生存のささやかな〈美〉のほうへ——僕のひとつの「生の思索詩」の試み』(2004年),『ぼくのなかの〈紀州人〉たち——何処にも無い映ずる不可視の自由な精神へ』(2005年),『紀州・熊野詩集——魂のふるさと,きのくに和歌山』(吉増剛造氏との共著,2006年),『いわしと梅干しと茶粥と——紀州からの私信』(2007年)(以上,七月堂)など。

加藤政洋(かとう・まさひろ)
1972年生。大阪市立大学大学院文学研究科後期博士課程修了。博士(文学)。立命館大学文学部教員。人文地理学。『大阪のスラムと盛り場——近代都市と場所の系譜学』(創元社,2002年),『花街——異空間の都市史』(朝日選書,2005年),『都市空間の地理学』(共編著,ミネルヴァ書房,2006年),『モダン都市の系譜——地図から読み解く社会と空間』(共著,ナカニシヤ出版,2008年)など。

吉原直樹(よしはら・なおき)
1948年生。慶應義塾大学大学院博士課程修了。社会学博士。東北大学大学院文学研究科教授。都市社会学,アジア社会論。現在,GCOE との関連でアジアの国際移動を研究中。『モビリティと場所』(東京大学出版会,2008年),『都市とモダニティ』(東京大学出版会,2002年),『都市空間の社会理論』(東京大学出版会,1994年,日本都市学会賞受賞)など。

郭　潔敏(Guo Jiemin)
1956年生。上海社会科学院信息研究所研究員(教授)。復旦大学日本言語文学科卒業。国際文化学。

王　貽志(Wang Yizhi)
1948年生。上海社会科学院信息研究所所長(教授)。同済大学応用数学学部卒業。復旦大学中米合作経済学修士課程修了。国際経済学。

佐藤　量(さとう・りょう)
1977年生。立命館大学大学院先端総合学術研究科博士後期課程。歴史社会学,植民地都市研究。「植民地都市をめぐる集合的記憶——「たうんまっぷ大連」を事例に」(『Core Ethics』立命館大学大学院先端総合学術研究科,vol. 4,2008年),「国境を越える同窓会——植民地期大連の日本人学校同窓会の分析を通して」(『中国東北文化研究の広場』2号,「満洲国」文学研究会,2009年)など。

花森重行(はなもり・しげゆき)
1975年生。大阪大学大学院文学研究科博士後期課程修了。博士(文学)。日本学術振興会特別研究員。日本近現代思想史・文学研究。特に戦後思想史に関心があ

る。「複数の「憲法感覚」へ向けて——竹内好における「憲法感覚」の変容と安保体験」(『現代思想』2004年10月号)，「「歴史と文学」の境界をずらす——色川大吉の歴史小説論を中心として」(『歴史評論』2009年１月号) など。

道場親信 (みちば・ちかのぶ)
1967年。早稲田大学大学院文学研究科社会学専攻博士後期課程満期退学。文学修士。和光大学現代人間学部准教授 (2009年４月より)。日本社会科学史，社会運動論。『社会運動の社会学』(共編著，有斐閣，2004年)，『占領と平和——〈戦後〉という経験』(青土社，2005年)，『抵抗の同時代史——軍事化とネオリベラリズムに抗して』(人文書院，2008年) など。

朴　美貞 (パク・ミジョン／Park MiJeoung)
1963年生。同志社大学大学院文学研究科博士課程修了。博士 (芸術学)。立命館大学客員研究員。植民地期の視覚表象，植民地問題。稲賀繁美編『伝統工芸再考，京のうちそと——過去発掘・現状分析・将来展望』(共著，思文閣出版，2007年)，「植民地朝鮮はどのように表象されたか——官展に入選した日本人作家の作品をめぐって」(『美学』第54巻第１号 (通号123号)，2003年) など。

高橋秀寿 (たかはし・ひでとし) *
1957年生。立命館大学文学研究科博士課程後期単位取得退学。文学博士。立命館大学文学部教授。ドイツ現代史・記憶文化論。『再帰化する近代——ドイツ現代史試論』(国際書院，1997年)，『ナショナル・アイデンティティ論の現在』(共編，晃洋書房，2003年，『東欧の20世紀』(共編，人文書院，2006年) など。

山下英愛 (やました・よんえ)
1959年生。梨花女子大学女性学科博士課程単位取得退学。国際学・文学修士。大学非常勤講師。女性学，韓国社会論。『ナショナリズムの狭間から——「慰安婦」問題へのもう一つの視座』(明石書店，2008年)，韓国女性ホットライン連合編『韓国女性人権運動史』(明石書店，2004年)，権仁淑『韓国の軍事文化とジェンダー』(訳，御茶の水書房，2006年)，金蓮子『アメリカタウンの女たち』(訳，御茶の水書房，近刊) など。

文献案内

この文献案内は，共同執筆者から提示された文献を参考にして，比較的手に入りやすい図書を中心に編者がまとめた文献目録である。重要ではあっても，邦訳されていない外国語文献や個別論文は割愛した。

Ⅰ　帝国と帝国主義

レーニン『帝国主義――新本主義の最高の段階としての』宇高基輔訳 岩波文庫 1956年

幸徳秋水「廿世紀之怪物帝国主義」『近代日本思想体系13』筑摩書房 1975年

イマニュエル・ウォーラーステイン『世界経済の政治学――国家・運動・文明』田中治男，伊豫谷登士翁，内藤俊雄訳 同文館 1991年

ヨハン・ガルトゥング『構造的暴力と平和』高柳先男・塩屋保・酒井由美子訳 中央大学出版部 1991年

山本有造編『帝国の研究――原理・類型・関係』名古屋大学出版会 2003年

アントニオ・ネグリ，マイケル・ハート『〈帝国〉――グローバル化の世界秩序とマルチチュードの可能性』水嶋一憲ほか訳 以文社 2003年

アントニオ・ネグリ，マイケル・ハート『マルチチュード――〈帝国〉時代の戦争と民主主義』幾島幸子訳 ＮＨＫブックス 2005年

歴史学研究会編『帝国への新たな視座――歴史研究の地平から』青木書店 2005年

アンドリュー・ポーター『帝国主義』福井憲彦訳 岩波書店 2006年

酒井哲哉責任編集『「帝国」編成の系譜』（岩波講座「帝国」日本の学知第１巻）岩波書店 2006年

山本吉宣『「帝国」の国際政治学――冷戦後の国際システムとアメリカ』東信堂 2006年

山下範久『現代帝国論――人類史の中のグローバリゼーション』ＮＨＫブックス 2008年

Ⅱ　植民地主義

矢内原忠雄『植民及植民政策』（1926年）『矢内原忠雄全集』第１巻「植民政策研究Ｉ」岩波書店 1963年

『フランツ・ファノン著作集』１～４　みすず書房 1969～1970年

バルトロメ・デ＝ラス＝カサス『インディアスの破壊についての簡潔な報告』染田秀藤訳 岩波文庫 1976年

大江志乃夫ほか編『岩波講座　近代日本と植民地』全８巻 1992～1993年

浅田喬二『日本植民地研究史論』（第二刷）未來社 1994年

正木恒夫『植民地幻想』みすず書房 1995年

駒込武『植民地帝国日本の文化統合』岩波書店 1996年

マーク・ピーティー『植民地――帝国の興亡』浅野豊美訳 読売新聞社 1996年

山下晋司，山本真鳥編『植民地主義と文化――人類学のパースペクティヴ』新曜社

1997年
栗本英世，井野瀬久美恵編『植民地経験――人類学と歴史学からのアプローチ』人文書院 1999年
ジャン＝ポール・サルトル『植民地の問題』多田道太郎ほか訳 人文書院 2000年
矢内原忠雄「帝国主義下の台湾」(1929年) 若林正文編『矢内原忠雄「帝国主義下の台湾」精読』岩波現代文庫 2001年
ツヴェタン・トドロフ『われわれと他者――フランス思想における他者像』小野潮・江口修訳 法政大学出版局 2001年
C・L・R・ジェームズ『増補版 ブラック・ジャコバン――トゥサン＝ルヴェルチュールとハイチ革命』青木芳夫監訳 大村書店 2002年
平野千果子『フランス植民地主義の歴史――奴隷制廃止から植民地帝国の崩壊まで』人文書院 2002年
山路勝彦，田中雅一編『植民地主義と人類学』関西学院大学出版会 2002年
浜忠雄『カリブからの問い――ハイチ革命と近代世界』岩波書店 2003年
エメ・セゼール『帰郷ノート――植民地主義論』砂野幸稔訳 平凡社ライブラリー 2004年
宮嶋博史，李成市，尹海東，林志弦編『植民地近代の視座――朝鮮と日本』岩波書店 2004年
ユルゲン・オースタハメル『植民地主義とは何か』石井良訳 論創社 2005年
岩崎稔，大川正彦，中野敏男，李孝徳編『継続する植民地主義――ジェンダー／民族／人種／階級』青弓社 2005年
西川長夫『〈新〉植民地主義論――グローバル化時代の植民地主義』平凡社 2006年
「特集 連続講座〈国民国家と多文化社会〉第17シリーズ グローバリゼーションと植民地主義」『立命館言語文化研究』19巻1号 2007年
日本植民地研究会編『日本植民地研究の現状と課題』アテネ社 2008年
「特集 国際シンポジウム〈グローバル化時代の植民地主義とナショナリズム〉」『立命館言語文化研究』20巻3号 2009年

Ⅲ 新植民地主義

岡倉古志郎，蝋山芳郎編著『新植民地主義』岩波書店 1964年
クワメ・エンクルマ『新植民地主義』家正治・松井芳郎訳 理論社 1971年
マーク・セルデン編『アジアを犯す――新植民地主義の生態』武藤一羊・森谷文昭監訳 河出書房新社 1975年
寺本光朗『新植民地主義と南北問題』大月書店 1978年
川端正久『政治学と民族・植民地問題』法律文化社 1980年

Ⅳ　国内植民地主義

新川明『反国家の兇区——沖縄・自立への視点』社会評論社 1996年
吉村朔夫『日本辺境論序説——沖縄の統治と民衆』お茶の水書房 1981年
桑原真人『近代北海道史研究序説』北海道大学図書刊行会 1982年
向井清史『沖縄近代経済史——資本主義の発達と辺境地農業』日本経済評論社 1988年
テッサ・モーリス＝鈴木『辺境から眺める——アイヌが経験する近代』大川正彦訳 みすず書房 2000年
田中彰『北海道と明治維新——辺境からの視座』北海道大学図書刊行会 2000年
永井秀夫『日本の近代化と北海道』北海道大学出版会 2007年
今西一編『世界システムと東アジア——小経営・国内植民地・「植民地近代」』日本経済評論社 2008年
李建志『日韓ナショナリズムの解体——「複数のアイデンティティ」を生きる思想』筑摩書房 2008年

Ⅴ　ポストコロニアル

エドワード・W・サイード『オリエンタリズム』今沢紀子訳 平凡社ライブラリー 1986年
ポール・A・コーエン『知の帝国主義——オリエンタリズムと中国像』佐藤慎一訳 平凡社 1988年
トリン・T・ミンハ『女性・ネイティヴ・他者——ポストコロニアリズムとフェミニズム』竹村和子訳 岩波書店 1995年
ジャン・ベルナベ，パトリック・シャモワゾー，ラファエル・コンフィアン『クレオール礼賛』恒川邦夫訳 平凡社 1997年
レイ・チョウ『ディアスポラの知識人』本橋哲也訳 青土社 1998年
複数文化研究会編『〈複数文化〉のために——ポストコロニアリズムとクレオール性の現在』人文書院 1998年
R・グハ，P・チャタジーほか『サバルタンの歴史——インド史の脱構築』竹中千春訳 岩波書店 1998年
ガヤトリ・C・スピヴァク『サバルタンは語ることができるか』上村忠男訳 みすず書房 1998年
エドワード・W・サイード『文化と帝国主義』上・下 大橋洋一訳 みすず書房 1998年 2001年
小森陽一『ポストコロニアル』岩波書店 2001年
姜尚中編『ポストコロニアリズム』作品社 2001年
アーニャ・ルーンバ『ポストコロニアル理論入門』吉原ゆかり訳 松柏社 2001年
崎山政毅『サバルタンと歴史』青土社 2001年
冨山一郎『暴力の予感——伊波普猷における危機の問題』岩波書店 2002年

姜尚中『オリエンタリズムの彼方へ――近代文化批判』(1996年) 岩波現代文庫 2004年
ホミ・K・バーバ『文化の場所――ポストコロニアリズムの位相』本橋哲也ほか訳 法政大学出版局 2005年
本橋哲也『ポストコロニアリズム』岩波新書 2005年
冨山一郎『増補 戦場の記憶』日本経済評論社 2006年
ポール・ギルロイ『ブラック・アトランティック――近代性と二重意識』上野俊哉・毛利嘉孝・鈴木慎一郎訳 月曜社 2006年
アルベール・メンミ『脱植民地国家の現在――ムスリム・アラブ圏を中心に』菊池昌実, 白井成雄訳 法政大学出版局 2007年
鄭百秀『コロニアリズムの超克――韓国近代文化における脱植民地の道程』草風館 2007年

Ⅵ グローバル・シティ

町村敬志『「世界都市」東京の構造転換――都市リストラクチュアリングの社会学』東京大学出版会 1994年
斉藤日出治, 岩永真治『都市の美学：アーバニズム』平凡社 1996年
A・J・スコット『メトロポリス――分業から都市形態へ』古今書院 1996年
ポール・L・ノックス, ピーター・J・テイラー編『世界都市の論理』藤田直晴編訳 鹿島出版会 1997年
伊豫谷登士翁『変貌する世界都市――都市と人のグローバリゼーション』有斐閣 1993年
田嶋淳子『世界都市・東京のアジア系移住者』学文社 1998年
マニュエル・カステル『都市・情報・グローバル経済』大澤善信訳 青木書店 1999年
アンリ・ルフェーヴル『空間の生産』斉藤日出治訳 青木書店 2000年
マルク・オジェ『同時代世界の人類学』森山工訳 藤原書店 2002年
エドワード・W・ソジャ『ポストモダン地理学――批判的社会理論における空間の位相』加藤政洋ほか訳 青土社 2003年
アレン・J・スコット編『グローバル・シティ・リージョンズ――グローバル都市地域への理論と政策』坂本秀和訳 ダイヤモンド社 2004年
エドワード・ソジャ『第三空間――ポストモダンの空間論的転回』加藤政洋訳 青土社 2005年
布野修司編『近代世界システムと植民都市』京都大学学術出版会 2005年
加茂利男『世界都市――「都市再生」の時代の中で』有斐閣 2005年
植田和弘, 神野直彦, 西村幸夫, 間宮陽介編『グローバル化時代の都市』岩波書店 2005年
新津晃一, 吉原直樹編『グローバル化とアジア社会――ポストコロニアルの地平』東信堂 2006年

ポール・ヴィリリオ『パニック都市——メトロポリティックスとテロリズム』竹内孝宏訳 平凡社 2007年
吉原直樹『モビリティと場所——21世紀都市空間の転回』東京大学出版会 2008年
サスキア・サッセン『グローバル・シティ——ニューヨーク・ロンドン・東京から世界を読む』伊豫谷登士翁監訳 大井由紀，高橋華生子訳 筑摩書房 2008年

Ⅶ 植民地としての戦後日本

冨山一郎『近代日本社会と〈沖縄人〉——「日本人」になるということ』日本経済評論社 1990年
小熊英二『〈民主〉と〈愛国〉——戦後日本のナショナリズムと公共性』新曜社 2002年
ジョン・ダワー『増補版 敗北を抱きしめて——第二次世界大戦後の日本人』三浦陽一，高杉忠明訳 岩波書店 2004年
道場親信『占領と平和——「戦後」という経験』青土社 2005年
野村浩也『無意識の植民地主義——日本人の米軍基地と沖縄人』お茶の水書房 2005年
マイク・モラスキー『占領の記憶／記憶の占領——戦後沖縄・日本とアメリカ』鈴木直子訳 青土社 2006年
中野敏男，波平恒男，屋嘉比収，李孝徳編『沖縄の占領と日本の復興——植民地主義はいかに継続したか』青弓社 2006年
吉見俊哉『親米と反米——戦後日本の政治的無意識』岩波新書 2007年
ガバン・マコーマック『属国——米国の抱擁とアジアでの孤立』新田準訳 凱風社 2008年
酒井直樹『希望と憲法——日本国憲法と発話主体と応答』以文社 2008年
松田武『戦後日本におけるアメリカのソフト・パワー——半永久的依存の起源』岩波書店 2008年
吉見俊哉『ポスト戦後社会』岩波新書 2009年

Ⅷ グローバリゼーション

サスキア・サッセン『グローバリゼーションの時代——国家主権のゆくえ』伊豫谷登士翁訳 平凡社新書 1999年
ジョン・トムリンソン『新装版 文化帝国主義』片岡信訳 青土社 1997年
ローランド・ロバートソン『グローバリゼーション——地球文化の社会理論』阿部美哉訳 東京大学出版会 1997年
デヴィッド・ハーヴェイ『ポストモダニティの条件』吉原直樹監訳 青木書店 1999年
ジョン・トムリンソン『グローバリゼーション——文化帝国を超えて』片岡信訳 青土社 2000年
マーティン・オルブロウ『グローバル時代の歴史社会論』佐藤康行・内田健訳 日本経済評論社 2000年

マーティン・オルブロウ『グローバル時代の社会学』佐藤康行・内田健訳 日本経済評論社 2001年
アンソニー・ギデンズ『暴走する世界――グローバリゼーションは何をどう変えるのか』佐和隆光訳 ダイヤモンド社 2001年
姜尚中，吉見俊哉『グローバル化の遠近法――新しい公共空間を求めて』岩波書店 2001年
伊豫谷登士翁編『グローバリゼーション』作品社 2002年
伊豫谷登士翁『グローバリゼーションとは何か――液状化する世界を読み解く』平凡社新書 2002年
西川長夫，大空博，姫岡とし子，夏剛編『グローバルを読み解く88のキーワード』平凡社 2003年
ロビン・コーエン，ポール・ケネディ『グローバル・ソシオロジー』Ⅰ・Ⅱ 伊藤茂訳 平凡社 2003年
山之内靖，酒井直樹編『総力戦体制からグローバリゼーションへ』（グローバリゼーション・スタディーズ1）平凡社 2003年
デヴィッド・ヘルド，アントニー・マッグルー『グローバル化と反グローバル化』中谷義和・柳原克行訳 日本経済評論社 2003年
テッサ・モーリス＝スズキ，吉見俊哉編『グローバリゼーションの文化政治』（グローバリゼーション・スタディーズ2）平凡社 2004年
アルジュン・アパデュライ『さまよえる近代――グローバル化の文化研究』門田健一訳 平凡社 2004年
マンフレッド・B・スティーガー『グローバリゼーション』櫻井公人・櫻井純理・高嶋正晴訳 岩波書店 2005年
ウルリッヒ・ベック『グローバル化の社会学――グローバリズムの誤謬　グローバル化へ応答』木前利秋，中村健吾監訳 国文社 2005年
梅森直之編『ベネディクト・アンダーソン　グローバリゼーションを語る』光文社新書 2007年

グローバリゼーションと植民地主義

2009年 3 月20日　初版第 1 刷印刷
2009年 3 月30日　初版第 1 刷発行

編　者　西川長夫
　　　　高橋秀寿

発行者　渡辺博史

発行所　人文書院

〒612-8447　京都市伏見区竹田西内畑町 9
電話　075-603-1344　振替　01000-8-1103

印刷所　㈱冨山房インターナショナル
製本所　坂井製本所

落丁・乱丁本は小社送料負担にてお取替えいたします

ISBN 978-4-409-24081-6　C3036

人文書院の好評書

複数の沖縄
——ディアスポラから希望へ
西　成彦
原　毅彦　編
グローバルな力に抗して、新たに浮上してきた沖縄の「移動性」と「複数性」。ポストコロニアルの視点で沖縄を捉えた迫力の論考群。
3500円

東欧の20世紀
西　成彦
高橋秀寿　編
帝国、国民国家、民族浄化、社会主義国家、マイノリティ、分裂と統合、記憶…世界の縮図としての東欧は激動の世紀をどう生きたか。
2200円

〈複数文化〉のために
——ポストコロニアリズムとクレオール性の現在
複数文化研究会　編
覇権国家のイデオロギーとしての文化多元主義や相対主義を乗り越え、カリブ、アジアの植民地の廃墟から複数の記憶を解き放つ。
2600円

ポストフォーディズムの資本主義
社会科学と「ヒューマン・ネイチャー」
パオロ・ヴィルノ
柱本元彦　訳
現代イタリア気鋭の政治哲学者が根底から変化する社会と人間の関係から現代資本主義の本質を分析する。講義形式の入門書。
2500円

グローバルとローカルの共振
ラテンアメリカのマルチチュード
石黒　馨
上谷　博　編
資本のグローバリゼーションに対抗する潜在的マルチチュードの主体と、彼らを取り込みあるいは排除する権力との対抗と共振を追う。
2000円

抵抗の同時代史
——軍事化とネオリベラリズムに抗して
道場親信　編
戦後日本の社会運動・市民運動における人びとの創造的つながり、強大な権力への様々な抵抗の記憶を呼び起こす。注目の第二論集。
2800円

価格（税抜）は二〇〇九年三月現在のものです。